Sammlung Vandenhoeck

V&R

Udo Rauchfleisch

Schwule · Lesben Bisexuelle

Lebensweisen, Vorurteile, Einsichten

3. Auflage

Vandenhoeck & Ruprecht
in Göttingen

Die Deutsche Bibliothek – CIP-Einheitsaufnahme

Rauchfleisch, Udo:
Schwule, Lesben, Bisexuelle : Lebensweisen, Vorurteile,
Einsichten / Udo Rauchfleisch. – 3. Aufl. – Göttingen :
Vandenhoeck & Ruprecht, 2001
(Sammlung Vandenhoeck)
ISBN 3-525-01425-2

3. Auflage 2001

Inhalt

Vorwort

Bei meiner Beschäftigung mit den Problemen von Ausgrenzung und Diskriminierung, von Vorurteilen und Gewalt (RAUCH-FLEISCH, 1992, 1993) bin ich auch auf das Thema *Homosexualität* gestoßen. Je intensiver ich mich mit diesen Fragen auseinandergesetzt habe, desto mehr habe ich feststellen müssen, daß Lesben, Schwule und Bisexuelle auch heute noch – trotz Lesben- und Schwulenbewegungen in den späten 60er und in den 70er Jahren – in massiver Weise diskriminiert werden. Die Ausgrenzungen betreffen zum einen ihr Leben in der Gesellschaft, im Familien- und Freundeskreis, im Beruf, in den Kirchgemeinden und in den verschiedenen öffentlichen Funktionen und Ämtern, die sie bekleiden. Zum anderen habe ich aber mit eher noch größerer Betroffenheit wahrgenommen, daß wir von unseren humanwissenschaftlichen Fächern her, allen voran Psychologie, Psychiatrie und Psychoanalyse, wesentlich zur Bildung und Aufrechterhaltung von Vorurteilen ihnen gegenüber beitragen. Unsere Theorien sind voll von unkritischen, diskriminierenden Charakterisierungen, und die allerdings wenigen, aber durchaus auch vorliegenden Arbeiten anderer Art sind in Fachkreisen wie in der Öffentlichkeit nahezu unbekannt. Dies empfinde ich vor allem als Psychoanalytiker als beschämend, weil gerade in der Psychoanalyse ein starkes emanzipatorisches, gesellschaftskritisches Potential liegt, das uns Möglichkeiten bietet, irrationale Verstrickungen und Vorurteile zu durchleuchten und aufzulösen. Umso bedrückender ist es zu sehen, daß aus unseren eigenen Reihen vor allem Darstellungen kommen, die der Lebensweise, den Beziehungen, der innerpsychischen Situation und der sozialen Realität von Menschen mit homosexueller Orientierung nicht gerecht werden. Dabei könnten wir viel dazu beitragen, die Öffentlichkeit sachlich zu informieren und Vorurteilen entgegenzutreten, sowie bei Lesben, Schwulen und Bisexuellen und ihren Ange-

7

hörigen Scham- und Schuldgefühle abzubauen. Statt die Kluft zwischen homosexuellen und heterosexuellen Menschen zu vertiefen, könnten wir helfen, Bedingungen zu schaffen, die zu einem echten Dialog und gegenseitigem Verständnis führen. Dies ist das Ziel meines Buches. So richtet es sich an Menschen homosexueller wie bisexueller und heterosexueller Orientierung, an Professionelle aus den verschiedenen pädagogischen, beratenden und therapeutischen Bereichen ebenso wie an Angehörige und Menschen aus dem beruflichen, Freizeit- und Freundeskreis. Dieser – nach meiner Ansicht notwendige – breite Kreis von Ansprechpartnern führt allerdings auch zu einigen Schwierigkeiten: Zum einen besteht die Gefahr, einem Teil der Leser Dinge mitzuteilen, die sie längst wissen. Zum anderen ergeben sich aber auch Probleme in bezug auf die Terminologie, die ich in diesem Buch verwende. Um einen möglichst großen Kreis von Leserinnen und Lesern anzusprechen, habe ich mich entschieden, auf eine fachspezifische Sprache möglichst zu verzichten und dort, wo ich (etwa bei der Auseinandersetzung mit Fachliteratur) nicht-allgemeinverständliche Termini verwende, diese kurz zu erläutern.

Noch ein Wort zu den von mir verwendeten Begriffen: Die Leser werden bemerkt haben, daß ich bisher von »homosexuellen Menschen«, von »Schwulen«, »Lesben« und »Bisexuellen« sowie von »Menschen mit homosexueller Orientierung« gesprochen habe. Es ließen sich auch andere Umschreibungen denken: So könnte man von »Homoerotik« oder mit VAN DE SPIJKER (1968, 1972, 1973) (vgl. auch GRÜNDEL, 1993) von »Homotropie« sprechen. Für welche Terminologie ich mich auch entschieden hätte, es wäre stets ein gewisses Unbehagen bestehen geblieben. Dies liegt vor allem daran, daß keiner der Begriffe in der Lage ist, die Lebenswirklichkeit eines homosexuellen Menschen in ihrer ganzen Vielschichtigkeit in umfassender Weise abzubilden (das gleiche gilt natürlich für die »Heterosexuellen«). Verwenden wir das Wort »homo*sexuell*«, so wird damit ein allzu großes Gewicht auf die Sexualität gelegt, und es könnte der Eindruck entstehen, als werde der Mensch mit homosexueller Orientierung auf seine Sexualität reduziert, was ihm – wie anderen Menschen auch – natürlich in keiner Weise gerecht würde. Umgekehrt wäre es ebenfalls eine stark eingeschränkte Sicht, wenn wir von »homoerotisch« sprächen und damit die erotischen Aspekte einer Beziehung unangemessen in den Vordergrund rückten und die ganze sexuelle Dimension ausklammerten. Ähnlich ist es mit den anderen oben genannten Begriffen, die stets nur eine bestimmte Dimension des Erlebens und Verhaltens benennen.

Eine in der Fachliteratur häufig verwendete Formulierung ist die, von »Menschen mit homosexueller Orientierung« zu sprechen, wobei mit dem Begriff »Orientierung« angedeutet wird, daß es um eine umfassende, tief in der Persönlichkeit verwurzelte Ausrichtung geht, die das Selbstbild ebenso wie die mitmenschlichen Beziehungen betrifft. Allerdings wird mit der Charakterisierung »homosexuelle Orientierung« wiederum die sexuelle Komponente allzu stark in den Vordergrund gestellt. Vielfach werden in Gesprächen und auch in der Literatur die Begriffe »Schwule« und »Lesben« verwendet, die jedoch bei etlichen Menschen Unbehagen auslösen. Dieses Unbehagen ist verständlich und wird von Lesben und Schwulen auch beabsichtigt, indem sie ausdrücklich einen sie ursprünglich diskriminierenden Begriff aus der Umgangssprache übernommen haben und nun zur Selbstbeschreibung benutzen. Hierbei ist allerdings zu berücksichtigen, daß nicht alle Menschen mit homosexueller Orientierung gerne von sich als »lesbisch« oder »schwul« sprechen. Diese Begriffe werden vor allem von denjenigen verwendet, die sich bewußt zu ihrer schwulen und lesbischen Identität und Lebensweise bekennen und den vielfältigen gesellschaftlichen Diskriminierungen damit ein trotziges »Dennoch« entgegenhalten.

Wie ich bereits angedeutet habe, wird letztlich keiner der uns zur Verfügung stehenden Begriffe der komplexen Lebenswirklichkeit homo- wie heterosexueller Menschen gerecht. Außerdem besteht, gleich welche Terminologie ich benutze, die Gefahr, daß die einen oder anderen Leserinnen und Leser sich verunsichert, vielleicht sogar brüskiert fühlen. Nicht zuletzt manifestieren sich in der begrifflichen Unsicherheit wohl auch ein stückweit die Schwierigkeiten, die wir im Umgang mit Lesben und Schwulen haben, wenn wir versuchen, sie als Gruppe von Menschen zu definieren, die sich über alle individuellen Unterschiede hinweg in einer bestimmten, eindeutig benennbaren Weise definieren ließen. Daß ein solcher Versuch von vornherein zum Scheitern verurteilt ist, dürfte auf der Hand liegen und wird wohl jedem spätestens in dem Moment klar, wenn wir analog bei heterosexuellen Menschen vorgehen wollten.

Aufgrund dieser Überlegungen habe ich mich entschieden, in diesem Buch von *Lesben* und *Schwulen* zu sprechen. Dies erscheint mir zum einen deshalb sinnvoll, weil sie selber diese Bezeichnung verwenden und sie im Rahmen ihrer Identitätsfindung eine wichtige Rolle spielt. Zum anderen ist es wohl auch gerade für die Leserinnen und Leser, die mit dieser Terminologie nicht vertraut sind, heilsam, bei jeder Erwähnung von »schwul« und »lesbisch« durch ihre eigene Gefühlsreaktion auf die vielfältigen Diskriminierungen diesen Menschen gegenüber aufmerksam zu werden.

Bei *bisexuellen* Frauen und Männern ist indes das sprachliche Problem nicht in befriedigender Weise lösbar. Hier steht uns kein anderer Begriff zur Verfügung, und wir müssen deshalb trotz der genannten Bedenken eine Formulierung wählen, die unglücklicherweise die sexuelle Dimension in einseitiger Weise in den Vordergrund rückt. Das gleiche Problem stellt sich natürlich auch dort, wo ich von *heterosexuellen* Menschen spreche, für die wir auch nur diesen Begriff besitzen.

Um meine Ausführungen zu veranschaulichen, hätte es sich angeboten, »Fallbeispiele« anzuführen. Immer wieder war ich auch versucht, das eine oder andere mich beeindruckende Beispiel aus meinem persönlichen Umfeld oder aus meiner therapeutischen Tätigkeit zu erwähnen. Ich habe mich jedoch entschlossen, auf die Darstellung jeglicher Beispiele zu verzichten, da die Verwendung von »Fällen« sehr schnell den Eindruck von »Krankengeschichten« entstehen läßt. Dies würde jedoch dem Ziel meines Buches total widersprechen, geht es mir doch gerade darum zu zeigen, daß *lesbische, schwule und bisexuelle Orientierungen nichts mit Krankheit, Abnormität oder Sündhaftigkeit zu tun haben, sondern der Heterosexualität gleichwertige gesunde Varianten der sexuellen Ausrichtung sind.*

Es wäre nicht möglich gewesen, ein Buch wie dieses zu schreiben, ohne die Unterstützung und die vielfältigen Anregungen, die ich von verschiedenen Seiten erhalten habe. Vieles hat sich für mich vor allem in Diskussionen mit lesbischen, schwulen und bisexuellen Menschen und mit den Teilnehmern von Veranstaltungen zum Thema »Homosexualität« geklärt. Ihnen allen gilt deshalb mein Dank. Besonderen Dank schulde ich auch meinem Kollegen und Freund Prof. Dr. RAYMOND BATTEGAY, dem Chefarzt der Psychiatrischen Universitätspoliklinik Basel, der mich stets in meinen Projekten unterstützt und von dem ich viele Anregungen erhalte. Mein Dank gebührt auch Frau MARGARETHA AVIS für die speditive Erledigung der Sekretariatsarbeiten. Schließlich möchte ich auch Herrn Dr. BERND RACHEL, Verlagsleiter im Verlag Vandenhoeck & Ruprecht, für die jahrelange gute Zusammenarbeit und für seine Unterstützung bei der Realisierung meiner Projekte danken.

Udo Rauchfleisch

Vorwort zur zweiten Auflage

Wenn die erste Auflage eines Buches bereits nach weniger als zwei Jahren vergriffen ist, empfindet man als Autor Freude über diesen Erfolg. Neben dieser persönlichen Freude erfüllt mich bei dem vorliegenden Buch aber noch ein anderes Gefühl, nämlich die Freude darüber, daß sich offensichtlich viel mehr Menschen, als ich ursprünglich gedacht hatte, auf das Thema der lesbischen, schwulen und bisexuellen Orientierungen eingelassen haben. Die vielen Reaktionen auf die erste Auflage meines Buches in Form von Zuschriften, zum Teil sehr persönlicher Art, von Einladungen zu Vorträgen in fachlichen und kirchlichen Gremien sowie zu öffentlichen Veranstaltungen, haben mir gezeigt, wie wichtig es ist, auch von psychologischer Seite her einen Beitrag zur Auseinandersetzung mit diesem die Emotionen zum Teil hochschlagen lassenden Thema zu leisten.

Ich habe die erste Auflage erweitert, indem ich neue eigene Erfahrungen aufgenommen habe und auf die in der letzten Zeit erschienenen Publikationen eingegangen bin. Möge auch die zweite Auflage die Diskussion um die schwulen, lesbischen und bisexuellen Orientierungen anregen und einen Beitrag leisten zur Schaffung von mehr Akzeptanz, als sie bisher Lesben, Schwulen und bisexuellen Menschen gegenüber spürbar ist. Möge dieses Buch auch Lesben, Schwulen und Bisexuellen auf ihrem Weg des coming out Mut machen und die Diskussion in den verschiedenen Emanzipationsgruppen beruflicher und politischer Art anregen.

Udo Rauchfleisch

I

Wie sind Lesben, Schwule und Bisexuelle?

Diese Frage ließe sich sehr einfach mit zwei kurzen Aussagen beantworten, nämlich erstens »Sie unterscheiden sich, abgesehen von ihrer Orientierung auf Menschen des gleichen Geschlechts, in nichts von anderen Menschen«, und zweitens »Sie sind nicht so, wie sie angeblich sein sollen«. Noch einfacher haben es allerdings alle diejenigen, die selber (zumindest vermeintlich) keine Lesben, Schwulen und Bisexuellen kennen und dennoch im Brustton der Überzeugung behaupten, sie wüßten, wie »die« sind.

Sowie wir uns jedoch ernsthaft auf die Frage einlassen, ob sich spezifische Charakteristika im Fühlen, Denken und Handeln lesbischer, schwuler und bisexueller Menschen benennen lassen, und welches gegebenenfalls solche Merkmale sind, werden wir feststellen, daß sich allgemeingültige Antworten letztlich nicht geben lassen. Abgesehen von einigen wenigen – allerdings zentralen – Merkmalen, welche ihr Erleben und Verhalten prägen, sehen wir uns der ganzen großen Variabilität gegenüber, die das menschliche Dasein ausmacht. Dies gilt für unsere Gegenwart ebenso wie für zurückliegende Zeiten, es betrifft Beruf, Bildung und Nationalität ebenso wie das weite Spektrum weltanschaulicher, politischer und ethischer Einstellungen.

Anschaulich beschreibt DONATE (1993, S. 16/17) die Vielfalt schwuler Lebensgestaltungen, wenn er darauf verweist: »Schwule hat es immer gegeben, gibt es und wird es immer geben. Man kennt den schwulen Modeschöpfer und den effeminierten Friseur, der in Herrenwitzen auf den Namen ›Detlef‹ hört – aber es gibt auch den schwulen Automechaniker mit den öligen Fingerkuppen und den schwulen Metzger mit den breiten

Schultern. Man kennt den zarthüftigen Ballettänzer und den kreischigen Damenimitator, aber niemand erahnt im Goldmedaillengewinner des Zehnkampfes oder im Bundesliga-Star den Mann, der Männer liebt. Es gibt auch den schwulen Straßenkehrer und den schwulen Penner – aber es gibt auch den schwulen Asylanten, den schwulen Behinderten, den schwulen Skin ... Aber Schwulen kann man auch anderswo begegnen: Im armseligen Andendorf, wo der schwule Indio-Junge von einem Glück in der Großstadt träumt und wahrscheinlich im Slum enden wird. Man kann dem vietnamesischen Dorfschneider begegnen, der aufatmend und glücklich die Wiedereröffnung seines Landes für Touristen begrüßt, weil sie ihm wieder Begegnungen mit Männern aus fremden Ländern ermöglicht; es gibt den sizilianischen Kleinbauern, der wegen der dörflich-kirchlichen Moral geheiratet und zehn Kinder gezeugt hat, dessen ganze ungestillte Sehnsüchte aber immer noch nur einem freien Leben unter gleichempfindenden Männern gelten. Es gibt auch den sowjetischen Offizier, der im Laufe einer wodkadurchtränkten Nacht verbale und nonverbale Geständnisse macht: Von seinem verhältnismäßig glücklichen Leben in der DDR und von den Ängsten vor der Rückkehr nach Rußland, wo er fürchtet, als ›blauer Mann‹ – so nennt man dort die Schwulen – an althergebrachten Moralvorstellungen zu zerbrechen ... Die Reihe ließe sich fortsetzen – Homosexualität ist keine Frage der Länder und Kontinente!«.

Erst wenn wir uns in so konkreter Form die Fülle von Lebenswirklichkeiten lesbischer, schwuler und bisexueller Menschen vergegenwärtigen, wird offensichtlich, welche ungeheure, durch nichts zu rechtfertigende Einengung es bedeutet, die Existenz so verschiedenartiger Menschen auf eine einzige Dimension zu reduzieren, nämlich die der sexuellen Orientierung. Wir vermögen ihnen durch eine solche Sicht niemals gerecht zu werden und verstellen uns den Weg zu einer echten Begegnung und zum gegenseitigen Kennenlernen.

Diese Einsicht zwingt uns, genauer zu untersuchen, welches die zentralen Merkmale sind, die das Erleben und die Lebensgestaltungen von Lesben, Schwulen und Bisexuellen auszeichnen. Wenn wir eine solche Frage stellen, sehen wir uns indes mit einem neuen Problem konfrontiert, das uns vor nicht minder große Schwierigkeiten stellt wie die Ausgangsfrage: Die Suche nach den spezifischen Merkmalen der »Homosexualität« wirft nämlich die eng damit zusammenhängende Frage auf, was denn »Heterosexualität« sei. Die Antwort scheint »selbstverständlich« zu sein, erweist sich bei näherer Untersuchung aber als gleich komplex und schwierig wie die nach den spezifischen Merkmalen von Lesben und Schwulen.

Die Schwierigkeiten, die sich angesichts dieser Fragen auftun, haben allerdings einen positiven Effekt, und zwar weisen sie uns nachdrücklich darauf hin, daß es nicht *die* »Homosexualität« und *die* »Heterosexualität« gibt, sondern daß wir es mit einem breiten Spektrum verschiedenartiger Entwicklungen zu tun haben, die schließlich in eine lesbische, schwule, bisexuelle oder heterosexuelle Orientierung münden und sich in einer entsprechenden Lebensgestaltung manifestieren. Dahinter stehen Persönlichkeiten sehr verschiedener Art. Die einzige Gemeinsamkeit ist die der Orientierung auf Personen des gleichen oder des anderen Geschlechts.

An dieser Stelle gilt es zunächst zu klären, was mit dem Begriff »*Orientierung*« gemeint ist. Ist es lediglich die sexuelle Attraktion durch bestimmte Personen? Oder umfaßt die Orientierung mehr, und wenn ja, was? Mit dem Begriff der lesbischen, schwulen, bisexuellen oder heterosexuellen Orientierung bezeichne ich im folgenden die *Gesamtheit der inneren Bilder, des Selbstverständnisses und der in der sozialen Realität sichtbar werdenden Beziehungsmuster.* Es ist ein tief in der Persönlichkeit verwurzeltes Selbstverständnis, das sich in den bewußten und unbewußten Bildern von der eigenen Person und von anderen Menschen niederschlägt, zu spezifisch ausgerichteten erotischen Phantasien führt und sich in den sozialen Beziehungen zu Partnerinnen und Partnern des gleichen und des anderen Geschlechts artikuliert. Selbstverständlich gehören auch die sexuelle Attraktion und die Art der manifesten sexuellen Beziehungen dazu. Doch sie allein definieren noch nicht die Orientierung. So schwierig es auf der einen Seite auch sein mag, diese Orientierung theoretisch über die versuchte Umschreibung hinaus zu definieren, so groß ist auf der anderen Seite die subjektive Gewißheit der betreffenden Menschen, heterosexuell, lesbisch, schwul oder bisexuell zu sein. Probleme treten allenfalls dort auf, wo es zu sozialen Repressionen kommt und wo Lesben und Schwule negative Bilder, die ihnen ursprünglich durch eine sie diskriminierende Umgebung vermittelt worden sind, verinnerlicht haben und deshalb in Konflikte gestürzt werden (vgl. dazu Kapitel IV). Doch sehen wir von solchen von außen kommenden Irritationen ab, so besteht für die Menschen selbst im allgemeinen keine Unklarheit bezüglich ihrer sexuellen Orientierung. Einzig bei den bisexuellen Menschen können – unabhängig von den äußeren Einflüssen – Gefühle von Unsicherheit bestehen, da sie sich in ihrer Orientierung weder eindeutig auf Menschen des gleichen noch eindeutig auf die des anderen Geschlechts ausrichten.

Ich möchte bereits an dieser Stelle auf einen Aspekt aufmerksam machen, den wir bei der Diskussion der sexuellen Orientierung beachten müssen: Ich habe ausgeführt, daß die Menschen im allgemeinen eine große subjektive Gewißheit von ihrer sexuellen Orientierung besitzen. Diese Aussage muß ich dahingehend präzisieren – und damit in ihrer Absolutheit einschränken –, daß wir der Realität des menschlichen Erlebens und der Beziehungsgestaltung eher gerecht werden, wenn wir die Charakterisierung »subjektive Gewißheit« als eine Aussage betrachten, die sich eigentlich immer nur auf einen bestimmten Zeitpunkt beziehen kann. Auch wenn die sexuelle Orientierung über die ganze Lebensspanne hin eine *relative Stabilität* aufweist, müssen wir nach allen uns vorliegenden Befunden aus den verschiedenen humanwissenschaftlichen Fächern und aufgrund von autobiographischen Berichten doch stets auch die *Zeitdimension* und die inneren wie äußeren Entwicklungsmöglichkeiten des Menschen in Rechnung stellen. Dies bedeutet indes nicht, daß sich eine schwule oder lesbische oder bisexuelle Orientierung willentlich oder durch therapeutische Interventionen zur Heterosexualität »umpolen« ließe, wie es nicht selten – mit allerdings größtenteils unheilvollen Folgen für die Betroffenen – versucht worden ist und von einer Reihe von Autoren immer noch propagiert wird. Ich werde in Kapitel III noch ausführlich darstellen, wie es zu der relativen, aber tief in der Persönlichkeit verankerten Stabilität der sexuellen Orientierung kommt und warum eine »Umpolung« nicht möglich und in keiner Weise sinnvoll ist.

Im Zusammenhang mit der geschilderten lesbischen und schwulen Orientierung ist noch ein Merkmal zu erwähnen, auf das insbesondere MORGENTHALER (1987) aufmerksam gemacht hat: In seiner psychoanalytischen Entwicklungstheorie, auf die ich noch ausführlich in Kapitel III eingehen werde, leitet MORGENTHALER aus den spezifischen frühkindlichen Bedingungen schwuler Männer ab, daß sie nicht so stark wie heterosexuelle Männer in Polaritäten fühlen und denken. Die Beziehungspersonen besäßen für schwule Männer ein »doppeltes Gesicht«, das für sie etwas Befreiendes und Relativierendes habe. Die daraus resultierende, tief in ihrem Wesen verankerte Flexibilität im eigenen Rollenverhalten bringe Schwule in einer heterosexuell orientierten, stark auf Polaritäten aufbauenden Gesellschaft wie der unseren (hiermit sind nicht nur die Polaritäten von Mann und Frau gemeint, sondern Polaritäten schlechthin, wie »arm« und »reich«, »stark« und »schwach« etc.) immer wieder in Konflikte. Dabei liege gerade in dem nichtpolarisierten Fühlen und Denken schwuler Männer ein geradezu revolutionäres Potential, das die starren hierarchischen Strukturen aufbrechen oder zumindest aufweichen und damit Platz für alternative Lebensformen schaffen könnte. Wahrscheinlich ist es nicht zuletzt diese »Sprengkraft«, welche die schwulen Männer in einer patriarchalisch-polarisierenden Gesellschaft zu einer »Gefahr« werden läßt und zu Vorurteilen und Diskriminierungen führt (s. Kapitel VI).

Ich habe die an den Beginn dieses Kapitels gestellte Frage, wie Lesben, Schwule und Bisexuelle sind, zum einen mit dem Hinweis beantwortet, sie seien – bis auf die sexuelle Orientierung und, so müssen wir nun ergänzen, bis auf eine größere Offenheit gegenüber einem an Polaritäten orientierten Fühlen und Denken – nicht anders als andere Menschen auch. Diese Aussage besitzt Gültigkeit, auch wenn die psychologische, vor allem die psychoanalytische Literatur das Gegenteil zu »beweisen« scheint. Eine Sichtung der einschlägigen Untersuchungen (stellvertretend für viele andere seien hier lediglich die bekanntesten Exponenten genannt: BERGLER, 1956; BIEBER et al., 1962; OVESEY, 1969; SOCARIDES, 1971, 1978; in neuerer Zeit auch KERNBERG, 1985) läßt ein weites Spektrum an »Pathologie« erkennen, das von psychotischen Erkrankungen über vielfältige Verhaltensanomalien bis zu angeblich spezifischen Beziehungsmustern in den Herkunftsfamilien schwuler Menschen reicht (wenige Untersuchungen beschäftigen sich auch mit Lesben und noch weniger mit Bisexuellen). Ich werde in Kapitel II noch ausführlicher auf die vermeintlichen »Charakteristika« eingehen, wie sie in den verschiedenen Untersuchungen berichtet werden.

Im folgenden ein Beispiel für die typische Art, wie in solchen Arbeiten argumentiert wird: In ihren Untersuchungen zur Eltern- Kind-Beziehung von (allerdings neurotischen) schwulen und heterosexuellen Männern kamen WEST (1959) und wenig später BIEBER und Mitarbeiter (1962) zum Resultat, daß, wie schon andere Autoren berichtet hatten, bei den späteren schwulen Männern in der Kindheit eine wesentlich engere Beziehung zwischen Mutter und Sohn und aus der Sicht der Söhne eine unbefriedigende, negativ erlebte Vater-Sohn-Beziehung bestanden habe. Während lediglich 16% der Mütter der späteren heterosexuellen Männer die Söhne in bezug auf maskulines Verhalten und maskuline Einstellungen entmutigt hatten, fand sich ein solches mütterliches Verhalten bei den späteren Schwulen in 37%. Wie FRIEDMAN (1988) anhand seiner Analyse der von BIEBER mitgeteilten Daten zeigt, sind diese Unterschiede zwar statistisch signifikant. Die Konstatierung der statistischen Unterschiede läßt den Leser jedoch übersehen, daß bei beiden von BIEBER befragten Gruppen diese Art des mütterlichen Verhaltens nur in einem relativ geringen Prozentsatz auftrat. Außerdem weisen die zitierten Zahlen darauf hin, daß auch bei der Gruppe der schwulen Männer ein hoher Anteil (nämlich 63%!) von Müttern die Söhne keineswegs in bezug auf maskulines Verhalten entmutigt hat. Ähnliche Verhältnisse finden wir im Hinblick auf andere angeblich »typische« Verhaltensweisen von Lesben und Schwulen und ihren Eltern.

Außerdem ist bei Befunden wie den oben zitierten immer auch die Frage zu stellen, wie *spezifisch* die beobachteten Phänomene für eine bestimmte Gruppe sind. Im Hinblick auf die angeblich »typische« Familienkonstellation Schwuler (dominierende Mutter und schwacher Vater) hat MARMOR (1980) mit Recht darauf hingewiesen, daß eine solche Konstellation sich auch in zahllosen Familien späterer Heterosexueller findet.

Ferner haben sorgfältige testpsychologische Studien an schwulen und heterosexuellen Männern zum Resultat geführt, daß sich bei Schwulen kein größeres Ausmaß an Psychopathologie nachweisen läßt (HOOKER, 1965, 1967; RIESS, 1980).

Wie eingangs erwähnt und wie bereits an den beispielhaft zitierten Befunden demonstriert, sind lesbische, schwule und bisexuelle Menschen *nicht* so, wie sie angeblich sein sollen. Die Beschreibungen, die wir in der Literatur und in Gesprächen über sie erhalten, sind oft von völlig irrationalen, nicht überprüften Vorurteilen geprägt. Außerdem gründen sich die Charakterisierungen – vor allem im »wissenschaftlichen« Schrifttum – im allgemeinen auf ganz bestimmte Populationen, in der medizinisch-psychologischen Literatur vornehmlich auf »Patienten«, so daß eine Übertragung der an ihnen gesammelten Beobachtungen auf die ganze Gruppe von Lesben, Schwulen und Bisexuellen höchst fragwürdig ist. Es wäre das gleiche, als wollte man von heterosexuellen psychiatrischen Patienten auf *die* heterosexuelle Frau und *den* heterosexuellen Mann schließen. Hinzu kommt, daß selbst in den Studien, in denen die Autoren lesbische, schwule und bisexuelle Nicht-Patienten untersucht haben, nur bestimmte Untergruppen (zum Beispiel die in den Lesben- und Schwulenbewegungen Aktiven oder die aufgrund von Aufrufen in Zeitungen sich für die Untersuchung zur Verfügung Stellenden) erfaßt werden konnten. Der weitaus größte Anteil von Lesben und Schwulen hingegen blieb, zumindest in der Vergangenheit, aus Angst vor Diskriminierungen im Dunkel der Anonymität – und dies gilt nach wie vor für viele Bisexuelle –, und es war deshalb auch mit den geschicktesten Untersuchungs-Designs nicht möglich, diese unauffällig lebenden Menschen in Studien einzubeziehen. Schließlich muß man bei den verschiedenen Verhaltensweisen, die als »typisch« für Lesben, Schwule und Bisexuelle geschildert werden, immer auch fragen, ob es »im Wesen« dieser Menschen liegende Merkmale sind, oder ob es Reaktionen auf die spezifischen Bedingungen sind, unter denen sie in unserer Sozietät leben (zum Beispiel aufgrund von Diskriminierungen, wegen ihrer nicht-legalisierten Beziehungen etc.).

II

Vorurteile und Fehlannahmen

In diesem Kapitel möchte ich vier der in persönlichen Gesprächen und in öffentlichen Diskussionen am häufigsten genannten – angeblich »typischen« – Merkmale lesbischer, schwuler und bisexueller Menschen diskutieren. Die kritische Auseinandersetzung mit diesen Annahmen wird zeigen, daß sie zumeist auf mangelnder, beziehungsweise einseitiger und nicht weiter überprüfter Information beruhen und daß sie vor allem durch eine allzu undifferenzierte Sicht zustande kommen, die der komplexen Lebensrealität lesbischer, schwuler und bisexueller Menschen in keiner Weise gerecht wird. Es sind die vier folgenden Themen: die Annahme einer »weiblichen« Identifizierung bei Schwulen und einer »männlichen« Identifizierung bei Lesben, die lesbische und schwule »Subkultur« mit ihren spezifischen Verhaltensweisen, der »häufige Partnerwechsel«, die »Promiskuität« also, und die angebliche »Verführungsgefahr«, die vor allem Schwule für Kinder und Jugendliche darstellen sollen.

Dürfen wir eine »weibliche« Identifizierung bei Schwulen und eine »männliche« Identifizierung bei Lesben annehmen?

Eine der im wissenschaftlichen Schrifttum ebenso wie in persönlichen Gesprächen häufig geäußerte Charakterisierung ist die, schwule Männer seien »weiblich« identifiziert, was zu einem »effeminierten« (weniger taktvoll: »weibischen«) Erscheinungsbild und Verhalten führe. Umgekehrt sei es bei Lesben: Sie seien »männlich« identifiziert und orientierten sich an männlichen Verhaltensstandards. Derartige Feststellungen gründen sich im allgemeinen nicht auf persönliche Erfahrungen im Umgang mit Schwulen und Lesben, sondern stellen eine popularisierte Form der psychoanalytischen Theorie dar, die selber dringend revisionsbedürftig ist (vgl. Kapitel III).

Fragen wir uns zunächst, was mit der Formulierung »weibliche« respektive »männliche« Identifizierung gemeint ist. Die dahinter stehende psychoanalytische Theorie besagt, daß sich die Kinder im Verlaufe ihrer Entwicklung (in der sog. »ödipalen Phase«) stark zum gegengeschlechtlichen Elternteil hingezogen fühlen, eben dadurch aber in einen Rivalitätskonflikt mit dem gleichgeschlechtlichen Elternteil geraten. Die Lösung dieser konflikthaften ödipalen Situation erfolgt, so die Theorie, im »gesunden« Falle dadurch, daß sich der Knabe mit dem gefürchteten Vater identifiziert und auf die intime Nähe zur Mutter verzichtet, während sich das Mädchen mit der gefürchteten Mutter identifiziert und Abstand vom Vater nimmt. Im Verlauf der weiteren Sozialisation verfestigen sich diese inneren Bilder und Rollenvorstellungen und führen schließlich zu dem, was wir »männliche« beziehungsweise »weibliche« Identität zu nennen pflegen.

Diese an sich plausible Theorie geht von zwei Voraussetzungen aus, die wir allerdings heute auch in der Psychoanalyse nicht mehr ohne weiteres in dieser Form vertreten können: Zum einen erscheint es nach dem hier nur kurz skizzierten Konzept so, als ob die »Weichenstellung« zur männlichen respektive weiblichen Identität allein in der ödipalen Phase unter dem erzwungenen Verzicht auf den gegengeschlechtlichen Elternteil erfolge. Zum anderen wird wie selbstverständlich angenommen, die ödipalen Konflikte führten im »normalen« Falle zu einer Identifizierung mit dem gleichgeschlechtlichen Elternteil, während die lesbische oder schwule Entwicklung sich dadurch auszeichne, daß hier eine Identifizierung mit dem gegengeschlechtlichen Elternteil erfolge und daß es dadurch zu einer Übernahme der gegengeschlechtlichen Selbstentwürfe und Verhaltensweisen komme. Diese beiden Grundannahmen bedürfen einer kritischen Reflexion.

Ohne schon an dieser Stelle ausführlich auf die spezifischen Entwicklungsbedingungen einzugehen, die später zu einer schwulen, lesbischen, bisexuellen oder heterosexuellen Orientierung führen (vgl. Kapitel III), sei doch bereits hier darauf hingewiesen, daß die inneren Bilder von der eigenen Person ebenso wie die Bilder von signifikanten Bezugspersonen sich *von frühester Kindheit an* konstituieren und sich im Verlaufe der weiteren Entwicklung zunehmend differenzieren. Wesentliche Elemente der Identität haben sich längst vor Erreichen der ödipalen Phase ausgebildet. Die neueren psychoanalytischen Theorien relativieren die Bedeutung der – früher geradezu als »Markstein« der Entwicklung empfundenen – ödipalen Phase und lassen erkennen, daß die Geschlechtsidentität einen von frühester Kindheit an sich bildenden, früh etablierten Kern unserer Persönlichkeit darstellt.

Die zweite genannte Voraussetzung der älteren psychoanalytischen Literatur, die einer kritischen Reflexion bedarf, ist die Annahme, der ödipale Konflikt (oder unter Berücksichtigung der referierten neueren Konzepte: die seit frühester Kindheit stattfindende Auseinandersetzung des Kindes mit den Eltern) führe im Falle der heterosexuellen Orientierung zu einer Identifizierung des Knaben mit dem Vater respektive des Mädchens mit der Mutter, während die schwule und lesbische Orientierung sich durch Identifizierungen des Kindes mit dem gegengeschlechtlichen Elternteil auszeichne (bezeichnenderweise ist es bei Verwendung eines solchen Konzepts nicht möglich, in einigermaßen schlüssiger Weise die Entwicklung zur Bisexualität zu erklären – es sei denn, man spräche ihr jegliche Eigenständigkeit ab und interpretierte sie, was allerdings tatsächlich oft geschieht, als eine verkappte Homosexualität). Einer solchen Argumentation liegt ein – gerade für die Diskussion lesbischer und schwuler Orientierungen – verhängnisvolles Mißverständnis zugrunde, nämlich die durch nichts zu rechtfertigende Annahme, es gehe im Prozeß der Identitätsfindung, völlig unabhängig vom biologischen Geschlecht des Kindes, um die Übernahme eines »weiblichen« oder »männlichen« Selbstverständnisses mit daraus resultierenden »männlichen« oder »weiblichen« Verhaltensweisen. Wir wissen heute aber, daß die Kern-Geschlechtsidentität, »das primordiale, bewußte und unbewußte Erleben, ... entweder ein Junge oder ein Mädchen bezüglich seines biologischen Geschlechts ... zu sein«, sich »aufgrund des komplexen Zusammenwirkens von biologischen und psychischen Einflüssen ab der Geburt des Kindes« entwickelt und gegen Ende des zweiten Lebensjahres als »(relativ) konfliktfreie Gewißheit etabliert« ist (Mertens, 1992, S. 24; vgl. auch Stoller, 1968a). Das heißt, worauf mit Recht auch Künzler (1992b) und Friedman (1988, 1993) verweisen, daß schwule und bisexuelle Männer in ihrer Kern-Geschlechtsidentität ebenso eindeutig männlich geprägt sind wie heterosexuelle Männer, respektive lesbische und bisexuelle Frauen im Kern ihres Wesens ebensowenig an ihrem Frau-Sein zweifeln wie heterosexuelle Frauen (vgl. Brauckmann, 1984; Gissrau, 1989; Wolff, 1973). Die Tatsache, daß Schwule ihre erotischen Phantasien und sexuellen Bedürfnisse auf Männer, Lesben ihre Phantasien und Bedürfnisse auf Frauen und Bisexuelle auf Partner beider Geschlechter richten, bedeutet in keiner Weise, daß sie sich, was ihre Geschlechtsidentität angeht, am gegengeschlechtlichen Elternteil orientiert hätten. Sie haben lediglich entsprechend ihrer schwulen, lesbischen oder bisexuellen Orientierung eine andere Beziehung zum gleichgeschlechtlichen Elternteil als heterosexuelle Männer und Frauen.

Von diesen Überlegungen ausgehend, müssen wir sagen, daß manche Interessen – und mitunter auch Verhaltensweisen – schwuler Männer »weiblich« imponieren mögen, daß dies jedoch nichts mit einer »weiblichen Identifizierung« im Sinne einer weiblichen Geschlechtsidentität zu tun hat. Die in den Erhebungen von Bell et al. (1981), Bieber et al. (1962), Saghir et al. (1973) und anderen Autoren von Schwulen gehäuft berichteten Merkmale des geringen Interesses an sportlichen Spielen und körperlichen Auseinandersetzungen in der Kindheit bei verstärkten Interessen an bildender Kunst, Literatur und Musik sowie vermehrte Zuwendung zu Tätigkeiten, die üblicherweise von Mädchen ausgeübt werden, sind Verhaltensweisen, die sich bei einer männlichen Kern-Geschlechtsidentität lediglich an *in unserer Gesellschaft* als »weiblich« *definierten* Rollenmustern orientieren.

Die Verwirrung entsteht nicht zuletzt dadurch, daß mit dem

Kürzel »männliche« respektive »weibliche Identifizierung« eine unzulässige Vermischung ganz verschiedener Elemente erfolgt. Wie ich in Kapitel III noch ausführen werde, müssen wir im Hinblick auf die Geschlechtsidentität zumindest zwischen den drei »Bausteinen« der Kern-Geschlechtsidentität, der Geschlechtsrolle und der Geschlechtspartner-Orientierung unterscheiden. In Diskussionen über Homosexualität werden diese drei Elemente häufig jedoch nicht gesondert betrachtet. Durch die Verwendung des Begriffs »weibliche« beziehungsweise »männliche Identifizierung« wird in undifferenzierter Weise die Grenze zwischen der Geschlechtsrolle und der Geschlechtspartner-Orientierung verwischt, und mitunter spricht aus den verwendeten Formulierungen sogar die völlig abstruse Annahme, Schwule fühlten sich in ihrer Kern-Geschlechtsidentität »weiblich« und Lesben »männlich« – konsequenterweise müßten sich Bisexuelle dann gar »zwittrig« fühlen.

Es wird bei diesen Überlegungen noch einmal deutlich, daß die einfache Unterteilung in »männlich« und »weiblich« der Komplexität menschlichen Fühlens und Verhaltens in keiner Weise gerecht wird. Welchen Sinn macht es etwa, Lesben als »männliche« oder »burschikose« Frauen zu charakterisieren? Sie sind weder »Männer« noch »Burschen«. Ihr Verhalten hat auch nichts mit einer »männlichen« Orientierung im Sinne einer männlichen Kern-Geschlechtsidentität zu tun. Wenn wir bei ihnen von »männlich« oder »burschikos« sprechen, drücken wir – unter Verwendung völlig ungeeigneter Beurteilungskategorien – eigentlich nur aus, daß ihr Verhalten uns an ein Verhalten erinnert, das in unserer Kultur üblicherweise den Männern zugeschrieben wird. Was heißt aber in diesem Zusammenhang »*den* Männern zugeschrieben«? Angesichts des weiten Spektrums dessen, was wir in unserer Gesellschaft mit der Charakterisierung »männlich« verbinden, ist es absurd, einer ganzen Gruppe von lesbischen Frauen ein solches Attribut zuzuschreiben. Es sagt nichts über die einzelne Person aus und trägt auch nichts zur Differenzierung zwischen verschiedenen Individuen bei. Das einzige, was mit einer solchen Bezeichnung ausgedrückt wird (und dies ist letztlich wohl auch das Ziel), ist die Tatsache, daß die betreffende Frau entwertet und ausgegrenzt wird.

In diesem Zusammenhang gilt es auch, sich zu fragen, warum derartige Merkmale, die zwar nicht für alle Schwulen und Lesben zutreffen, bei ihnen aber doch häufiger als bei Heterosexuellen feststellbar sind, nur negativ konnotiert werden. Warum ist es ein »Makel«, wenn ein Mann sich beispielsweise mehr für Kunst und Literatur als für Baseball (ein in amerikanischen Publikationen viel gebrauchter Vergleich) interessiert? Wenn wir die Frage so konkret stellen, wird sichtbar, daß es letztlich nicht um den Gegenstand des Interesses geht, sondern um die – rein gesellschaftlich definierte – Zuordnung bestimmter Interessen zur weiblichen und männlichen Rolle. Diese Art der Argumentation läuft letztlich auf eine Entwertung der Frauen hinaus, wenn man ihnen »gnädig« zugesteht, sich mit Kunst und Literatur abgeben zu dürfen, während die »wahren Dinge des Lebens« wie die sportlichen Wettkämpfe allein den Männern vorbehalten bleiben und zur Sicherung ihres männlichen Status beitragen. Unversehens wird hier hinter der Ausgrenzung Schwuler die Diskriminierung von Frauen sichtbar – ein Sachverhalt, den Frauen offenbar intuitiv spüren, was auch erklärt, warum wir bei ihnen im allgemeinen weniger ausgeprägte homophobe, Schwule und Lesben diskriminierende Tendenzen finden (AGUERO et al., 1984; D'AUGELLI, 1989; D'AUGELLI et al., 1990; HANSEN, 1982).

Auch wenn sich in der Analytischen Psychologie C. G. JUNGS und vieler seiner Schüler ähnliche negative Einschätzungen und Fehlinterpretationen finden, sind diese, verglichen mit den psychoanalytischen Stellungnahmen (s. S. 17ff. und S. 143ff.) im allgemeinen doch weniger scharf und weniger entwertend formuliert. JUNG selber (1986, 1988a, 1988b, 1989a, 1989b) und etliche seiner Schüler haben Homosexualität zwar auch als Zeichen psychischer Unreife und als Ausdruck der Behinderung im Individuationsprozeß interpretiert. Doch ist, wie HOPCKE (1991) darlegt, die Neigung zur Pathologisierung lesbischer, schwuler und bisexueller Orientierungen zumindest bei JUNG selbst aus drei der Analytischen Psychologie immanenten Gründen weniger ausgeprägt: Zum einen hat JUNG immer auch die *historische und kulturelle Perspektive* berücksichtigt und dadurch eher Einseitigkeiten vermieden; zum anderen hat er stets besonderen Wert darauf gelegt, die *Per-*

sönlichkeit als Ganze zu betrachten, und hat sich nicht durch Ausrichtung auf ein bestimmtes Merkmal oder Verhalten (zum Beispiel Homosexualität) den Blick für die anderen Persönlichkeitszüge verstellt; und schließlich ist JUNGS Auffassung dadurch gekennzeichnet, daß es ihm, entsprechend seinem stark auf das Individuum zentrierten Ansatz, wichtig war, die spezifische Bedeutung der Homosexualität im Leben einer bestimmten Person herauszuarbeiten. Für JUNG gibt es deshalb nicht *die* Homosexualität, sondern eine letztliche unendliche Zahl von Homosexualitä*ten*.

Lesbische und schwule »Subkultur« – spezifische Verhaltensweisen?

Schwule sind einzig und allein darauf bedacht, im anonymen Milieu von Parks, öffentlichen Toiletten, Saunen und Bars Sexpartner zu finden; sie bewegen sich in ihrer Freizeit ausschließlich in »einschlägigen« Kreisen und entbehren jeglicher Moralität. Dies ist ein in der Öffentlichkeit weit verbreitetes Bild. Die Vorstellungen von Lesben sind demgegenüber im allgemeinen weniger konturiert und kreisen vor allem um die »männliche« Art dieser Frauen, wobei sich allerdings auch in ihrer Charakterisierung häufig ein moralisierender Unterton bemerkbar macht, etwa wenn ihr Leben und Verhalten als »abstoßend« oder »widernatürlich« bezeichnet wird.

Wie kommt es, so müssen wir uns fragen, zu derartig verzerrten Bildern? Gewiß darf man vermuten, daß ein solches Bild vor allem von Berichten aus der Regenbogenpresse genährt wird. Aber auch sogenannte »Witze« über Lesben und Schwule und Skandalgeschichten, die man sich lüstern-schaudernd hinter vorgehaltener Hand weitererzählt, ohne je ihren Wahrheitsgehalt geprüft zu haben, tragen das ihre dazu bei, derartige Bilder lesbischer und schwuler Menschen entstehen zu lassen und immer weiter zu verfestigen.

Bedenken wir, daß nach KINSEYS (1948, 1953) Erhebungen mindestens 4% der Männer und 2-3% der Frauen aus der Gesamtbevölkerung ausschließlich »homosexuell« empfinden

26

und dementsprechend leben (neuere Schätzungen sprechen, je nach sozialer Struktur der Bevölkerung, von Zahlen zwischen 5 und 10%), so ist es nicht vorstellbar, daß alle diejenigen, die derartige Bilder des nur sexbesessenen oder des tuntenhaften Schwulen und des lebischen Mann-Weibs kolportieren, persönlich wirklich nur solche Menschen kennen. Sollte dies tatsächlich so sein, so müßte man sich allerdings wundern, welchen Umgang die so argumentierenden »braven« Bürgerinnen und Bürger pflegen. Was hier weitergegeben wird, sind Bilder von Lesben und Schwulen, die es zwar in dieser Form durchaus gibt (etwa die effeminierten Schwulen, die »Tunten«, oder die Macho-»Ledertypen« etc.). Sie sind jedoch in keiner Weise für *den* Schwulen repräsentativ. Ebenso ist es mit der angeblich »typischen« Subkultur-Szene in Bars, Saunen, Parks etc. Gewiß sind dies Treffpunkte für Schwule. Das heißt aber noch längst nicht, daß jeder dieser Männer, über alle Lebensphasen hinweg in gleicher Weise, sich ausschließlich in diesem Milieu bewegte. Völlig unberücksichtigt bleiben bei einer solchen Sicht auch die vielen Arbeits- und Interessengruppen, in denen Lesben und Schwule sich zusammenfinden, an bestimmten Fragestellungen arbeiten und ihre Freizeit miteinander verbringen (zum Beispiel die lokalen Homosexuellen Arbeitsgruppen, der Ökumenische Arbeitskreis »Homosexuelle und Kirche«, HuK, sowie die große Zahl von Lesben- und Schwulen-Interessengruppen verschiedener politischer Parteien und Berufe) – es sei denn, man wollte auch solche Zusammenschlüsse in diskriminierender Weise als »Subkultur« bezeichnen.

Wie der Begriff »Sub-Kultur« signalisiert, definiert sich eine derartige Gruppe stets im Verhältnis zu einer als Mehrheit auftretenden »Kultur«. Wollen die Mitglieder ihre Identität in einer sie stützenden, sie akzeptierenden Bezugsgruppe finden oder stärken, so bleibt ihnen angesichts ihres Status als Minorität nur die Möglichkeit, sich in eine solche Gruppe mit ihren spezifischen Normvorstellungen und Verhaltensmaximen zurückzuziehen. Dies vermittelt ihnen einerseits innerhalb der Bezugsgruppe zwar das Gefühl von Sicherheit und Akzeptanz. Andererseits läßt es sie aber auch immer wieder schmerzlich spüren, daß sie zu einer »Sub«-Kultur gehören, die mehr oder weniger ein Schattendasein fristet

27

und im Gegensatz zu den allgemein anerkannten Vorstellungen der Majorität steht.

Die Subkultur bietet generell – und das gilt auch für die schwule und lesbische Subkultur – einerseits Schutz und Sicherheit, andererseits erinnert sie ihre Mitglieder aber auch gerade durch das subkulturspezifische Verhalten immer wieder daran, daß sie zu einer Minderheit gehören und sich in einer Not-Gemeinschaft zusammenschließen. Hier kann jeder – zumindest was die lesbische oder schwule Identität angeht – so sein, wie sie oder er wirklich ist. Wenigstens hier kann die vielfach getragene Maske des »normalen« (heterosexuellen) Bürgers fallen, weil hier keiner dem/der anderen etwas vorspielen muß. Doch wird dieser unbestreitbare positive Effekt mit dem Konformitätsdruck bezahlt, den auch solche Gruppierungen auf ihre Mitglieder ausüben.

In diesem Zusammenhang ist auf die besonders schwierige Situation hinzuweisen, in der sich bisexuelle Menschen befinden. Wegen des von jeder Gruppe ausgehenden Konformitätsdrucks sehen sie sich dem Dilemma gegenüber, weder Sicherheit in der Zugehörigkeit zur (heterosexuellen) Majorität noch Schutz in der Gruppe der Lesben und Schwulen zu finden. Von beiden Seiten werden sie mit großem Argwohn beobachtet, und häufig wird ihre bisexuelle Orientierung von den Heterosexuellen ebenso wie von den Lesben und Schwulen infragegestellt. Im besten Falle wird die Bisexualität als »Durchgangsphase« zur »eigentlich« bestehenden homosexuellen Orientierung interpretiert. Vielfach sehen bisexuelle Frauen und Männer sich aber auch massiver Kritik gegenüber, die ihnen Unentschlossenheit und Feigheit bezüglich eines konsequenten coming out als Lesben oder Schwule (»fence-sitters«) vorwirft, ihnen vorhält, das »Omelette und das Ei« zu wollen, und ihr Verhalten als Verrat an den gesellschaftspolitischen Zielen der Lesben- und Schwulenbewegung bezeichnet (AUSTIN, 1978; BLUMSTEIN et al., 1974, 1976, 1977; BODE, 1976; KLEIN, 1978; PAUL, 1984, 1985; ZINIK, 1985). Für nicht wenige Bisexuelle resultiert aus dieser sozialen Ungeborgenheit, daß sie im Kreis ihrer heterosexuellen Bezugspersonen ihre lesbischen beziehungsweise schwulen Aktivitäten verheimlichen und umgekehrt ihre gleichgeschlechtlichen Partnerinnen und Partner nichts von den heterosexuellen Beziehungen wissen lassen (ZINIK, 1985). Je nach Bezugsgruppe tritt der eine oder der andere Aspekt ihrer sexuellen Orientierung und ihrer Lebensform in den Vordergrund, was sich allerdings auf die Dauer belastend für ihre Selbstdefinition und ihr Identitätsgefühl auswirken kann.

Wenn wir uns mit der Subkultur lesbischer und schwuler Menschen beschäftigen, müssen wir uns fragen, was sie dazu bewegt, sich solchen Subkultur-Gruppen anzuschließen. Es dürfte kein Zweifel darüber bestehen, daß das Hauptmotiv der Druck ist, der von den Diskriminierungen durch eine homosexualitätsfeindliche Gesellschaft ausgeht. Wollen Lesben und Schwule nicht in eine »innere Emigration« gehen, was auch fatale Konsequenzen hätte (zum Beispiel totale Vereinsamung), bleibt ihnen letztlich nur der Weg in die sogenannte Subkultur. Je weniger diskriminierend die Umgebung sich verhält, desto eher öffnen sich daneben auch andere Freiräume, so zum Beispiel in den erwähnten politischen, religiösen und Freizeitgruppen für Lesben und Schwule, oder – idealerweise – in den verschiedensten Gruppen unserer Gesellschaft, in denen sie sich zusammen mit heterosexuellen Menschen so geben können, wie sie wirklich sind. Insofern ist es Ausdruck einer Doppelmoral, wenn die »homosexuelle Subkultur« in der Öffentlichkeit als »befremdlich« und »abstoßend« empfunden wird, es aber diese gleiche Öffentlichkeit ist, die Lesben und Schwule in die Subkultur drängt.

Mit dieser Dynamik hängt eng ein weiterer Apsket zusammen: Angesichts der Tatsache, daß lesbische und schwule Lebensformen in vielen Fällen nicht offen gelebt werden können und die Betreffenden nicht in gleichem Maße wie heterosexuelle Menschen anerkannte Möglichkeiten zur Kontaktfindung besitzen, ist es verständlich, daß sie sich in eine Subkultur zurückziehen, die ihnen diese Möglichkeiten mit Gleichempfindenden zusammen eröffnet. Es wäre indes ein Irrtum, daraus den Schluß zu ziehen, das Leben in einer solchen Subkultur sei ein primäres Ziel. Wir müssen vielmehr auch in dieser Hinsicht berücksichtigen, daß es in erster Linie das Verhalten der weiteren Sozietät ist, das Menschen in eine Subkultur drängt.

Es erscheint also mehr als fraglich, ob Lesben und Schwule sich in speziellen Bars und an anderen Treffpunkten zusammenfänden, wenn ihnen wie den heterosexuellen Menschen vielfältige andere Möglichkeiten zur Kontaktnahme offenstünden. Besäßen sie die Möglichkeit, sich wie die Heterosexuellen in Diskotheken, Restaurants und im übrigen Leben ihren Gefühlen entsprechend zu verhalten und ohne Furcht vor Diskriminierungen Kontakte anzuknüpfen, so wären sicher viele der jetzigen »Subkultur-Treffpunkte« nicht nötig. Solange jedoch eine starke Repression herrscht, wird es kaum andere Wege geben – es sei denn, wie es die Mitglieder der Lesben- und Schwulenbewegungen immer wieder versuchen, sie setzten sich bewußt über die gesellschaftlichen Tabus hinweg und lebten ihren Lebensstil, ohne sich durch die öffentliche Meinung beirren zu lassen. Dies ist aber ein schwieriges Unterfangen, das ohne die Unterstützung durch eine Bezugsgruppe Gleichgesinnter kaum möglich ist. Außerdem werden derartige Versuche, sich mutig über die gesellschaftlichen Verhaltensmaximen hinwegzusetzen, in der Öffentlichkeit häufig gerade wieder als Argumente gegen Lesben und Schwule verwendet, etwa wenn es um öffentliche Kundgebungen geht oder wenn, wie vor einiger Zeit geschehen, schwule und lesbische Paare bei Standesämtern erschienen und die Eheschließung forderten. Sehr rasch ist in solchen Situationen das kritische Argument zur Hand, diese Menschen sollten doch »etwas taktvoller« sein und ihre »Andersartigkeit« nicht »in so provozierender Weise« in der Öffentlichkeit »ausbreiten«.

Bei dem Thema »Subkultur« ist auch zu bedenken, daß Lesben und Schwule hier mitunter Verhaltensweisen zeigen (dies gilt vor allem für solche, die von der Umgebung als »provokativ« oder »anstößig« erlebt werden), die nicht eigentlich ihrem innersten Wesen entsprechen, sondern als Provokation gegenüber einer sie diskriminierenden Gesellschaft gemeint sind. Aus einem ähnlichen Grund bezeichnen sich Männer als »schwul« und Frauen als »lesbisch« – gerade *weil* diese Begriffe ursprünglich zu ihrer Diskriminierung verwendet worden sind. Indem sie sie nun selber benutzen und damit ihre spezifische Identität beschreiben, halten sie der sie ausgrenzenden Umgebung gleichsam einen Spiegel vor. Es ist ein im Verlaufe der

Geschichte immer wieder anzutreffender Mechanismus, daß Begriffe, die ursprünglich als negative Etikettierung verwendet wurden, später für die Betroffenen selber zum »Markenzeichen« wurden (das bekannteste Beipiel ist wohl die Bezeichnung der »Christen«, das heißt der ursprünglich am Kreuz Hingerichteten, von weiten Kreisen der Bevölkerung Verachteten). Durch ein besonders »tuntenhaftes«, mitunter bis zur Karikatur getriebenes effeminiertes Auftreten ironisieren solche Menschen etwa ihre eigene Lage und mildern die ihnen von der Umgebung entgegengebrachte Verachtung. Sie treten damit eine »Flucht nach vorne« an und schützen sich auf diese Weise vor noch tieferen Verletzungen. Die – nur mehr oder weniger bewußte – innere Argumentation könnte man folgendermaßen umschreiben: »Wenn ich ohnehin Diskriminierungen und Verletzungen erfahre, will ich wenigstens wissen, warum ich dies alles erleiden muß. Indem ich mich den Menschen meiner Umgebung so provokativ präsentiere, liefere ich ihnen – und mir – handfeste Gründe für die mir zugefügte Ausgrenzung«. Dies ist, so paradox es erscheinen mag, tatsächlich ein gewisser Schutz, denn es macht dem Betroffenen etwas verständlich, was angesichts der irrationalen Quellen, aus denen die Vorurteile und Diskriminierungen Lesben und Schwulen gegenüber gespeist werden, logisch nicht nachvollziehbar ist.

Schließlich müssen wir uns auch die Frage vorlegen, warum es eigentlich keine Subkultur für Lesben und Schwule geben sollte. Jede Gruppierung im sozialen, kirchlichen, politischen oder anderweitigen Bereich entwickelt eine eigene, unverwechselbare »Kultur«, die sich durch bestimmte Verhaltensweisen auszeichnet, unter Umständen auch durch eine spezifische Sprache und Kleidung ihrer Mitglieder sowie durch bestimmte Normen und Wertvorstellungen, die sich in der Gruppe etablieren. Warum sollte es dann nicht auch eine »Kultur« für Lesben und Schwule geben? Wenn man die Frage so formuliert, wird sichtbar, daß Lesben und Schwule auch in dieser Hinsicht erheblichen Diskriminierungen ausgesetzt sind. Man verwendet, wenn es um sie geht, im allgemeinen eben nicht Begriffe wie »Bezugsgruppe«, »Kreis«, »Vereinigung« oder ähnliches, sondern spricht von der *Sub*-Kultur«, in der sie sich »bewegen« und deutet durch den Zusatz »sub« an, daß diese Gruppierung »unter« der »Kultur« der Majorität stehe. Damit werden Lesben und Schwule noch einmal mehr stigmatisiert und in den Status von Außenseitern verwiesen. Demgegenüber wäre es dringend notwendig, dahin zu kommen, daß Treffpunkte, Zusammenschlüsse und die verschiedenen Formen der Geselligkeit von Lesben und Schwulen – wie bei anderen Menschen auch – als solche und nicht als Sub-Kultur bezeichnet würden. Damit wäre ein wichtiger Schritt zur *Anerkennung* solcher Lebensformen getan.

Der »häufige Partnerwechsel«, die »Promiskuität«

Dieser Vorwurf richtet sich in erster Linie an schwule Männer. Das hängt zum einen wohl damit zusammen, daß man in der Öffentlichkeit lesbische Frauen und ihre Lebensformen in noch stärkerem Maße auszublenden sucht als die Situation schwuler Männer. Auf das Zusammenleben zweier Frauen angesprochen, reagieren denn auch viele Menschen – spürbar irritiert – mit dem Hinweis, es seien doch »nur Freundinnen«, es sei doch »nichts weiter dabei«. Zum anderen gesteht man Frauen – heterosexuellen wie lesbischen – im allgemeinen wesentlich weniger sexuelle Bedürfnisse zu als Männern, während man letzteren, vor allem wenn sie zu verachteten Minoritäten gehören, gerne »sexuelle Triebhaftigkeit« attestiert (wir finden dies nicht nur bei der Charakterisierung von Schwulen, sondern ebenso Ausländern und anderen diskriminierten Gruppen gegenüber). Sie sind bevorzugtes Ziel der Projektion eigener, aber bei sich selber abgelehnter sexueller Impulse, deren Menschen sich seit eh und je dadurch zu entledigen suchen, daß sie sie in anderen wahrzunehmen meinen und an ihnen dann bekämpfen (vgl. RAUCHFLEISCH, 1992). So muß man sagen, daß die den Schwulen angeblich eigene Triebhaftigkeit, die zusammen mit der diesen Menschen attestierten Bindungsunfähigkeit zu promiskem Verhalten führen soll, ein Vorurteil ist, das einem Zerrbild und nicht der Realität schwuler Männer entspricht. Gerade die in künstlerischen Berufen oder in anderen öffentlichen Ämtern tätigen Schwulen, die für viele doch die einzigen Schwulen sind, die sie bewußt wahrnehmen, müßten eigentlich zur Entstehung eines anderen Bildes beitragen, denn etliche von ihnen leben in langjährigen, festen Partnerbeziehungen. Den angeblich »typischen« häufigen Partnerwechsel hingegen kennen die meisten Kritiker nur vom Hörensagen.

Grundsätzlich ist es schwierig festzustellen, ob sich die Beziehungen schwuler Männer durch eine größere Instabilität auszeichnen als die von Heterosexuellen. Um darüber einigermaßen gesicherte Aussagen machen zu können, bedarf es vor allem Untersuchungen an großen Kollektiven und nicht nur (worauf sich die meisten Autoren bei dieser Frage stützen) der Erfassung bestimmter, nach besonderen Kriterien ausgewählter Gruppen (zum Beispiel Untersuchungen von psychisch Kranken oder von Schwulen, die wegen verschiedener Lebensschwierigkeiten Beratungsstellen aufsuchten etc.). Außerdem wäre es notwendig, nicht *die* Schwulen an sich zu beurteilen, sondern ihr Beziehungsverhalten in verschiedenen Untergruppen mit dem entsprechender heterosexueller Kontrollpersonen zu vergleichen (zum Beispiel Aufgliederung nach verschiedenen Altersstufen, Berücksichtigung des sozioökonomischen Status usw.). Geht man auf eine solche Weise vor, so können sich unversehens Unterschiede, die bei einem Gesamtvergleich zwischen schwulen und heterosexuellen Männern als erheblich eingestuft werden, völlig ausgleichen, indem man nämlich feststellt, daß in der Adoleszenz und im frühen Erwachsenenalter Partnerwechsel *im allgemeinen* sehr häufig sind, unabhängig von der sexuellen Orientierung.

Nehmen wir sogar an, daß sich in bestimmten Gruppen von Schwulen tatsächlich eine erhöhte Zahl von Partnerwechseln nachweisen ließe, so sollten wir einen solchen Befund nicht unkritisch hinnehmen, sondern müßten uns nach den Ursachen dieses Verhaltens fragen. Die einfachste Antwort ist zweifellos, diesem Verhalten liege die für schwule Menschen »typische« Bindungsunfähigkeit zugrunde (wobei wiederum völlig offen bleibt, wodurch es zu einer solchen gekommen sein sollte). Wenn wir uns in differenzierter Weise mit den Beziehungsformen lesbischer und schwuler Menschen auseinandersetzen wollen, müssen wir noch weitere Ursachen in Betracht ziehen.

Ein gewichtiger Grund für häufige Abbrüche der Partnerschaft liegt zweifellos darin, daß die Beziehungen von Lesben und Schwulen rechtlich und gesellschaftlich nicht legalisiert sind (vgl. S. 110ff. und S. 243ff.), sondern im Gegenteil oft geheimgehalten werden müssen und höchstens einem sehr kleinen Kreis enger Freunde bekannt sind. Jede weitergehende Öffnung birgt für die Betreffenden die Gefahr in sich, Opfer von Anfeindungen und Ausgrenzungen zu werden. Diesen Verbindungen fehlt somit gerade das, was in vielen heterosexuellen Ehen ein starkes Band bildet, und zwar ein Band, das im Verlaufe der Jahre sogar noch an Stärke gewinnt, da die Ehegatten in ihren Beziehungen zu anderen Menschen, im beruflichen wie im privaten Kreis, zumeist als *Paar* und nicht so sehr als Einzelpersonen angesprochen werden. Bei Lesben und Schwulen hingegen ist es im allgemeinen umgekehrt: Sie werden, wenn ihre Partnerschaft überhaupt bekannt ist, in den seltensten Fällen und nur von engsten Freunden als Paar betrachtet (was konkrete Konsequenzen für private Einladungen, für ihre Teilnahme an offiziellen Anlässen und für viele weitere soziale Kontakte hat). Im allgemeinen werden sie als Einzelpersonen angesprochen, und es wird somit von außen her nichts zur Festigung ihrer Partnerschaft beigetragen.

Außerdem muß man berücksichtigen, daß die Partnerschaften schwuler und lesbischer Menschen im Gegensatz zu den meisten Ehen Heterosexueller kinderlos sind, beziehungsweise ehemals verheirateten Lesben und Schwulen das Sorgerecht oft nicht gegeben wird und daß damit ein weiteres Bindeglied wegfällt. Bekanntlich bleiben Ehepaare vielfach trotz schwerer Krisen vor allem deshalb beieinander, weil sie sich ihren Kindern gegenüber verpflichtet fühlen. Fällt ein solches Motiv wie in der Verbindung von Lesben und Schwulen – aber auch bei heterosexuellen, nicht »offiziell« verheirateten, kinderlosen Paaren – weg, so kommt es bei Konflikten verständlicherweise viel schneller zu Trennungen. Man müßte deshalb, wollte man verläßliche Aussagen über die Häufigkeit von Partnerwechseln bei schwulen und lesbischen Paaren machen, solche Verbindungen mit ebenfalls nichtlegalisierten, kinderlosen Formen des Zusammenlebens bei heterosexuellen Paaren vergleichen und kann als Vergleichsgruppe nicht Verheiratete mit Kindern verwenden.

Ich habe bisher verschiedene Argumente dafür angeführt, warum die angebliche Promiskuität unter Schwulen (weniger unter Lesben) der Realität weniger entspricht, als allgemein angenommen wird, beziehungsweise daß sich Gründe für ein solches Verhalten benennen lassen. Der Hauptakzent meiner Ausführungen lag darauf, daß ein häufigerer Partnerwechsel, sofern er sich wirklich nachweisen läßt, nicht im Wesen der schwulen und lesbischen Orientierung liegt, sondern durch äußere Umstände herbeigeführt oder verstärkt wird. Man könnte das Problem jedoch auch von einer ganz anderen Perspektive aus betrachten: Nehmen wir die größere Häufigkeit von Partnerwechseln als Faktum an, so müßten wir die Ursachen dafür zu ergründen suchen und reflektieren, warum ein solches Verhalten eigentlich als so negativ zu werten ist.

Bei der Frage nach den möglichen Ursachen eines solchen Beziehungsverhaltens müssen wir zunächst berücksichtigen, daß durch den aus dem klinisch-psychiatrischen Diskurs übernommenen Begriff »Promiskuität« eine völlig falsche Sicht eingeführt wird. Als *»promisk«* bezeichnen wir einen Menschen, der *unfähig* ist, *dauerhafte Beziehungen einzugehen,* und seine Sexualpartner aus inneren Gründen immer wieder wechselt. Das heißt, wir können nur dann von »Promiskuität« sprechen, wenn die *Bindungsunfähigkeit* erwiesen ist. Dieses Kriterium trifft indes bei Schwulen in der Regel nicht zu. Die meisten von ihnen unterhalten – wie die Heterosexuellen – emotional für sie bedeutsame, lang dauernde Beziehungen zu Männern wie zu Frauen. Mit Recht verweist DANNECKER (1991) darauf, daß es möglicherweise eine spezifische Beziehungsform schwuler Männer ist, einerseits konstante Partnerbeziehungen zu pflegen, in denen dauerhafte sexuelle und zärtliche Interessen gebunden sind, und *gleichzeitig* flüchtige sexuelle Kontakte eingehen zu können.

»Da sich den Beobachtern der homosexuellen Subkultur nur die dort vorherrschende flüchtige Seite der Objektbeziehungen zeigt, schließen sie aus dem Beobachteten auf eine tiefverankerte Neigung zur Promiskuität unter homosexuellen Männern und konstruieren, sofern ihnen die andere Seite der Homosexualität überhaupt in den Blick gerät, einen polaren Gegensatz zwischen ungebundenen Homosexuellen, die man in der Subkultur findet, und gebunden lebenden homosexuellen Männern, die dort nicht auftauchen« (DANNECKER, S. 22/23).

Diese Überlegungen werden vor allem plausibel bei Berücksichtigung der zitierten Theorie von MORGENTHALER, der davon ausgeht, daß die Orientierung an polaren Gegensätzen im Erleben schwuler Menschen eine wesentlich geringere Rolle spielt als bei Heterosexuellen, und daß dieses Erlebensmuster sich auch auf die Art ihrer Liebesbeziehungen auswirkt. Die Konsequenz könnte für die Partnerbeziehungen eine dreifache sein: Zum einen würde das MORGENTHALERsche Konzept erklären, warum gleichzeitig intensive Dauerbeziehungen und eher flüchtige sexuelle Kontakte in nicht- konflikthafter Weise gelebt werden können. Zum anderen ist zu berücksichtigen, daß polare Gegensätze auch im mitmenschlichen Bereich oft eine starke Anziehung aufeinander ausüben. Tritt diese Polarität wie bei schwulen Männern zurück, so fällt ein wichtiger, dauerhafte Beziehungen konstituierender Faktor weg. Drittens müssen wir uns fragen, ob wir bei der Beurteilung der Beziehungen lesbischer und schwuler Menschen nicht unter Umständen von ganz falschen Voraussetzungen ausgehen, indem wir ihr Verhalten an einem für Heterosexuelle (und heute vielfach nicht einmal mehr für sie) geltenden Idealverhalten messen, nämlich an der Vorstellung einer lebenslang dauernden Zweierbeziehung.

Gehen wir von der von MORGENTHALER beschriebenen Entwicklungstheorie aus, so könnten wir sagen, daß die Beziehungsform der bürgerlichen Ehe möglicherweise kein Modell ist, das der Persönlichkeit lesbischer und schwuler Menschen entspricht. Vielleicht ist die ihnen adäquate Lebensform vielmehr die, eine gewisse Zeit mit einem bestimmten Partner beziehungsweise einer Partnerin zusammenzuleben, diese Beziehung dann aber wieder zu lösen und eine neue Verbindung einzugehen. Ein solches Verhalten hat nichts mit Bindungsunfähigkeit zu tun, sondern wäre Ausdruck einer für lesbische, schwule und bisexuelle Menschen charakteristischen Beziehungsstruktur.

Wenn wir die Qualität einer Beziehung beurteilen, berücksichtigen wir üblicherweise ja nicht nur die Dauer, sondern als wichtige weitere Kriterien vor allem auch die emotionale Verbundenheit der Partner miteinander, ihre Fähigkeit, sich ineinander einzufühlen und die Bedürfnisse des/der anderen zu berücksichtigen und vieles mehr. Es ist deshalb merkwürdig, wenn wir bei der Betrachtung lesbischer, schwuler und bisexueller Beziehungen lediglich die Zeitdimension ins Feld führen und alle anderen Beziehungsaspekte unberücksichtigt lassen. Eine solche Art der Argumentation ist jedoch durchaus psycho-logisch, wenn wir davon ausgehen (und vieles spricht für diese Annahme), daß es gerade die größere Flexibilität im Beziehungsverhalten lesbischer, schwuler und bisexueller Menschen ist, die von vielen Heterosexuellen als Affront, als Angriff auf das ihnen selbst vielleicht fragwürdig gewordene Ideal der bürgerlichen Ehe empfunden wird. Der Entwertung der sogenannten »promisken« Lebensform liegen in diesem Falle Verunsicherung und Angst angesichts der Infragestellung von Koordinaten zugrunde, die für das Funktionieren unserer Gesellschaft unverzichtbar erscheinen. Die Angst wird allerdings nicht bewußt erlebt, sondern abgewehrt, und äußert sich in Form aggressiver Reaktionen gegenüber Lesben und Schwulen, welche die Ursache der Beunruhigung sind.

Wir müssen schließlich auch berücksichtigen, daß bei Schwulen – zumindest in der Zeit vor dem Autreten von AIDS – die Furcht vor der Sexualität im allgemeinen geringer war, da sie viel leichter als heterosexuelle Kontakte als »folgenloses Abenteuer« betrachtet werden konnte. Die sexuelle Liberalisierung fand deshalb, wie DANNECKER (1991, S. 23/24) ausführt, bei den Schwulen ein besonders begeistertes Echo und führte schneller als bei den heterosexuellen Männern zu sexueller Freizügigkeit. Es scheint mir in diesem Zusammenhang keine allzu wilde Spekulation zu sein, wenn ich vermute, daß an der Wurzel der vor allem von heterosexuellen *Männern* geäußerten Vorwürfe bezüglich der von Schwulen praktizierten »Promiskuität« verdrängte Neid- und Wutgefühle stehen – im Sinne des Titels des von DUNDE (1987) herausgegebenen Buches »Wenn ich nicht lieben darf, dürfen's andere auch nicht«. So schrecklich es auch ist, AIDS kam für die Anhänger autoritärer und rechtsextremer Ideologien wie gerufen: »Das Unglück der Betroffenen wird so zum Glück der Demagogen, die das Unglück aller planen, weil sie ihre eigene Chance zum wirklichen Glück verachten« (DUNDE, S. 219).

Schwule – bedingt auch Lesben – eine »Verführungsgefahr« für Jugendliche?

Dies ist ein relativ häufig anzutreffendes – auf moralische Kategorien zurückgreifendes – Argument, das gerade auch in öffentlichen Diskussionen gegen Lesben und Schwule vorgebracht werden. Hier wird das Bild eines Erwachsenen, zumeist eines Mannes, entworfen, der sich – unter Umständen sogar in gewaltsamer Form – Jugendlichen nähert und, ihre angebliche Verführbarkeit ausnutzend, sie in eine sexuelle Beziehung hineinzieht. Unter dem unheilvollen Einfluß des Erwachsenen »lernen« die Jugendlichen dann »homosexuelle Praktiken«, kommen schließlich nicht mehr davon los und werden so selber schwul. Mit dem Vorurteil, eine Verführungsgefahr für Jugendliche zu sein, haben insbesondere Lesben und Schwule in sozialen Berufen zu kämpfen. Wie es ein schwuler Lehrer in einem Interview (RAUCHFLEISCH 1995) formuliert hat, ist dies ein »Totschlägerthema«, mit dem in sozialen Berufen Tätige in schlimmster Weise diskriminiert werden können. Die angebliche Verführungsgefahr entspricht absolut nicht der Realität. Nach allem, was wir heute aus den verschiedenen humanwissenschaftlichen Fächern wissen, spricht *nichts* dafür, daß die lesbische, schwule oder bisexuelle Orientierung aufgrund von Lernprozessen in der Jugendzeit zustandkommt. Wenn nicht sogar biologische Determinanten am Ursprung der Entwicklungen zur Homo- oder Heterosexualität stehen, müssen wir zumindest davon ausgehen, daß sich die Geschlechtsidentität mit der Geschlechtspartner-Orientierung in ihren wesentlichen Elementen bereits in der frühen Kindheit als relativ eindeutige, stabile Struktur etabliert. Es ist deshalb eine irrige Ansicht anzunehmen, es bestehe bei Jugendlichen die Gefahr einer »Verführung zur Homosexualität«. Abgesehen davon, daß gesunde schwule Männer und lesbische Frauen im allgemeinen gar kein Interesse daran haben, Beziehungen zu Jugendlichen aufzunehmen, wären sie gar nicht in der Lage, bei ihnen derartige Änderungen in der Geschlechtsidentität herbeizuführen.

Etwas völlig anderes ist es hingegen, wenn es um sexuelle Beziehungen von Erwachsenen zu Kindern und Jugendlichen geht, weil hier Abhängigkeitsverhältnisse ausgenutzt und Generationengrenzen überschritten werden. Doch geht es dann nicht mehr um die Frage, ob es schwule, lesbische oder heterosexuelle Erwachsene sind, sondern um das Faktum der *sexuellen Gewalt und Ausbeutung.* Es ist wohl nicht von ungefähr so, daß man sich in der Öffentlichkeit ausführlich Gedanken zum Scheinproblem der angeblichen Verführungsgefahr durch Schwule macht, während das – allerdings gravierende – reale Problem der sexuellen Ausbeutung von Kindern, Mädchen wie Knaben, und zwar vor allem durch *heterosexuelle* Männer, lange Zeit ausgeblendet blieb (vgl. RAUCHFLEISCH 1992). Eine solche Verschiebung von realen, uns zutiefst erschreckenden Tatsachen zu Scheinproblemen erleben wir immer wieder im sozialen Leben. Es ist eine beliebte Strategie, die insofern auch erfolgreich ist, als sie uns – zumindest streckenweise – beruhigt, da wir im Grunde ja darum wissen, daß das vorgeschobene Problem gar keines ist. Indem wir uns aber damit beschäftigen, ist unsere Aufmerksamkeit weitgehend absorbiert, und wir fühlen uns auf diese Weise davor geschützt, uns mit den tatsächlichen Problemen auseinandersetzen zu müssen.

III

Wie entwickeln sich Lesben, Schwule und Bisexuelle?

Die Frage nach der spezifischen Entwicklung lesbischer, schwuler und bisexueller Menschen zu stellen, heißt, worauf schon SIGMUND FREUD hingewiesen hat, gleichzeitig zu klären, wie es bei Heterosexuellen zu dem ausschließlichen Interesse an gegengeschlechtlichen Partnern oder Partnerinnen komme. Eine solche Forderung mag selbstverständlich erscheinen. Ein Blick in die verschiedenen psychologischen Theorien belehrt uns jedoch, daß wir zwar Modelle dafür besitzen, wie sich die sogenannte Kern-Geschlechtsidentität entwickelt und wie Mädchen und Knaben in ihre geschlechtsspezifischen Rollen hineinwachsen. Offen bleibt jedoch die Frage, warum ein Kind im einen Fall eine lesbische, schwule oder bisexuelle, im anderen Fall jedoch eine heterosexuelle Orientierung ausbildet. Genauer müßte man eigentlich sagen, daß diese Frage nicht nur unbeantwortet bleibt, sondern daß sie, was die heterosexuelle Orientierung angeht, gar nicht gestellt wird. Gerade in der psychoanalytischen Theorie, die sich vorwiegend mit den Einflüssen der frühen Kindheit beschäftigt, gehen die meisten Autoren stillschweigend von der Annahme aus, daß sich die heterosexuelle Orientierung quasi »von selbst« entwickle. Spezielle Konzepte sind höchstens im Hinblick auf die Frage formuliert worden, warum es zu »Abweichungen« von dieser als »normal« postulierten heterosexuellen Ausrichtung kommt.

Geht man von einer derartigen Auffassung aus, so ergeben sich daraus erhebliche Konsequenzen für die Diskussion der Identitätsbildung und der Lebensweisen lesbischer, schwuler und bisexueller Menschen: Ohne weitere Reflexion geht man von einer für selbstverständlich erachteten »normalen« Hete-

rosexualität aus, und damit wird die Homosexualität zwangsläufig in den Bereich der »Pathologie« verwiesen. Von dieser
Vorannahme sind dann alle weiteren Schritte bestimmt: In der
Forschung gibt man sich vielfach damit zufrieden, lesbische,
schwule und bisexuelle »Patienten« zu untersuchen und Theorien aufzustellen, die sich auf Einzelerfahrungen aus Therapi-
en mit einer ganz bestimmten Klientel gründen. Da man die
lesbische, schwule und bisexuelle Entwicklung von vornherein
als »Abweichung« von der »normalen« Heterosexualität definiert, sucht man nach Krankheitszeichen – und findet diese
natürlich auch, vor allem wenn man sich in den Untersuchungen auf Patienten beschränkt. Die Frage, wie es zur heterosexuellen Orientierung und Partnerwahl kommt, stellt sich bei
einer solchen Sicht überhaupt nicht und muß deshalb auch
nicht beantwortet werden (würde diese Frage aufgegriffen,
würde sich schnell zeigen, daß man zur Erklärung der sexuellen
Orientierungen viel differenziertere Konzepte entwickeln muß
und nicht bei der dichotomen Aufteilung in »männlich« und
»weiblich« und bei der Zuordnung »Heterosexualität = Gesundheit«, »Homosexualität = Krankheit« stehenbleiben kann).
    Wann immer wir uns mit der Frage beschäftigen, wie Men-
schen sich entwickeln, und warum sie als Erwachsene bestimmte Einstellungen und Verhaltensweisen zeigen, sehen
wir uns mit dem *Anlage-Umwelt-Problem* konfrontiert. Der
Auffassung, der Mensch entwickle sich aufgrund angeborener
Determinanten, steht die These gegenüber, ausschlaggebend
seien vielmehr die sozialen Einflüsse. Gewiß ist es in derartigen
Diskussionen allen Beteiligten klar, daß es zumindest im Hu-
manbereich kein striktes Entweder-Oder gibt (ähnliches gilt
aber auch für die höheren Tiere) und daß Anlage und Umwelt
in einer komplizierten Wechselwirkung miteinander stehen.
Für die Betrachtung eines einzelnen Menschen heißt dies, daß
wir uns einem unauflösbaren, ganz individuellen Muster des
Zusammenspiels von angeborenen Faktoren und im Verlaufe
des Lebens erfolgten Einflüssen gegenübersehen. Dennoch erscheint es sinnvoll, sich Gedanken darüber zu machen, in
welchem Verhältnis jeweils Anlage und Umwelt zueinander
stehen und welche Bedeutung dem einen oder dem anderen
Faktor zukommt. Für die Diskussion darüber, wie es zur Ent-

wicklung lesbischer, schwuler, bisexueller und heterosexueller Orientierungen kommt, bedeutet dies, sich zu fragen, ob hereditäre Faktoren oder bestimmte angeborene beziehungsweise bereits intrauterin erworbene körperliche und psychische Merkmale eine wichtige Rolle spielen, und welcher Einfluß von der familiären Situation, in der ein Kind aufwächst, und von den weiteren sozialen Erfahrungen auf die Entwicklung der sexuellen Orientierung ausgeht.

Auch wenn die Resultate von Untersuchungen an eineiigen und zweieiigen Zwillingen und Vergleiche mit leiblichen und Adoptivgeschwistern nicht ganz eindeutig sind, läßt sich doch so viel daraus ableiten, daß es bei schwulen und lesbischen Entwicklungen möglicherweise eine *hereditäre Komponente* gibt (FRIEDMAN, 1988; BAILEY et al., 1991, 1993; BYNE et al., 1993; ISAY, 1990). Wie spezifisch diese »Anlage« ist und unter welchen Umständen es zu lesbischen, schwulen, bisexuellen und heterosexuellen Entwicklungen kommt, läßt sich aufgrund der uns vorliegenden Untersuchungen jedoch nicht eindeutig entscheiden.

Eine relativ große Zahl von Untersuchungen hat sich ferner mit der Frage beschäftigt, ob sich bestimmte angeborene oder bereits intrauterin (als Fötus in der Fruchtblase) erworbene Merkmale bei Lesben und Schwulen nachweisen lassen, das heißt ob ihre sexuelle Orientierung das Resultat körperlicher Prozesse darstellt. Es ist in diesem Zusammenhang in erster Linie an *hormonelle Einflüsse* (Testosteron, Östrogen) gedacht worden (vgl. die Diskussion bei BYNE et al., 1993, und FRIEDMAN, 1988). Soweit es Untersuchungen an erwachsenen Personen sind, ließ sich ein solcher Einfluß nicht nachweisen. Hingegen zeigte sich in einigen Studien, daß in bestimmten kritischen Entwicklungsphasen das Gehirn des Fötus besonders sensibel auf Hormone reagiert. Völlig ungeklärt ist dabei indes, von welcher Art diese Einflüsse sind und ob solche neuroendokrinen Faktoren die sexuelle Orientierung generell zu erklären vermögen.

Trotz aller Widersprüche und Unklarheiten kann man aus den hier nur summarisch erwähnten Untersuchungen über allfällige hereditäre, im Somatischen verankerte Ursachen lesbischer und schwuler Orientierungen doch wohl den Schluß ziehen, daß die Entwicklung zur Homo- oder Heterosexualität nicht nur als Resultat sozialer Einflüsse betrachtet werden kann, sondern auch körperliche Ursachen hat. Wir müssen uns aber darüber klar sein, daß die Annahme körperlicher Determinanten nichts über »Gesundheit« oder »Krankheit« der lesbischen, schwulen, bisexuellen und heterosexuellen Orientierung aussagt.

Wenden wir uns nun den Vertretern der These zu, die sexuelle Orientierung sei in erster Linie das Resultat lebensgeschichtlicher Erfahrungen. Von großem Einfluß waren in dieser Hinsicht die Untersuchungen von KINSEY und Mitarbeitern (1948, 1953). Sie zeigten anhand ihrer Befunde, daß es »den Heterosexuellen« oder »den Homosexuellen« nicht gibt, sondern daß in der Realität ein weites Spektrum vorliegt, das von ausschließlich heterosexuell empfindenden Menschen (Position 0 der KINSEY-Skala) stufenweise (das heißt verschiedene Mischungen aus heterosexuellen und homosexuellen Erlebens- und Verhaltensweisen) bis zum ausschließlich lesbischen und schwulen Menschen reicht (Position 6). KINSEY und seine Mitarbeiter sahen, wie das folgende Zitat zeigt, am Ursprung dieser Entwicklungslinien soziale Einflüsse und nahmen an, daß es fast zufällig sei, ob ein Mensch eine lesbische beziehungsweise schwule oder eine heterosexuelle Entwicklung einschlage: »Einer der Faktoren, die zur Entwicklung ausschließlich homosexueller Geschichten beiträgt, ist der Verruf, in den ein Individuum durch die Gesellschaft gelangt, wenn entdeckt wird, daß es vielleicht nicht mehr als ein einziges Erlebnis gehabt hat. Der Jugendliche wird wahrscheinlich von der Mittelschule verwiesen und, wenn es sich um eine Kleinstadt handelt, wahrscheinlich aus der Gemeinschaft ausgestoßen. Nach dieser öffentlichen Enthüllung sind seine Chancen für heterosexuelle Kontakte außerordentlich reduziert, und er wird dadurch gezwungen, die Gesellschaft anderer homosexueller Individuen aufzusuchen, unter denen er dann eine ausschließlich homosexuelle Verhaltensweise entwickelt« (KINSEY et al., 1964, S. 613).

Dies ist zweifellos eine extreme Haltung, der wir aus tiefenpsychologischer Sicht nicht zustimmen können. Die uns vorliegenden empirischen Befunde sprechen dafür, daß die sexuelle

Orientierung sich schon in der Kindheit etabliert und dann eine relative Stabilität aufweist. Sehr problematisch erscheint mir auch eine Konsequenz, die man aus KINSEYS Darstellung ableiten könnte: Wenn der Mensch tatsächlich so stark und willkürlich von seiner Umwelt geprägt würde, müßten sich einmal eingeschlagene Entwicklungen durch gegenteilige soziale Einflüsse (so etwa durch therapeutische Interventionen) ohne weiteres auch wieder verändern lassen, eine Ansicht, die etwa MASTERS und JOHNSON (1981) vertreten. Alles, was wir jedoch von derartigen »Therapien« wissen, läßt erkennen, daß solche Versuche keine Änderung der sexuellen Orientierung zu erreichen vermögen. Sie können höchstens zu einer äußerlichen Anpassung an einen heterosexuellen Lebensstil führen. Dies wird von den Betroffenen jedoch mit einem hohen Preis an Leiden bezahlt, da sie sich im Kern ihrer Persönlichkeit verleugnen, indem sie ein ihrem Wesen entgegengesetztes Leben führen.

In der Diskussion, ob der Anlage oder der Umwelt ein größeres Gewicht zukomme, und wie veränderbar der Mensch sei, wird häufig FREUD als Vertreter der angeblich in einseitiger Weise die sozialen Einflüsse betonenden Psychoanalyse zitiert. Dies ist jedoch eine allzu stark vereinfachte Sicht, die weder FREUD selbst gerecht wird noch mit den Erkenntnissen der neueren Psychoanalyse in Einklang steht. Gewiß ging FREUD von einer weitgehenden Offenheit des Kindes aus – obwohl er und nach ihm andere Psychoanalytiker daneben auch hereditäre Komponenten annahmen, wie etwa bestimmte Ich-Kerne, besondere Begabungen, gewisse Temperamentseigenschaften und spezifische Vulnerabilitäten. Im Hinblick auf die Entwicklung der Sexualität stand für ihn aber außer Frage, daß sie sich in der frühen Kindheit strukturiert und in einer ganz spezifischen Weise differenziert. Das heißt: Der ursprünglich diffuse ungerichtete Trieb bekommt ein »Schicksal«, eine individuelle, unverwechselbare, stabile Gestalt, die das weitere Leben entscheidend prägt (FREUD, 1915).

Wollen wir zu verstehen versuchen, wie es zur Entwicklung lesbischer, schwuler, bisexueller und heterosexueller Orientierungen kommt, so müssen wir uns darüber klar sein, daß die Geschlechtsidentität eine komplexe Struktur ist, die sich aus verschiedenen Komponenten mit je eigener Geschichte zusammensetzt. Die Forschung auf diesem Gebiet ist noch relativ jung und läßt erkennen, daß nach wie vor viele – zentrale – Fragen ungelöst sind. Hinzu kommt, daß die verschiedenen Autoren, selbst wenn sie die gleiche theoretische Position vertreten, voneinander abweichende Begriffe verwenden und mitunter sogar im Verlaufe ihrer Theorienbildung die Bedeutung der von ihnen benutzten Termini verändern. So hat beispielsweise MONEY (1955) die in der Diskussion um die Geschlechtsidentität wichtige Unterscheidung zwischen »sex« (= das *biologische* Geschlecht) und »*gender*« (= das *psychosoziale* Geschlecht) getroffen und den Begriff der »*Geschlechtsrolle*« eingeführt, den er aber 1965 revidierte und von dem der »*Geschlechtsidentität*« abgrenzte (vgl. MONEY et al., 1972). Um die folgenden Ausführungen über die Entwicklung der Geschlechtsidentität einigermaßen übersichtlich und allgemeinverständlich zu gestalten, verzichte ich darauf, eine Fülle von Einzelbefunden und verschiedenen Konzepten darzustellen. Ich werde mich vielmehr vor allem an den Ausführungen von MERTENS (1992) orientieren, der unter Berücksichtigung der neueren Forschungsresultate die Geschlechtsidentität (im Sinne eines Oberbegriffs) als eine komplexe Struktur versteht, die sich aus der *Kern-Geschlechtsidentität*, der *Geschlechtsrolle* und der *Geschlechtspartner-Orientierung* zusammensetzt. Diese drei Komponenten sind selbstverständlich keine voneinander unabhängigen Bausteine, sondern stehen, wie alle Bereiche der menschlichen Persönlichkeit, in enger Wechselwirkung miteinander.

Die *Kern-Geschlechtsidentität* (»core gender-identity«, ein von STOLLER 1968 eingeführter Begriff) stellt »das primordiale, bewußte und unbewußte Erleben dar, entweder ein Junge oder ein Mädchen bezüglich seines biologischen Geschlechts (im Englischen ›sex‹ im Unterschied zu ›gender‹) zu sein. Sie entwickelt sich aufgrund des komplexen Zusammenwirkens von biologischen und psychischen Einflüssen ab der Geburt eines Kindes, wenn die Eltern mit ihrer Geschlechtszuweisung zumeist geschlechtsrollenstereotyp auf ihre Kinder als Junge oder Mädchen reagieren, und ist gegen Ende des zweiten Lebensjahres als (relativ) konfliktfreie Gewißheit etabliert« (MERTENS,

S. 24), als eine Struktur, die sich selbst unter schwersten psychischen Belastungen »als unauflösbar« erweist (KÜNZLER, 1992a, S. 213).

Dieser Erlebniskomplex gründet sich auf eine Fülle von Erfahrungen, die das Kind im sensomotorischen und psychosexuellen Bereich ebenso wie in der Interaktion mit Mutter und Vater macht. Dazu gehören beispielsweise taktile Formen der Bezugnahme sowie im Sinne der klassischen psychoanalytischen Entwicklungstheorie Körperempfindungen und Erfahrungen, die aus dem oralen, analen, urethralen, klitoridal-vaginalen beziehungsweise phallisch-genitalen Bereich stammen. Alle diese Erlebnisqualitäten, die selbstverständlich nicht von der Beziehung zwischen Eltern und Kind zu trennen sind, verdichten sich zu einer »in den Körper und in die Sinne hineingeschriebenen Auffassung« unbewußter, nicht reflektionsfähiger Art (MERTENS, a.a.O., S. 24) und stellen damit gleichsam die Basis der Kern-Geschlechtsidentität dar. FRIEDMAN (1988, 1993) weist auf die enge Beziehung zwischen der Kern-Geschlechtsidentität und dem rudimentären Selbst hin, wie KOHUT (1977) es beschrieben hat (s. auch STERNS Konzept der Selbstentwicklung, 1985).

Bei der Bildung der Kern-Geschlechtsidentität wirken sich wesentlich auch die individuellen Einstellungen der Eltern zu sich selbst und ihre – größtenteils unbewußten – Erwartungen an ihr Kind aus. Schon während der Schwangerschaft entwickeln Eltern Phantasien über ihr Kind (STORK, 1990; SOULÉ, 1990), und in subtiler Weise vermitteln sie ihm vom ersten Lebenstag an, wie sie sich ihre Tochter und ihren Sohn wünschen, das heißt, wie sie sein sollen und wie sie nicht sein dürfen, und welche Formen des Fühlens und Verhaltens sie bei Knaben und Mädchen für angemessen halten. Dabei spielen die Einstellungen von Mutter und Vater zu ihrer eigenen Weiblichkeit und Männlichkeit ebenso wie die Qualität ihrer Paarbeziehung eine wesentliche Rolle. Diese Einstellungen wiederum sind durch die persönlichen lebensgeschichtlichen Erfahrungen der Eltern und durch die soziokulturell üblichen Geschlechtsrollen bestimmt und werden den Kindern im Umgang miteinander vermittelt. Durch Beobachtungen an Säuglingen wissen wir ferner, daß sich Eltern, ohne sich dessen bewußt zu sein, im allgemeinen Mädchen und Knaben gegenüber in unterschiedlicher, ganz spezifischer Weise verhalten (MERTENS).

Gleichsam als Fortsetzung der Kern-Geschlechtsidentität, auf sie aufbauend, stellt die *Geschlechtsrolle* (von einigen Autoren auch als »Geschlechtsrollen-Identität« bezeichnet) eine weitere Komponente der Geschlechtsidentität dar, die sich durch ein höheres symbolisch-sprachliches Niveau auszeichnet. Nach MERTENS bildet sie das »Insgesamt der Erwartungen an das eigene Verhalten wie auch an das Verhalten des Interaktionspartners bezüglich des jeweiligen Geschlechts« (S. 24). Auch diese Komponente der Geschlechtsidentität umfaßt nichtreflektierte, unbewußte Anteile. Doch sind es mehrheitlich Inhalte aus der frühen Sozialisation, die zumindest bewußtseins*fähig* und nicht so tief in die leib-seelischen Vollzüge »hineingeschrieben« sind wie die Kern-Geschlechtsidentität.

Die Geschlechtsrolle wird vor allem von kulturspezifischen Vorschriften und Normen und sozialen Erwartungen bestimmt, die definieren, welches Verhalten, aber auch welche Persönlichkeitsmerkmale bezüglich des biologisch männlichen oder weiblichen Geschlechts in den verschiedenen Situationen des sozialen Lebens und in verschiedenen Beziehungsmustern erwünscht oder unerwünscht sind.

Im Zusammenhang mit der uns hier beschäftigenden Frage nach der Entwicklung lesbischer, schwuler, bisexueller und heterosexueller Geschlechtsidentitäten ist es wichtig, sich vor Augen zu halten, daß die Geschlechtsrollen sich zumeist durch eine *dichotome Aufspaltung* in zwei sich gegenseitig ausschließende Vorstellungen von »typisch männlich« und »typisch weiblich« auszeichnen. Die die Geschlechtsrolle konstituierenden Inhalte sind jedoch trotz wesentlicher Übereinstimmungen, die in einer bestimmten Kultur diesbezüglich bestehen, je nach den Einflüssen, die auf das Kind einwirken, individuell recht verschieden. Außerdem müssen wir berücksichtigen, daß die wesentlichen Determinanten der Geschlechtsrolle zwar in Kindheit und Jugend ausgebildet werden. Als ein stark von sozialen Einflüssen bestimmter Vorstellungskomplex unterliegt sie aber lebenslang einem Wandlungsprozeß und unterscheidet sich insofern von der Kern-Geschlechtsidentität, die eine irreversible Struktur ist.

Die dritte Komponente bei der Bildung der Geschlechts-identität stellt die *Geschlechtspartner-Orientierung* dar. »Sie bezieht sich auf das bevorzugte Geschlecht des Geschlechts- oder Liebespartners« (MERTENS, S. 26). Die Geschlechtspartner-Orientierung ist das Resultat einer Vielzahl von Einflüssen: Sie basiert auf der Kern-Geschlechtsidentität, wird durch die verinnerlichte Geschlechtsrolle (zu der unter anderem auch die verschiedenen Vorstellungen bezüglich Homosexualität, Bisexualität und Heterosexualität gehören) determiniert und wird wesentlich auch geprägt durch die Erfahrungen, die das Kind mit den Eltern macht, sowie durch das Modell, das die Eltern ihm von ihrem Umgang miteinander als Mann und Frau bieten. Von großer Bedeutung sind schließlich auch die erotischen und sexuellen Phantasien, die in der späteren Kindheit und vor allem in der Adoleszenz dazu führen, daß die Jugendlichen deutlich ihre sexuelle Präferenz spüren. MERTENS verweist darauf, daß die erotischen Vorstellungen ihrerseits einen großen Einfluß auf die Organisation der inneren Erlebniswelt ausüben und auf diese Weise erheblich zum Selbstverständnis eines Menschen beitragen.

Wenn es um die Geschlechtspartner-Orientierung geht, erhebt sich die Frage, ob wir es mit einer dichotomen Aufteilung zu tun haben, das heißt, ob es lediglich eine lesbische beziehungsweise schwule und eine heterosexuelle Partnerorientierung gibt, oder ob die Geschlechtspartner-Orientierung ein Kontiuum zwischen homo- und heterosexueller Ausrichtung darstellt. Nach der klassischen psychoanalytischen Auffassung ist das kleine Kind noch völlig offen in seinen Wahlmöglichkeiten. FREUD (1905) sprach deshalb von der ursprünglich bestehenden *Bisexualität* des Kindes, das zärtlich-erotische, aber auch sexuelle Wünsche an *beide* Elternteile richte. Dieses Konzept ist indes schon früh in der Geschichte der Psychoanalyse auf Widerspruch gestoßen, so beispielsweise bei RADO (1940). Auch etliche Psychoanalytiker der Gegenwart (insbesondere FRIEDMAN, 1988) haben die Annahme der Bisexualität zumindest dahingehend eingeschränkt, daß eine Offenheit beiden Geschlechtern gegenüber zwar in der frühen Kindheit bestehe, im weiteren Verlauf der kindlichen Entwicklung jedoch schon bald ein Ende finde. Auch MERTENS sieht die Ausrichtung des Kindes auf beide Geschlechter auf die frühe Kindheit beschränkt, auf eine Zeit, in der das Kind die Eltern noch nicht in ihrer Geschlechtlichkeit wahrnimmt. Der Autor bezieht sich auf FAST (1984), die in ihrem Konzept zur Geschlechtsrollen-Differenzierung davon ausgeht, daß in der frühen Kindheit (im ersten und zweiten Lebensjahr) das geschlechtsrelevante Wissen und die Erfahrung des eigenen Geschlechts undifferenziert sind, das heißt, daß das Kind in bezug auf sich selbst wie auf die Eltern noch nicht in Geschlechtsbegriffen kategorisiert. In einem ähnlichen Sinne postuliert MORGENTHALER (1987), daß – nach seiner Ansicht aber noch bis in die ödipale Phase hinein – im Erleben des Kindes die Sexualität der Eltern »stumm« bleibe. Das heißt: Das Kind sieht Mutter und Vater nicht als Menschen mit einer bestimmten Geschlechtlichkeit, sondern als Vertreter sozialer Rollen und als Vermittler des Norm- und Wertsystems der Gesellschaft. Nach dem von FAST geschilderten Differenzierungskonzept nehmen Kinder nach dem zweiten Lebensjahr, mit der Etablierung der Kern-Geschlechtsidentität, in einem als mehr oder weniger kränkend erlebten Prozeß wahr, »daß ihre Mutter keinen Penis besitzt und ihr Vater keine Kinder bekommen wird« (MERTENS, S. 26) und daß auch sie selbst aufgrund anatomischer und biologischer Geschlechtsmerkmale Grenzen besitzen.

Gegenüber diesen Konzepten, die spätestens vom 5. Lebensjahr an (nach Erreichen der ödipalen Phase, eher aber noch früher) die mit dem FREUDschen Konzept der Bisexualität postulierte Offenheit im Hinblick auf die Geschlechtspartner-Orientierung als beendet betrachten, muß man aufgrund der Resultate der Untersuchungen von KINSEY und Mitarbeitern (1948, 1953) annehmen, daß die Dichotomie »hier Homosexualität, dort Heterosexualität« in dieser Form nicht besteht. Zeigte sich doch in den an großen Kollektiven der Bevölkerung erhobenen Daten, daß zwischen den Extrempolen der exklusiv Heterosexuellen und der exklusiv Homosexuellen eine große Zahl von Menschen liegt, die im Verlaufe ihres Lebens sexuelle Kontakte sowohl zu Frauen als auch zu Männern aufnehmen (hierbei unterscheiden KINSEY und Mitarbeiter noch zwischen verschiedenen Mischungsverhältnissen von »vorwiegend heterosexuell, nur vereinzelte Homosexualität« bis zu »vorwiegend homosexuell, nur vereinzelte Heterosexualität«). Allein die Gruppe mit »gleich vielen homosexuellen und heterosexuellen Erfahrungen« (Pos. 3 auf der KINSEY-Skala) enthält, je nach Altersstufe, bei den Frauen 4 bis 11% und bei den Männern 9 bis 32%, das heißt, sie übersteigt erheblich die Zahl der exklusiv Homosexuellen (Lesben: zwischen 1 und 3%; Schwule: zwischen 4 und 16%) (KINSEY et al. 1953, S. 488).

Angesichts dieser Befunde erscheint es nicht legitim, die Aufteilung der Geschlechtspartner-Orientierung in zwei dichotome Kategorien (sexuelle Attraktion durch gleich- oder durch gegengeschlechtliche Partner) aufrechtzuerhalten. Selbst eine Dreiteilung in »Lesben/Schwule«, »Bisexuelle« und »Heterosexuelle« wird der Vielfalt sexueller Beziehungsformen offensichtlich nicht gerecht. Berücksichtigen wir ferner, daß die Geschlechtspartner-Orientierung nicht nur aufgrund der sexuellen Aktivität beurteilt werden kann, sondern daß neben dem manifesten Kontaktverhalten wesentlich auch die erotischen Phantasien und die Selbstdefinition sind (vgl. FRIEDMAN, 1988), so wird deutlich, daß wir es, wenn wir einzelne Menschen betrachten, mit einer im Grund unüberschaubaren Fülle von Orientierungen zu tun haben.

Dies bedeutet keineswegs, daß lediglich die Menschen mit exklusiv heterosexueller und die mit exklusiv lesbischer und schwuler Orientierung über eine eindeutige Geschlechtsidentität verfügten und alle übrigen – vor allem die Bisexuellen – eine ambivalente, in sich konflikthafte Identität besäßen. Die *Kern-Geschlechtsidentität* im Sinne der oben beschriebenen Gewißheit über das biologische Geschlecht ist in jedem Fall eindeutig (ausgenommen sind nur Menschen mit schwersten psychischen Erkrankungen). Auch die im Verlaufe der Entwicklung aufgebaute *Geschlechtsrolle* (im Sinne der Selbstdefinition als Mann oder Frau in bezug auf andere Männer und Frauen) ist subjektiv mehr oder weniger eindeutig – auch wenn es hier bisexuelle Menschen insofern schwieriger haben, als die Geschlechtsrollen von *unserer Gesellschaft* zumeist dichotom definiert sind. Demgegenüber zeigt die *Geschlechtspartner-Orientierung* eine große Variabilität und führt zu einer Fülle von verschiedenartigen Erlebens- und Beziehungsformen. Homosexualität, Heterosexualität und Bisexualität sind dabei nur die markantesten Punkte, die jedoch längst nicht das ganze breite Spektrum von sexuellen Orientierungen umfassen.

Ich stimme MERTENS unbedingt zu, wenn er ausführt, »daß extreme Polarisierungen von Männlichkeit und Weiblichkeit eher neurotische Entwicklungen als Anzeichen einer gesunden Geschlechtsidentität darstellen« (S. 28). Die Idealvorstellung von einem psychisch gesunden und ausgewogenen Menschen ist tatsächlich »nicht der männliche oder weibliche, sondern der Mensch, der männliche und weibliche Anteile integriert hat« (S. 29) und, so möchte ich ergänzen, in einem je individuellen, unverwechselbaren, durch ganz spezifische innere Bilder und Phantasien geprägten Beziehungsmuster realisiert.

Ausgehend von der klassischen psychoanalytischen Theorie gelangen GISSRAU (1989, 1993) und MORGENTHALER (1987) zur Ansicht, daß es eine *gesunde lesbische und schwule Entwicklung* gibt. Sie sei nicht angeboren, sondern komme durch spezifische »Weichenstellungen« in der Kindheit zustande. »Sexualität, in welcher Form sie sich auch immer zeigt, kann niemals eine Neurose, eine Psychose, eine Morbidität sein. Das Krankhafte kann stets nur als Ausdruck einer disharmonischen Entwicklung im gesamten psychischen Haushalt verstanden werden. Die Annahme, daß eine gleichgeschlechtliche Partnerwahl bereits ein Symptom darstellt, daß Homosexualität an sich ein Individuum psychisch krank macht, ist eine Unterstellung« (MORGENTHALER 1987, S. 86). Dies ist eine Auffassung, die bereits 1913 von dem amerikanischen Psychoanalytiker A. BRILL vertreten worden ist: »Homosexualität kann bei Menschen auftreten, die genauso gesund sind wie normal Heterosexuelle« (zit. n. LEWES, 1988, S. 51). Ähnlich eindeutig hat sich auch EUGENE MONICK (1987), ein Autor aus der Schule der Analytischen Psychologie C. G. JUNGS, geäußert: »How a man *deals* with his sexuality is where pathology enters the picture – a question involving collective expectations and judgments and their effect upon the subject ... *Sexuality, in itself,* including the omnipresent homosexual radical in men, *is not, and never has been, pathological*« (S. 115f.; Hervorhebungen von mir). Homosexualität und Heterosexualität stehen, so MORGENTHALER, gleichwertig nebeneinander, sind Folge je eigener Entwicklungsbedingungen, die an bestimmten lebensgeschichtlichen Stationen die »Weichen« in die eine oder andere Richtung gestellt haben.

MORGENTHALER unterscheidet innerhalb der Entwicklung vom Kleinkind zum Erwachsenen drei wichtige Stationen, die für die Orientierung zur schwulen, lesbischen oder heterosexuellen Orientierung von zentraler Bedeutung sind: Die erste Station liegt in der narzißtischen Entwicklung der frühen Kindheit und beinhaltet die Entstehung des Selbstbildes; die zweite wichtige Weichenstellung erfolgt in der ödipalen Phase mit den in dieser Zeit typischen Auseinandersetzungen mit den wichtigsten Personen der Kindheit; die dritte Station liegt in der Pubertät und reicht über die Adoleszenz bis ins Erwachsenenalter, sie umfaßt die Vorgänge des »coming out«.

Eine der zentralen Aufgaben der *frühen Kindheit* besteht darin, auf der Grundlage des »Wissens«, ein Mädchen oder ein Knabe zu sein (Kern-Geschlechtsidentität), ein kohärentes Bild der eigenen Person zu entwickeln. Das heißt, der Mensch erlangt eine *Identität* im Sinne ERIKSONS (1966), in der sich die verschiedenen Facetten der Persönlichkeit zu einer Ganzheit zusammenfügen und die dem Individuum trotz aller Veränderungen im Verlauf des Lebens das Gefühl einer Konstanz in bezug auf die eigene Person vermittelt. Damit hängt eng eine zweite Aufgabe zusammen, nämlich die der Abgrenzung der eigenen Person von anderen Menschen, mit dem Ziel, *Autonomie* zu erlangen, das heißt die Fähigkeit, selbständig entscheiden und handeln zu können. Die Prozesse der Identitäts- und Autonomieentwicklung verlaufen indes nicht ohne Störungen, da sich letztlich niemals eine Umgebung findet, die optimal auf das Kind einzugehen vermöchte, das heißt, dem Kind in quantitativer und qualitativer Hinsicht nur so viel an Versagungen zumutet, wie ihm aufgrund seiner jeweiligen Entwicklungsstufe zuträglich ist. Es gibt zwangsläufig in der Entwicklung immer wieder größere oder kleinere Verletzungen, es treten Irritationen und Krisen in der Eltern-Kind-Beziehung auf, und es kommt dementsprechend immer wieder – auch in jeder »gesunden«, »normalen« Entwicklung – zu Störungen des innerseelischen Gleichgewichts. Dies hat zur Folge, daß das Selbstbild jedes Menschen nicht eine völlig runde, in sich geschlossene Struktur ist, sondern stets gewisse Lücken aufweist und in sich spannungsreich ist und zeitlebens bleibt.

MORGENTHALER ist der Ansicht, daß je nach den lebensgeschichtlichen Erfahrungen, die das Kind in der Frühzeit seiner Entwicklung macht, entweder das Streben nach Autonomie oder das Bedürfnis, die Identität zu stärken, größer ist. Es gibt Kinder, die im Verlaufe ihrer Entwicklung im intensiven emotionalen Austausch mit ihren nächsten Bezugspersonen eine besondere Stabilität in ihren *Identitätsgefühlen* erlangt haben. Sie empfinden sich deshalb als deutlich von anderen Menschen abgegrenzt, ja sogar in einer gewissen Polarität zu anderen stehend, und fühlen sich sehr verunsichert, wenn diese Identitätsgrenzen sich von innen her aufzulösen drohen oder von außen in Frage gestellt werden. Alles, was die klare Abgrenzung unterstützt, empfinden sie – weil ihre Identität stärkend – als angenehm. Hingegen ist es ihnen weniger wichtig, selbst Entscheidungen zu treffen und selbständig zu handeln. Im Falle äußerer oder innerer Krisen suchen solche Menschen aufgrund ihrer spezifischen Entwicklung von Kindheit an auf die in ihren Identitätsgefühlen liegenden Ressourcen zurückzugreifen und die Abgrenzung gegenüber anderen Menschen zu aktivieren, um auf diese Weise das innere Gleichgewicht wiederherzustellen.

Demgegenüber gibt es andere Kinder, die sich aufgrund ihrer frühen Beziehungserfahrungen in erster Linie durch ihre *Autonomie,* das heißt durch ihre Unabhängigkeit im Denken, Fühlen und Handeln definieren. Sie erleben sich nicht primär dadurch als Individuen, daß sie sich in ihren Selbstbildern gegen die als »ganz anders« erlebten Bezugspersonen absetzen, sondern spüren sich vor allem in den Momenten, in denen sie sich als selbständig Entscheidende und Handelnde in ihrer Welt erfahren. In Krisenfällen geht es ihnen weniger darum, vor allem die Unterschiede zwischen dem Selbstbild und den Bildern von anderen Personen hervorzuheben, als vielmehr um die Betonung ihrer Unabhängigkeit von der Umgebung. Dabei empfinden sie es unter Umständen nicht irritierend und ihr inneres Gleichgewicht nicht labilisierend, wenn die Selbst- und Fremdbilder unscharf abgegrenzt sind. Wichtig ist für sie in erster Linie, daß sie ihre Unabhängigkeit bewahren können.

Gelingt ihnen dies, so fühlen sie sich sicher und können inneren und äußeren Belastungen standhalten.

MORGENTHALER geht davon aus, daß keines dieser Bedürfnisse, weder das Streben nach Identität noch das nach Autonomie, an sich pathologisch ist. Es sind vielmehr normale, die weitere Entwicklung stabilisierende Maßnahmen, mit deren Hilfe das Kind pathologische Entwicklungen gerade zu vermeiden vermag. Man könnte sich angesichts der oben erwähnten Zwillingsuntersuchungen, die auf eine hereditäre Komponente der sexuellen Orientierung hinzudeuten scheinen, fragen, ob wir bei diesen Entwicklungsprozessen neben den lebensgeschichtlichen Erfahrungen, welche im einen Fall zu einer Betonung der Identitätsgefühle, im anderen Fall zur Dominanz des Autonomiestrebens führen, möglicherweise auch angeborene Dispositionen in Rechnung stellen müssen. So, wie wir auch in anderen Bereichen unserer Persönlichkeit gewisse Erlebens- und Verhaltensbereitschaften und -fähigkeiten als individuelle, in ihrer Grundstruktur ererbte Ausstattung mitbringen, könnte es auch in bezug auf die Bevorzugung der Identitätsbeziehungsweise der Autonomiebedürfnisse sein. Mit der Annahme solcher Dispositionen ist die Entwicklung noch keineswegs festgelegt. Von wesentlicher Bedeutung ist vielmehr, auf was für eine Umwelt diese Erlebens- und Verhaltensbereitschaften treffen, und in welcher Weise sie sich dann ausdifferenzieren.

Das Spezifische in der Entwicklung des *schwulen Mannes* sieht MORGENTHALER in der *Betonung des Bedürfnisses nach Autonomie.* Wann immer im Erleben dieser Kinder und der späteren Erwachsenen Gefühle von Insuffizienz, Enttäuschungen, Kränkungen und andere emotionale Belastungen auftreten, »retten« und regulieren sie ihr innerseelisches Gleichgewicht durch ein verstärktes Streben nach Autonomie. Dies ist in der frühen Kindheit eng gebunden an *autoerotische Aktivitäten.* Der Begriff »Autoerotik« erweckt in manchen Lesern vielleicht den Eindruck, es gehe um ein extremes Ausgerichtetsein auf die eigene Person und um ein damit verbundenes außergewöhnliches sexuelles Interesse. Dies ist nicht der Fall. Unter »Autoerotik« verstehen wir vielmehr die völlig normale, für die Entwicklung des Kindes sogar sehr wichtige Fähigkeit, den eigenen Körper mit allen seinen Funktionen lustvoll zu erleben und in einem umfassenden Sinn sich der eigenen Person liebevoll zuzuwenden. Autoerotische Aktivitäten spielen deshalb eine zentrale Rolle im Prozeß der Identitätsfindung.

Nach Ansicht von MORGENTHALER kommt der Autoerotik im Zusammenhang mit dem starken Streben nach Autonomie für Knaben, die sich später zu schwulen Männern entwickeln, eine zentrale Bedeutung zu. Mit Hilfe der Autoerotik vermögen sie Störungen ihres seelischen Gleichgewichts und den in solchen Situationen drohenden Autonomieverlust zu verhindern. Die enge Beziehung zwischen Autoerotik und Autonomiestreben bleibt, so MORGENTHALER, lebenslang erhalten und führt dazu, daß sich auch die sexuellen Interessen (Geschlechtspartner-Orientierung) später verstärkt auf die eigene Person und auf Partner des gleichen Geschlechts richten.

Die schwulen Männer »sind Persönlichkeiten, die ihre Sexualität in ein Selbstbild einordnen, in dem die innere und äußere Autonomie in erster Linie gewährleistet ist. Demgegenüber sind die Heterosexuellen Persönlichkeiten, die in ihrem Selbstbild dem Identitätsbewußtsein und dem Identitätsgefühl Priorität einräumen. Sie orientieren sich nach polaren Gegensatzpaaren, um genau zu spüren und zu wissen, wer sie sind. Auch Homosexuelle haben das Bedürfnis zu spüren und zu wissen, wer sie sind, doch erst in zweiter Linie. Ihr Identitätsbewußtsein kann unscharf begrenzt sein, ohne daß sie dadurch verunsichert werden. Auch Heterosexuelle besetzen ihre innere und äußere Autonomie, doch selten so weit, daß ihre Identität dadurch in Frage gestellt wird. Sie können sich gelassener in Abhängigkeit begeben, weil sie, in dieser Hinsicht, weniger konflikanfällig sind als Homosexuelle« (MORGENTHALER, S. 88/89).

MORGENTHALERS Annahme, der zur schwulen Orientierung determinierende Faktor gelte auch für *lesbische Frauen,* ist von GISSRAU (1989, 1993) in Frage gestellt worden. Die Autorin kommt aufgrund theoretischer Erwägungen und ihrer therapeutischen Erfahrungen mit lesbischen Frauen zum Ergebnis, daß sie in frühester Kindheit »den erotischen Blick ihrer Mutter erlebt... haben, den sie als lustvolles affektives Interaktionsmuster internalisieren« (1993, S. 317). Die Mütter von später lesbisch lebenden Frauen hätten sich in der präverbalen Entwicklungsphase ihrer Kinder den erotischen Genuß am Stillen, Wickeln, Baden, Einreiben gestatten können, wodurch es wohl frühzeitig zu einer erotischen Stimulierung der Töchter gekommen sei. GISSRAU weist mit Recht darauf hin, daß mütterliches und kindliches Verhalten stets so eng ineinander greifen, daß es auch denkbar sei, daß die Mütter durch ihre triebstarken, sie erotisch ansprechenden Babies entsprechend stimuliert worden seien. Auf jeden Fall sei die erste Weichenstellung in Richtung einer lesbischen Entwicklung »das Ausmaß an erotischer Anerkennung, das die Mutter in ihren Interaktionen während der ersten Lebensjahre zulassen kann« (1993, S. 317). Zum Ausgleich schmerzhafter Trennungserlebnisse und anderer Enttäuschungen setzt das Mädchen dann nicht verstärkte autoerotische Aktivitäten ein, und es steht dementsprechend nicht das Streben nach Autonomie im Vordergrund. Kennzeichnend für die spätere lesbische Frau ist vielmehr, daß sie bei Verunsicherungen, die sie in der frühen Kindheit erlebt, ihr innerseelisches Gleichgewicht durch eine besonders enge Bindung und (auch erotisch-sexuelle Gefühle umfassende) Anlehnung an die Mutter als der ihr Gleichen zu retten versucht. Durch die Identifizierung mit der als allmächtig erlebten Mutter vermag das Mädchen die Ohnmacht des Kleinkindes zu reduzieren. »Nicht die autoerotische Abgrenzung und der daraus entstehende spätere Wunsch nach Autonomie scheint das Wesentliche in der lesbischen Lebenswahl, sondern der Wunsch nach Selbstentfaltung in einer Beziehung mit einer Gleichen« (GISSRAU, 1989, S. 142) – das heißt im Sinne der Theorie MORGENTHALERS: das Streben nach Identität.

Bei der Entwicklung zur *bisexuellen Orientierung* müssen wir davon ausgehen, daß diesen Kindern die Bedürfnisse nach Identität und Autonomie in mehr oder weniger gleicher Weise wichtig sind. Einige Autoren (BELL et al., 1981; BODE, 1976; KLEIN, 1978; ZINIK, 1985) haben darauf hingewiesen, bisexuelle Menschen neigten in ihrem Leben zunächst zur Erotisierung von Beziehungen zu gegengeschlechtlichen Partnern und empfänden erst später (im Alter von etwa 20 bis 30 Jahren) ihre gleichgeschlechtlichen Interessen. Bei derartigen Beobachtungen wäre jedoch zu klären, ob die heterosexuellen Partnerwahlen wirklich der Geschlechtspartner-Orientierung entsprachen oder aufgrund sozialer Normvorstellungen zustandekamen (dies gilt etwa auch für einen Befund von BRAUCKMANN, 1981, die berichtet, daß 60% der Lesben vor dem coming out heterosexuelle Kontakte eingegangen seien). Falls die Vermutung, bisexuelle Menschen neigten primär zu einer Erotisierung gegengeschlechtlicher Partner, tatsächlich zutrifft, müßte man annehmen, daß bei den männlichen Bisexuellen das Identitätsbedürfnis und bei den weiblichen Bisexuellen das Autonomiebedürfnis überwiege. Angesichts der Tatsache, daß die bisexuellen Menschen sich in ihrer Geschlechtspartner-Orientierung typischerweise gerade wenig festgelegt fühlen, liegt es jedoch näher anzunehmen, daß bei ihnen, und zwar bei Männern wie bei Frauen, das Streben nach Autonomie besonders stark ausgeprägt ist und zu der von MORGENTHALER beschriebenen inneren Flexibilität führt (dafür spräche auch die von ZINIK, 1985, mitgeteilte Beobachtung, daß sich bei Bisexuellen sowohl homosexuelle als auch heterosexuelle Phantasien finden).

Überschauen wir die bisher skizzierte Entwicklung noch einmal, so kann man sagen, daß sich bereits früh im Leben eine stabile Kern-Geschlechtsidentität ausbildet, die dem Kind die Gewißheit vermittelt, entsprechend dem biologischen Geschlecht männlich oder weiblich zu sein. Über diese Identität besteht nach ihrer Etablierung etwa am Ende des zweiten Lebensjahres nicht mehr der geringste Zweifel. Die Kern-Geschlechtsidentität, wird indes, wie die Überlegungen von MORGENTHALER und GISSRAU zeigen, ebenfalls bereits in den ersten Lebensjahren in einer ganz spezifischen Weise *organisiert*. Aufgrund möglicher – nicht weiter erklärbarer – hereditärer Komponenten, aber sicher aufgrund spezifischer Beziehungserfahrungen aus dem Umgang mit den Personen der frühen Kindheit, kommt es bei den späteren Schwulen zu einer stärkeren Akzentuierung des Autonomiebedürfnisses und der damit in Zusammenhang stehenden Autoerotik. Für die späteren Lesben hingegen ist die enge, schon früh auch erotisch-sexuelle Komponenten enthaltende Bindung an die Mutter und damit das verstärkte Streben nach Identität von zentraler Bedeutung. Im Falle bisexueller Entwicklungen schließlich besteht entweder eine spezifische Mischung zwischen den Bedürfnissen nach

Autonomie und Identität. Oder es liegt, bei Männern ebenso wie bei Frauen, eine besonders starke Akzentuierung des Autonomiebedürfnisses vor (einen Überblick über den aktuellen Forschungsstand zum Thema der Bisexualität geben HAE-BERLE u. GINDORF 1994).

Wenn auch von anderen theoretischen Grundannahmen ausgehend, finden sich interessanterweise doch ähnliche, die bisherigen Ausführungen ergänzende Überlegungen bei einigen Autoren aus dem Bereich der JUNGschen Analytischen Psychologie. Bereits JUNG selber hat die sexuelle Orientierung als eine tief in der Persönlichkeit verwurzelte Dimension beschrieben. Die lesbische und schwule Entwicklung sieht er vor allem durch zwei Faktoren bedingt: durch einen ungelösten »Mutterkomplex« mit einem Ausagieren der Anima (dem Archetyp der »weiblichen« Seite des Mannes) und durch eine unvollständige Ablösung vom urtümlichen (noch nicht differenzierten) Archetyp des Hermaphroditen (JUNG, 1986, 1988a, 1988b, 1989a, 1989b; s. auch SANFORD, 1980). Andere Autoren wie HILLMAN (1979) und WALKER (1976) haben als weitere Grundlagen der homosexuellen Orientierung die Archetypen des Alten Mannes und des puer aeternus genannt.

Unter Verwendung dieser und anderer Konzepte hat HOPCKE (1991) den Versuch unternommen, im Rahmen der JUNGschen Analytischen Psychologie ein Modell zum Verständnis lesbischer, schwuler, bisexueller und heterosexueller Entwicklungen zu formulieren. Der Autor sieht die sexuelle Entwicklung als Resultat eines je individuellen Zusammenwirkens der drei Archetypen der Anima, das Animus und des Androgynen. Im Gegensatz zu JUNG und einigen anderen Vertretern der Analytischen Psychologie liegt für HOPCKE das Spezifische der lesbischen und schwulen Entwicklung darin, daß es bei diesen Orientierungen nicht um die Wirkung eines einzelnen dominanten Archetyps geht, sondern um eine komplexe Interaktion zwischen den drei genannten archetypischen Konfigurationen, wobei dem Androgynen eine synthetisierende Funktion zukommt. Auf diese Weise ist es möglich, die schwule Entwicklung nicht – wie mit den ursprünglichen Theorien der Analytischen Psychologie – lediglich als Flucht vor der Weiblichkeit, als weibliche Identifikation oder als androgynes Ausagieren beziehungsweise die lesbische Entwicklung als Demeter-Komplex oder Verfallenheit an den Archetypus des Animus zu verstehen, sondern als ein harmonisches (gesundes) Zusammenspiel (eine »polyphonic affair«), in welchem Animus und Anima zusammen mit dem hermaphroditischen Selbst, der androgynen Ganzheit, in je individueller Weise durch die körperliche und emotionale Verbindung mit einem anderen Mann beziehungsweise einer anderen Frau aktualisiert und gelebt werden. Auch die bisexuelle Entwicklung erscheint nach diesem Konzept nicht mehr als Anomalie, sondern als eine spezifische Art, in der die archetypischen Kräfte der Anima, des Animus und des Androgynen mit den lebensgeschichtlichen Erfahrungen zusammenwirken.

Das von HOPCKE entwickelte Konzept läßt durch die archetypische Verankerung der sexuellen Orientierung verständlich werden, daß »therapeutische« Versuche, die Geschlechtspartner-Orientierung zu ändern, nicht möglich sind und nicht dem Entwicklungsziel der Individuation entsprechen. Es macht auch deutlich, daß die beschriebenen archetypischen Konfigurationen schon früh im Leben die »Weichen« im Sinne MORGENTHALERS in eine bestimmte Entwicklungsrichtung stellen und die weiteren lebensgeschichtlichen Erfahrungen dementsprechend in ganz spezifischer Weise verarbeitet werden. Zugleich bietet die Theorie ein Verständnismodell für die Beobachtung, daß es bei aller Stabilität der sexuellen Orientierung im Verlaufe des Lebens doch gewisse Änderungen und Verschiebungen der Geschlechtspartner-Orientierung gibt. Dadurch, daß die drei zusammenwirkenden Archetypen in sich je eine Fülle von polaren Gegensätzen enthalten, die in je individueller Weise entfaltet und gelebt werden (Anima: Mutter und Tochter, Aphrodite und Artemis, Geburt und Tod, Verwundung und Heilung, Gorgo und Kore, die weise alte Frau und die puella aeterna; Animus: Vater und Sohn, Wotan und Loki, Tor und Magier, Sonne und Himmel, Neptun und Hades, Intellekt und Unbesonnenheit, Licht und Schatten, Wolfsnatur und bester Freund; das Androgyne: der ursprüngliche Anthropos und die Nichtexistenz, Sichtbares und Unsichtbares, alles Männliche und alles Weibliche, geistige Perfektion und monströse Abweichung, inzestuöse Paarung und höchste Vereinigung, Berdach und Eunuch, Schamane und Perverser), ist das von HOPCKE entworfene Konzept auch geeignet, gesunde *und* pathologische Entwicklungen zu beschreiben und Hinweise für therapeutische Interventionen zu geben, die *nicht* auf die Änderung der sexuellen Orientierung hinzielen, sondern den Weg zu Individuation *innerhalb* der lesbischen, schwulen, bisexuellen und heterosexuellen Ausrichtung weisen.

HOPCKE geht damit deutlich auch einen Schritt weiter als SCHELLENBAUM (1980), der trotz einer relativen Offenheit gegenüber lesbischen und schwulen Entwicklungen letztlich doch zwiespältig bleibt. SCHELLENBAUM räumt zwar ein, daß »nicht die Homosexualität an sich ... der Analyse (bedarf), wohl aber die narzißtisch fixierte Homosexualität« (S. 206), und daß der Therapeut lesbischer und schwuler Klienten die Annahme der eigenen Homosexualität als eine Ich-Leistung anerkennen müsse. Doch schimmert auch bei dieser Argumentation eine letztlich wieder die Pathologie betonende Auffassung durch, wenn der Autor etwa die Anerkennung der Homosexualität damit begründet, »dank ihr (habe) eine erste Abgrenzung gegenüber dem verschlingenden Weiblichen und eine Stärkung der männlichen Identität stattfinden« können (S. 205). Die gleiche, letztlich die heterosexuelle Orientierung als höher zu bewertendes Individuationsziel postulierende Haltung spricht für mich auch aus SCHELLENBAUMS Schlußbemerkungen, ihm sei »kein Fall einer ›Heilung des Selbst‹ im Sinne von KOHUTS Theorie über den Narzißmus bekannt ohne die gleichzeitig erwachende heterosexuelle Liebesfähigkeit« (S. 208), und wenn eine Analysand »zur heterosexuellen Liebesfähigkeit gefunden (hat), rückt für ihn die Frage nach der geschlechtlichen Grundeinstellung in den Hintergrund. Die lebendige Verbindung zur Dynamik der eigenen Seele und die Erfahrung, daß die heterosexuelle Anziehung v.a. als Beziehungssignal und die homosexuelle Anziehung zunächst als Integrationssignal gemeint sind, faszinieren ihn stärker. Dabei wird ja die Homosexualität keineswegs verdrängt, sondern findet in der Spiegelkommunikation, d.h. einer Beziehung, deren Hauptakzent auf der Selbst-Wahrnehmung (Integrierung) und nicht auf der Beziehung selber liegt, ihre natürliche Realisierung« (S. 208).

SCHELLENBAUM ist es denn auch wichtig, auf die seiner Ansicht nach dem Menschen gegebene Möglichkeit hinzuweisen, »selber aktiv darüber zu bestimmen, welche Anziehung – die heterosexuelle oder die homosexuelle – wir stärker als *Beziehungssignal* auffassen und zulassen, und welche wir als *Integrationssignal* verstehen« (S. 207). Der Autor beruft sich dabei unter anderem auf die Befunde von MASTERS und JOHNSON (1981), die ihm zu belegen scheinen, daß »wohl jedes Individuum sowohl zu homosexuellem als auch heterosexuellem Verhalten fähig ist« (S. 209). Mit diesem Resultat sieht SCHELLENBAUM seine eigene These bestätigt, daß die geschlechtliche Grundeinstellung nicht »den Charakter eines existentiellen A-priori besitze«. Gerade angesichts solcher Aussagen sehe ich den besonderen Wert des von HOPCKE konzipierten Entwicklungsmodells und des psychoanalytischen Konzepts von MORGENTHALER darin aufzuzeigen, daß es zwar bestimmte innere und äußere Faktoren sind, die zu einer lesbischen, schwulen, bisexuellen oder heterosexuellen Entwicklung führen, daß die sexuelle Orientierung dann aber tief in der Persönlichkeit verankert ist und als ein zentrales Element der Identität über die Zeit hin eine relative Stabilität und Konstanz aufweist.

Die mit Hilfe der psychoanalytischen Konzepte und der analytischen Psychologie C. G. JUNGS und seiner Schüler beschriebene Entwicklung stellt indes nur einen ersten – allerdings entscheidenden – Schritt auf dem Weg zur Ausbildung einer heterosexuellen, bisexuellen, lesbischen oder schwulen Orientierung dar. Die zweite wichtige Weichenstellung erfolgt nach MORGENTHALER in der Zeit des *ödipalen Konflikts* mit den dafür typischen Inzestwünschen, Kastrationsängsten, Rivalitätsproblemen und den durch die gesellschaftlichen Verhältnisse bedingten Anpassungszwängen. Unter dem Ödipuskonflikt versteht die Psychoanalyse die im Alter von circa drei bis fünf Jahren üblicherweise auftretende Situation, in welcher das Kind mit fortgeschrittener Trieb- und Ich-Entwicklung seine Liebeswünsche verstärkt nach außen richtet. Es wendet sich insbesondere der Person zu, die seine Erwartungen am stärksten beantwortet. Das ist in der Regel für den Knaben die Mutter, für das Mächen der Vater. Die eigene Sexualität der Eltern bleibt, so MORGENTHALER, dem Kind gegenüber »stumm«.

In der Zeit des ödipalen Konflikts wird das Kind über die Auseinandersetzung mit den Eltern und deren Norm- und Wertsystem auch verstärkt mit den Forderungen der Gesellschaft konfrontiert, in der es lebt. Im Sinne der oben beschriebenen Modelle zur Entwicklung der Geschlechtsidentität ist es die Zeit, in der sich die Geschlechtsrolle zunehmend verfestigt.

Bei der Entwicklung des späteren Schwulen folgen die Liebeswünsche des Kindes der in den ersten Lebensjahren vorgebildeten Tendenz, die Interessen vornehmlich auf die eigene Person und auf andere zu richten, die ihr ähnlich sind. Der Knabe liebt deshalb die Mutter so, wie er sich selbst autoerotisch lieben gelernt hat. Das heißt, er erlebt den gegengeschlechtlichen Elternteil als Partner, der ihm gleicht. Als das Fremde, das zu »Kastrationsängsten« (das heißt zur Angst vor Ohnmacht und Unterwerfung) führt, empfindet der Knabe die störende Vaterfigur. MORGENTHALER ist der Ansicht, daß die Delegation des autoerotischen Vorbildes an den *gegen*geschlechtlichen Elternteil möglich ist und der *gleich*geschlechtliche zum störenden Dritten wird, weil die Eltern in dieser Entwicklungsphase vom Kind zunächst als Vertreter sozialer Rollen wahrgenommen werden (sie sind ja Repräsentanten der gesellschaftlichen Normen, und ihre Sexualität bleibt dem Kind gegenüber »stumm«).

Erst im Verlaufe des von FAST (1984) beschriebenen Differenzierungsprozesses (vgl. S. 49) beginnt das Kind sich selbst und die Eltern in bezug auf das biologische Geschlecht wahrzunehmen. Die Geschlechtsmerkmale der Eltern treten nun verstärkt ins Bewußtsein des Kindes, und die Elternfiguren erhalten dadurch ein anderes Gesicht: Wenn der Knabe den gefürchteten Vater als den erkennt, der ihm in seinen Geschlechtsmerkmalen gleicht, kommt er plötzlich als autoerotischer Partner in Betracht. Dementsprechend führt beim Knaben die Entdeckung der Geschlechtsmerkmale der Mutter dazu, daß das Interesse an ihr nachläßt, weil sie jetzt das Andere, Fremde darstellt. Durch diese Umorientierung werden die Kastrationsängste entdramatisiert. Dabei geht es nicht darum, daß das gegengeschlechtliche Liebesobjekt durch das gleichgeschlechtliche ersetzt wird. Das Schwergewicht liegt, so MOR-GENTHALER, vielmehr auf der Entdeckung, daß die Elternfiguren zwei sich widersprechende Rollen verkörpern und somit ein *doppeltes Gesicht* besitzen.

In der Entwicklung zur Heterosexualität werden demgegenüber die sozial determinierten Geschlechtsrollen der Eltern und ihre biologischen Geschlechtsmerkmale vom Kind als etwas untrennbar Zusammengehöriges, als identisch erlebt. Diese Übereinstimmung fördert nach MORGENTHALERS Ansicht bei den später heterosexuell Orientierten in allen Aspekten die Vorstellung von der schon aus den frühen Entwicklungsphasen vorgebildeten stärkeren Ausrichtung auf den polaren Gegensatz zwischen Mann und Frau. Dadurch wird bei diesen Menschen die Identität, die im Selbsterleben Heterosexueller ja eine zentrale Rolle spielt, weiter gestärkt. Demgegenüber führt beim Schwulen die vom gleichgeschlechtlichen Partner ausgehende erotische Anziehung über das Erleben der für ihn wichtigen Autonomie zu einer Stärkung seines Selbstwertgefühls.

Durch die Entdeckung der Geschlechtsmerkmale wird der ödipale Konflikt beim schwulen Knaben entschärft, weil der Inzestwunsch seine Inhalte verliert. Damit geht der Ödipuskomplex unter. An seine Stelle tritt ein spielerischer Umgang mit potentiellen Liebesobjekten, deren doppeltes Gesicht für den schwulen Mann zeitlebens etwas Befreiendes und Relativierendes hat. Er identifiziert sich in erster Linie mit dieser Doppelgesichtigkeit der ödipalen elterlichen Figuren und entwickelt in seinem zukünftigen Liebesleben selbst das typische Doppelgesicht, das ihn allerdings in der »Gesellschaft der polaren Gegensätze« diskriminiert.

Für die spätere lesbische Frau sieht GISSRAU das Spezifische der ödipalen Konstellation darin, daß sich diese Entwicklungsphase durch eine doppelte Enttäuschung auszeichnet: Zum einen fühlt das Mädchen sich durch die oft als dominant erlebte Mutter, welche nicht auf die erotischen Beziehungswünsche der Tochter eingeht, zurückgewiesen. Zum anderen geht aber die größte Enttäuschung in dieser Entwicklungsphase vom Vater aus, dem sich die Tochter nach der Zurückweisung durch die Mutter dann zuwendet. Er erweist sich häufig als schwach und vermag dem Mädchen bei der Ablösung von der dominanten Mutter keine Hilfe zu leisten. »Der wesentliche Vorwurf der lesbischen Frau dürfte dem Vater gelten, der sich als unfähig erwies, um für ein alternatives akzeptables Liebesobjekt in Frage zu kommen« (GISSRAU, 1989, S. 144).

In bezug auf die zweite »Weichenstellung« in der frühkindlichen Entwicklung können wir bei Kindern, die später eine bisexuelle Orientierung ausbilden, ebenfalls davon ausgehen, daß sie – analog den Lesben und Schwulen – Mutter wie Vater sowohl als »Gleiche« als auch als »Ganz andere« wahrnehmen und dementsprechend später auch die von MORGENTHALER beschriebene »Doppelgesichtigkeit« zeigen – sogar in besonders ausgeprägter Weise.

Bei der Etablierung und Ausdifferenzierung der Geschlechtsrolle kommt es in dieser Entwicklungsphase bei Kindern mit späterer lesbischer, schwuler, bisexueller und heterosexueller Orientierung zur Übernahme der ihnen im engeren Familienkreis wie in der weiteren Sozietät als erwünscht vor Augen geführten Persönlichkeits- und Verhaltensmerkmale. Aus dem Zusammenwirken dieser nach und nach verinnerlichten Normvorstellungen und der zunehmend bewußteren Auseinandersetzung damit entstehen schließlich – trotz des gesellschaftlichen Konformitätsdrucks – ganz individuelle Bilder der Rollen von Mann und Frau, wie sie sich im Leben eines jeden Menschen konkretisieren. Dazu gehört auch die Ausbildung von Vorstellungen, wie die Frau sich als Frau in Beziehung zu anderen Frauen und im Umgang mit Männern empfindet und verhält, beziehungsweise wie der Mann sich gegenüber anderen Männern und gegenüber Frauen fühlt und verhält. Wie schon bei der Entwicklung der Kern-Geschlechtsidentität kann man auch in dieser Hinsicht bei Lesben, Schwulen und Bisexuellen nicht von ambivalenten, in sich konflikthaften Bildern sprechen. Es sind vielmehr eindeutige, wenn auch – wie bei jedem Menschen – in einem gewissen Umfang wandelbare Vorstellungen.

Schwierig wird die Situation für alle, die von der allein als »normal« angesehenen Majorität der Heterosexuellen abweichen, allerdings dadurch, daß die ihnen vorgelebten (heterosexuellen) Geschlechtsrollen für sie nur bedingt verwendbar sind. Lesben, Schwule und Bisexuelle sind deshalb gezwungen, ihre die Geschlechtsrolle konstituierenden Vorstellungen in einem wesentlich größeren Ausmaß als Heterosexuelle selber zu gestalten, und zwar zum Teil in deutlichem Gegensatz zu den ihnen vorgelebten Rollen.

Als besonders irritierend erleben bisexuelle Mädchen und Knaben und vor allem später die jungen Adoleszenten den Moment, in dem sie spüren, daß sie sich gleichermaßen zu Frauen wie zu Männern hingezogen fühlen. Sie können in ihren Beziehungen zu gleich- und gegengeschlechtlichen Partnern zwar beide Seiten ihrer Präferenzen leben. Doch befinden sie sich in einer an Polaritäten – und dazu gehört unter anderem auch die Polarität »Heterosexualität – Homosexualität« – orientierten Gesellschaft noch mehr als Lesben und Schwule in einer Außenseiterposition, da sie sich keiner der beiden Gruppen ganz zugehörig fühlen. Sie können sich deshalb auch nicht total mit dem Lebensstil der Lesben beziehungsweise der Schwulen oder dem der Heterosexuellen identifizieren und sehen sich häufig von beiden Seiten mit Argwohn und scharfer Kritik bedacht (vgl. S. 28f.).

Mit dem Durchlaufen der ödipalen Phase und den damit verbundenen innerpsychischen Umstrukturierungen tritt der dritte »Baustein« der Geschlechtsidentität, die *Geschlechtspartner-Orientierung,* zunehmend in das Bewußtsein lesbischer, schwuler und bisexueller Kinder. Sie erleben, wie in ihren Beziehungen zu Vater und Mutter und zu Personen des weiteren sozialen Umfeldes erotisch-sexuelle Gefühle und Phantasien lebendig werden, und sie spüren, daß sie sich in starkem Maße zu Menschen des gleichen Geschlechts hingezogen fühlen, beziehungsweise – als Kinder und Jugendliche mit bisexuellen Orientierungen – daß für sie die dichotome Aufteilung der potentiellen Liebes- und Geschlechtspartner nicht zutrifft und erotische Phantasien Männern wie Frauen gegenüber bestehen (Zinik, 1985). Die in der sozialen Realität gemachten Erfahrungen, die von den Eltern und der weiteren Sozietät übernommenen Normen und die subjektive Welt der inneren Bilder und Gefühle verdichten sich dann schließlich zu ganz individuellen Mustern der Vorstellungen und Selbstdefinitionen, welche die Heranwachsenden im Hinblick auf ihre Geschlechtspartner-Orientierung von sich als Lesben, Schwule und Bisexuelle entwickeln.

Vermutlich werden die referierten Theorien den mit den

psychoanalytischen Konzepten nicht so vertrauten Leserinnen und Lesern recht abstrakt und unter Umständen nicht einmal in allen Aspekten logisch erscheinen. Besondere Verständnisschwierigkeiten dürften sich vor allem bei MORGENTHALERS Konzept vom Erleben der »Doppelgesichtigkeit« der ödipalen Eltern und bei GISSRAUS Schilderung der doppelten Enttäuschung an den Eltern der ödipalen Phase ergeben. Die Überlegungen von MORGENTHALER bereiten nicht nur den psychoanalytischen Laien, sondern vielleicht sogar mehr noch den Fachleuten nicht zuletzt deshalb Mühe, weil sie von der sonst üblichen Argumentation abweichen. Wir sind in der psychoanalytischen Theorie daran gewöhnt, von den polaren Gegensätzen (das heißt vom Denken heterosexueller Männer, welche die psychoanalytische Theorienbildung ja maßgeblich bestimmt haben) auszugehen und die Spannung zwischen Mutter und Vater, Mädchen und Knaben, in den Mittelpunkt der Betrachtungen zu stellen. Als »normale«, »reife« ödipale Konstellation wird deshalb üblicherweise diejenige betrachtet, die sich an den polaren biologischen Geschlechtsrollen orientiert und beim Knaben auf die Mutter gerichtete Liebeswünsche mit den daraus resultierenden Rivalitätsgefühlen dem Vater gegenüber postuliert. Das Mädchen soll in dieser bei beiden Geschlechtern als »positiver Ödipuskomplex« bezeichneten Konstellation die Liebeswünsche auf den Vater richten und die Mutter als Konkurrentin empfinden. Knaben wie Mädchen sähen sich aus Angst vor dem gleichgeschlechtlichen Rivalen gezwungen, ihre an den gegengeschlechtlichen Elternteil gerichteten Liebeswünsche aufzugeben und sich mit dem gefürchteten gleichgeschlechtlichen »Aggressor« zu identifizieren. MORGENTHALER hat nun ein modifiziertes psychoanalytischen Konzept der ödipalen Situation entworfen, bei dem er nicht von den Gegensätzen zwischen den biologischen Geschlechtern von Eltern und Kind ausgeht. Er ist vielmehr der Ansicht, Kinder nähmen die Eltern in den ersten Lebensjahren vor allem als Bezugspersonen wahr, die für sie wichtige emotionale Bedürfnisse befriedigen. Entsprechend seiner in der frühen Kindheit ausgebildeten Neigung, sexuelle Interessen auf die eigene Person und ihr ähnliche zu richten, bereitet es dem Knaben nach Ansicht des Autors keine Mühe, die Mutter trotz ihres biologisch anderen

Geschlechts als ihm »Gleiche« zu erleben. Solange er sie emotional noch nicht in ihrer weiblichen Geschlechtlichkeit wahrnimmt, kann er in seinen inneren Bildern so mit ihr umgehen, wie es seinen Gefühlen und Bedürfnissen entspricht. Die ödipale Liebe des schwulen besitzt damit eine andere Qualität als die des heterosexuellen Knaben: Es ist keine aus den polaren Gegensätzen entstandene, sondern eine auf dem Erleben von Gleichheit beruhende Liebe.

Diese Überlegungen mögen auf den ersten Blick konstruiert wirken, entbehren aber keineswegs einer Psycho-Logik. Wie wir wissen, gehen Kinder tatsächlich in ganz anderer Weise mit der Realität um als Erwachsene. So können sie unter dem Einfluß des magischen Denkens Gegenstände ihrer Umgebung beleben und wieder »entzaubern«, können selber spielerisch in verschiedene Rollen schlüpfen und sich imaginäre Spielpartner, ja ganze Phantasiewelten schaffen, und nehmen die Erwachsenen so wahr, wie sie sie aufgrund ihrer Vorerfahrungen erwarten oder wie sie sie zur inneren Stabilisierung benötigen. Außerdem ist bei diesen Überlegungen zu beachten, daß die erotisch-sexuellen Phantasien, die im Verlaufe der Entwicklung Teil der Geschlechtsidentität werden, zwar zum Teil vom interaktionellen Feld des Kindes in seinem Alltag bestimmt werden. Die Verarbeitung dieser Erfahrungen hängt aber wesentlich auch von der innerpsychischen Organisation ab. Das heißt, die Beziehungserlebnisse treffen bei Kindern mit lesbischer, schwuler, bisexueller oder heterosexueller Entwicklungsgeschichte auf ganz unterschiedliche Tiefenstrukturen und führen auf diese Weise im Prozeß der zunehmenden Differenzierung zu einer spezifisch lesbischen, schwulen, bisexuellen und heterosexuellen inneren Bilderwelt mit den daran gebundenen Gefühlen. Rücken wir einmal von der uns sonst so liebgewonnenen und in unserer Gesellschaft allgemein propagierten Vorstellung der polaren Gegensätze ab, so erscheint das von MORGENTHALER entwickelte Konzept nicht »konstruierter« als die klassische Theorie der ödipalen Phase.

Auch wenn eine solche Argumentation wie eine erhebliche Relativierung zentraler psychoanalytischer Positionen imponieren mag, bewegen wir uns damit im Grunde ganz auf dem Boden des FREUDschen Denkens. Er selbst hat nie einen Zweifel daran gelassen, daß seine Konzepte für ihn Versuche darstellten, Zugang zum Seelenleben seiner Patienten zu gewinnen und sich bei seiner Arbeit an Modellvorstellungen zu orientieren. Seine prinzipielle Offenheit hat dann ja auch zu mehrfachen Neu- und Umformulierungen der verschiedenen Konzepte geführt. Auch im Hinblick auf das Thema der Homosexualität sah FREUD – im Gegensatz zu vielen seiner Schüler – klar die Möglichkeiten und Grenzen der Psychoanalyse: »Die Psychoanalyse ist nicht dazu berufen, das Problem der Homosexualität zu lösen. Sie muß sich damit begnügen, die psychischen Mechanismen zu enthüllen, die zur Entscheidung in der Objektwahl geführt haben, und die Wege von ihnen zu den Triebanlagen zu verfolgen. Dann bricht sie ab ...« (1920, S. 301). Klar war FREUD auch, daß die sexuelle Orientierung sich nicht von selbst – und schon gar nicht von der Natur her – versteht und daß auch in bezug auf die heterosexuelle Entwicklung vieles im Dunkel liegt: »Im Sinne der Psychoanalyse ist also auch das ausschließliche Interesse des Mannes für das Weib ein der Aufklärung bedürftiges Problem und keine Selbstverständlichkeit ...« (1905, Fußnote 1915).

Wir wissen aus Erhebungen in der Allgemeinbevölkerung, daß Schwule in der Kindheit insofern oft »anders« gewesen seien, als sie sich schon früh und in einem stärkeren Ausmaß als andere Kinder für Kunst und Natur interessiert hätten. Auch im späteren Leben fällt auf, daß Schwule unter kreativen, im künstlerischen Bereich tätigen Menschen einen hohen Anteil ausmachen. Es ist in diesem Zusammenhang auch auf ihre große Sensibilität für religiöse Fragen hinzuweisen, die schon C. G. JUNG (1989a) hervorgehoben hat. Gehen wir von MORGENTHALERS Theorie aus und bringen wir sie in Verbindung mit den psychoanalytischen Kreativitätskonzepten (EHRENZWEIG, 1967; KRIS, 1952; RAUCHFLEISCH, 1986a, 1996b), so eröffnen sich in dieser Hinsicht interessante Perspektiven: Im Prozeß der Kreativität überläßt sich der Künstler unter dem Einfluß einer Regression im Dienste des Ich (KRIS) den aus den Tiefenschichten seiner Persönlichkeit auftauchenden Bildern und reichert sie mit für ihn emotional bedeutsamen Vorstellungen an (KLIGERMAN, 1972). In einem weiteren Schritt des kreativen Prozesses organisiert und strukturiert er diese Bilder dann entsprechend dem inneren künstlerischen Gesamtentwurf und gestaltet sie schließlich in Form des konkreten Kunstwerks.

Dieser hier nur knapp skizzierte Prozeß setzt in hohem Maße die Fähigkeit voraus, die Ich-Grenzen willentlich passager aufzulösen und sich angstfrei den inneren Bildern zu überlassen. Es dürfte einleuchtend sein, daß dazu vor allem jene Menschen befähigt sind, für die nicht in erster Linie die Identitätsbedürfnisse mit dem Erleben scharf abgegrenzter Polaritäten wichtig sind, sondern die, wie die Schwulen, ihre innere Integration vor allem über das Streben nach Autonomie gewährleisten. Gerade weil ein unscharf abgegrenztes Identitätsbewußtsein, wie MORGENTHALER dargelegt hat, von Schwulen als viel weniger irritierend erlebt wird und deshalb für sie weniger angsterregend ist als für heterosexuelle Menschen, sind Schwule wohl schon von Kindheit an kreativen Prozessen gegenüber offener und sind als Erwachsene deshalb, wenn eine entsprechende Begabung hinzukommt, auch eher fähig, im beruflichen Bereich kreativ tätig zu sein.

Die zweite Verständnisschwierigkeit, die insbesondere bei den Überlegungen GISSRAUS auftreten kann, ist anderer Art. Wenn die Autorin von der »Enttäuschung« an der Mutter und von dem Vorwurf gegen den Vater spricht, der sich als »unfähig« erwiesen habe, ein »alternatives, akzeptables Liebesobjekt« zu sein, so drängt sich fast zwangsläufig der Eindruck auf, es gehe um eine pathologische Entwicklung. Dies wäre jedoch ein grobes Mißverständnis, das in keiner Weise den Vorstellungen der Autorin entspricht. Auch GISSRAU sieht wie MORGENTHALER die Ausbildung einer lesbischen Orientierung als eigenständigen, normalpsychologischen Prozeß, der weder dem Muster des späteren heterosexuellen Mädchens noch dem des schwulen Knaben folgt (vgl. LINNHOFF, 1976; v. PACZENSKY, 1973; WOLFF, 1972; ZEUL, 1993). Wenn in ihren Beschreibungen von der als »dominant« erlebten Mutter die Rede ist, von der sich die Tochter in ihren erotischen Wünschen zurückgewiesen fühlt, und von dem besonders enttäuschenden Vater, so sind damit nicht außergewöhnliche, krankhafte Entwicklungen herbeiführende Traumatisierungen gemeint, sondern die alltäglichen Einschränkungen und Versagungen, die das lesbische Mädchen jedoch aufgrund der in den Frühphasen seiner Entwicklung ausgebildeten spezifischen Identität besonders schmerzlich erlebt.

Diesen Aspekt der Enttäuschung am gleichgeschlechtlichen Elternteil, der auf die erotischen Wünsche des Kindes nicht eingeht, stellt der Psychoanalytiker Isay (1990) in den Mittelpunkt seiner Überlegungen. Den wesentlichen Unterschied zwischen Kindern mit einer schwulen und solchen mit einer heterosexuellen Orientierung sieht Isay in dem früh, das heißt oft schon vom etwa vierten Lebensjahr an einsetzenden Gefühl, »anders« zu sein als die Gleichaltrigen. Viele Knaben empfinden sich, wie bereits ausgeführt, als sensibler, verletzbarer, sind stärker interessiert an Kunst, Musik und Natur und meiden aggressive Auseinandersetzungen und rauhe Spiele. Auf umgekehrte Verhältnisse treffen wir bei lesbischen Mädchen: Sie empfinden sich (und werden von Bezugspersonen auch so beschrieben) in der Kindheit häufig als wild und »jungenhaft« und zeigen vorwiegend »Jungeninteressen«, ohne daß man aus diesem Verhalten jedoch den Schluß ziehen dürfte, sie wollten Knaben sein (Brauckmann, 1984; Gissrau, 1989, 1993; Wolff, 1973). Ihre Kern-Geschlechtsidentität ist, wie dargestellt, ebenso weiblich wie die heterosexueller Mädchen.

Im Gespräch mit schwulen Erwachsenen fiel Isay auf, daß viele von ihnen zwar dieses »Anderssein« prägnant beschreiben konnten, sich aber nur äußerst selten an ihre frühesten gleichgeschlechtlichen erotischen Gefühle, Phantasien und Impulse zu erinnern vermochten. Nach Ansicht des Autors dient die deutliche Erinnerung des Andersseins der Verdeckung solcher kindlicher gleichgeschlechtlicher erotischer Phantasien, weil sie den Kindern damals – und rückblickend auch heute noch den Erwachsenen – verwerflich erschienen seien. Letztlich sei es nicht das von anderen Kindern abweichende Verhalten oder das Erleben allgemein, das bei diesen Kindern zum Gefühl des Andersseins geführt habe, sondern die spezifische Erfahrung, daß sich die erotischen Gefühle nicht, wie bei anderen Knaben, auf die Mutter, sondern auf den Vater richteten. Das primäre Sexualobjekt schwuler Knaben sei der Vater. Ähnlich sieht Gissrau die Situation des lesbischen Mädchens, das schon früh (die Autorin spricht von der Zeit ab 18. Lebensmonat) die

Beziehung zur Mutter erotisiere, um auf diese Weise Trennungserlebnisse in der »Wiederannäherungsphase« (MAHLER, 1972) zu bewältigen. Sogenannte »atypische« Verhaltensweisen wie größere Verschlossenheit, Selbstisolierung und starke Emotionalität der Knaben versteht ISAY zum Teil als Reaktionen auf die diese Kinder selber irritierende Abweichung von dem, was andere Knaben erleben, also als sekundäre Phänomene. Zum Teil resultieren diese – von der Umgebung als »feminin« empfundenen – Verhaltensweisen aber auch aus der Ausrichtung des Knaben auf die Mutter, weil er hofft, durch die Entwicklung solcher Persönlichkeitszüge die Liebe und Aufmerksamkeit des Vaters auf sich lenken zu können – ähnlich wie ein heterosexueller Knabe sich die Eigenschaften des Vaters aneignet, um der Mutter zu gefallen.

Das Problem des schwulen Knaben in unserer Gesellschaft sieht ISAY vor allem darin, daß die Väter in vielen Fällen auf die erotischen Gefühle ihrer Söhne und ihre an sie gerichteten Wünsche nach besonderer Nähe nicht angemessen einzugehen vermögen. Der bei Vätern schwuler Söhne häufig zu beobachtende Rückzug ist zum einen dadurch bedingt, daß diese Väter das »Anderssein« ihrer Kinder nicht akzeptieren können. Zum anderen verhalten sich die Väter oft ablehnend, weil durch die Versuche der Söhne, sich emotional eng an sie zu binden, in den Vätern eigene latente, bei sich selber abgelehnte homoerotische Wünsche angesprochen werden. Analoge Probleme bestehen nach GISSRAU in der Beziehung zwischen dem lesbischen Mädchen und seiner Mutter, wenn diese sich ebenfalls den erotischen Beziehungswünschen der Tochter gegenüber abweisend verhält.

Der schwule Knabe erlebt das distanzierte Verhalten des Vaters als Zurückweisung und entwickelt daraufhin ein geringes Selbstwertgefühl und das Gefühl von Unzulänglichkeit. ISAY sieht in einem solchen Rückzug des Vaters eine wesentliche Ursache für die Schwierigkeit, die manche erwachsene schwule Männer nach seiner Beobachtung damit haben, liebevolle und auf Vertrauen basierende Beziehungen zu anderen Männern einzugehen. Für die Entwicklung einer ungestörten schwulen (und gleiches gilt für die lesbischen) Liebes- und Beziehungsfähigkeit hält es ISAY für unerläßlich, daß die verborgenen, verdrängten oder verleugneten erotischen Gefühle, welche der schwule Mann in seiner Kindheit dem Vater gegenüber empfunden hat, ihm bewußt gemacht werden und er sie akzeptiert.

Während die Beziehungen zum Vater nach ISAY häufig dem beschriebenen Muster folgen, erscheint dem Autor die Beziehung, welche der schwule Knabe zur Mutter unterhält, viel weniger einheitlich. Neben ausgesprochen feindseligen Beziehungen finden sich häufig auch lebenslang enge positive Beziehungen. Mitunter kommt es auch zu Neid- und Konkurrenzgefühlen, resultierend aus der Rivalität zwischen Mutter und Sohn um die Aufmerksamkeit und Zuwendung des Vaters. Oft existiert im späteren Leben aber auch eine unterschwellige Verbundenheit mit Frauen, so wie sie in der Kindheit zwischen Mutter und Sohn bestanden hat. Auch das fälschlicherweise als »feminin« und »burschikos« geschilderte Verhalten von Schwulen und Lesben erhält mit dem Konzept von ISAY eine logische Begründung.

Die dritte Weichenstellung, die in der Entwicklung zur lesbischen, schwulen, bisexuellen oder heterosexuellen Orientierung von Bedeutung ist, erstreckt sich von der *Adoleszenz* bis in das *Erwachsenenalter:* Hier geht es um die Frage, inwieweit es dem Menschen gelingt, das verinnerlichte Bild der eigenen Person mit der gesellschaftlichen Realität zu vereinbaren. Dies ist im Falle der gesellschaftlich akzeptieren und deshalb für »normal« gehaltenen Heterosexualität nicht weiter problematisch. Im Falle der lesbischen, schwulen und bisexuellen Entwicklungen liegt hier jedoch eine ungleich schwierigere Aufgabe.

Im Rahmen des »*Coming out*« ist ein Prozeß zu durchlaufen, in dem die Lesbe und der Schwule sich selber in ihrer/seiner spezifischen Identität erkennt und sich in einer vielfach diskriminierenden Gesellschaft zu erkennen gibt. Dieser Schritt stellt nicht zuletzt deshalb große Anforderungen, weil Lesben und Schwule sich einerseits zwar mit den gesellschaftlich vorgezeichneten Verhaltensmustern identifizieren, andererseits aber ihre Partnerwahl und ihr Liebesleben in einer Form gestalten, die im Gegensatz zu den Verhaltensnormen der Umgebung steht. Während das heterosexuelle Kind mit seiner sich zunehmend differenzierenden und sich in den sozialen Beziehungen entfaltenden sexuellen Ausrichtung in einer Umwelt heranwächst, die es so erwartet, wie es sich fühlt und selbst sieht, fehlt den lesbischen, schwulen und bisexuellen Kindern diese Bejahung und Bestätigung durch die Umgebung. Sie müssen damit auf etwas verzichten, das für ihr Selbstwertgefühl und für die weitere Konsolidierung ihrer Identitätsgefühle von großer Bedeutung wäre. Stattdessen empfinden sie sich in etlicher Hinsicht »anders« als ihre Gleichaltrigen, werden vielfach nicht akzeptiert und sind im Hinblick auf wichtige Aspekte ihrer Entwicklung vom Dialog mit den meisten anderen Kindern ausgeschlossen. Nicht selten sind sie auch Ziel von Spott und Verachtung. Soll es zu einem stabilen Selbstwertgefühl und zur Entfaltung einer positiv erlebten schwulen, lesbischen und bisexuellen Identität kommen, so ist von zentraler Bedeutung, daß der Prozeß des coming out konstruktiv durchlaufen wird. Auf die verschiedenen Phasen des coming out und die dabei sich ergebenden Probleme werde ich ausführlich in Kapitel IV eingehen.

Bei einer idealtypischen Schilderungen der »lesbischen«, »schwulen«, »bisexuellen« und »heterosexuellen« Entwicklung, wie ich sie hier vorgenommen habe, ist zu berücksichtigen, daß sie insofern leicht einen falschen Eindruck vermittelt, als die genannten Orientierungen wie eindeutig voneinander abgrenzbare, einander ausschließende Identitäten und Verhaltensmuster erscheinen könnten. Dies wäre indes aus zweierlei Gründen falsch:

Zum einen finden wir trotz der relativen Stabilität der lesbischen, schwulen, bisexuellen und heterosexuellen Orientierung eine letztlich *unüberschaubare Vielfalt von »Mischungsverhältnissen«*. Wie die skizzierten Entwicklungstheorien zeigen, wäre es eine allzu eingeengte Sicht, wenn wir lediglich das manifeste Verhalten berücksichtigten und zum Kriterium der sexuellen Orientierung machen wollten. Ich habe bei der Diskussion der Geschlechtsidentität darauf hingewiesen, daß dieser Vorstellungskomplex sich aus mindestens drei »Bausteinen« zusammensetzt: aus der Kern-Geschlechtsidentität, der Geschlechtsrolle (bzw. den Vorstellungen davon) und der Geschlechtspartner-Orientierung. Außerdem müssen wir zwischen verschiedenen Dimensionen unterscheiden, deren Zusammenwirken erst die spezifische sexuelle Orientierung eines Menschen ausmacht. So sind nach FRIEDMAN (1988) die erotischen Phantasien, die sexuelle Aktivität mit anderen Menschen, die Selbstdefinition und die soziale Rolle zu berücksichtigen. KLEIN und Mitarbeiter (1985) haben in einem von KLEIN entwickelten Fragebogen zur Erfassung der sexuellen Orientierung (Klein Sexual Orientation Grid, KSOG) die folgenden sieben Dimensionen unterschieden: sexuelle Attraktion, sexuelles Verhalten, sexuelle Phantasien, emotionale Präferenz, soziale Präferenz, Selbstidentifikation und heterosexueller/homosexueller Lebensstil. Die Selbsteinschätzung wird auf einer siebenstufiger Skala (von »ausschließlich auf das andere Geschlecht gerichtet« bis »ausschließlich auf das eigene Geschlecht gerichtet«) vorgenommen, und zwar, getrennt voneinander, für die Vergangenheit, für die Gegenwart und im Hinblick auf einen Idealzustand. Berücksichtigen wir alle diese Faktoren, so wird ersichtlich, daß es letztlich eine nicht zu rechtfertigende Vereinfachung der komplizierten Verhältnisse ist, wenn wir von »Homosexualität«, »Bisexualität« und »Heterosexualität« sprechen. Wir können diese Begriffe allenfalls als Kurzformeln verwenden. Dabei müssen wir uns aber stets darüber klar sein, daß es keine voneinander eindeutig abgrenzbaren, einander ausschließende Entitäten, sondern lediglich Kristallisationspunkte in einer großen Variabilität von Entwicklungsmöglichkeiten sind.

Zum anderen müssen wir berücksichtigen, daß – abgesehen von der nach dem zweiten Lebensjahr nicht mehr veränderbaren Kern-Geschlechtsidentität – die anderen Komponenten, welche die Selbstdefinition, die erotisch-sexuellen Phantasien, die Geschlechtsrollen-Vorstellungen, die Geschlechtspartner-Orientierung und das manifeste Partnerverhalten betreffen, wie alle anderen Bereiche der menschlichen Persönlichkeit auch *einen lebenslangen Entwicklungsprozeß durchlaufen.*

Damit ist allerdings nicht gemeint – und ich möchte diesen Aspekt angesichts der unheilvollen Folgen sogenannter »Therapie«-Versuche noch einmal ausdrücklich betonen –, daß eine einmal ausgebildete sexuelle Orientierung ohne weiteres wieder veränderbar ist. Auch wenn sich die Geschlechtsidentität

aus verschiedenen Komponenten mit je eigener Entwicklungsgeschichte zusammensetzt, können wir nicht von einer lebenslang bestehenden totalen Offenheit und Veränderbarkeit der
sexuellen Orientierung ausgehen. Wie die skizzierten Entwicklungstheorien zeigen, bilden sich aufgrund hereditärer Bedingungen und frühkindlicher Beziehungserfahrungen schon früh
Kristallisationskerne der Geschlechtsidentität, welche die späteren sozialen Erfahrungen der Kinder und Jugendlichen in
einer ganz spezifischen Weise strukturieren. Dabei werden vor
allem die Elemente aufgenommen und in je individueller, ganz
spezifischer Weise den inneren Entwürfen zugeordnet, die den
bereits vorgebildeten Orientierungsdispositionen entsprechen.
Insofern ist es berechtigt, auch im Hinblick auf die sexuelle
Orientierung zwar von einer prinzipieller Weltoffenheit des
Menschen zu sprechen, dies aber unter Berücksichtigung der
Tatsache, daß der Mensch aus Gründen der inneren und äußeren Stabilität gezwungen ist, schon früh im Verlauf seines
Lebens psychische Strukturen auszubilden, die ihm als relativ
unveränderbare Koordinaten Sicherheit bieten.

IV

Coming out.
Das Gewahrwerden der Identität und
Finden eines eigenen Lebensstils

Der Entwicklungsprozeß des coming out umfaßt auf der einen
Seite einen *innerpsychischen Vorgang*, nämlich das Gewahrwer-
den und die schließliche Gewißheit, lesbisch, schwul oder
bisexuell und nicht heterosexuell zu sein, und auf der anderen
Seite eine *soziale Dimension*, bei der es um den Weg geht, sich
entsprechend der sexuellen Orientierung zunehmend auch in
der Öffentlichkeit zu präsentieren und einen eigenen Lebensstil zu finden. Obwohl es zwei verschiedenen Dimensionen
sind, lassen sie sich nicht voneinander trennen. Sie hängen eng
miteinander zusammen und bedingen einander. Einerseits ist
die Gewißheit, lesbisch, schwul oder bisexuell zu sein, Voraussetzung dafür, auch in der Öffentlichkeit dementsprechend
aufzutreten. Andererseits aber verfestigt sich die sexuelle
Identität auch wiederum durch eine bewußt gestaltete Lebensform. Außerdem ist zu berücksichtigen, daß das coming out
nicht linear verläuft, sondern einen zirkulären Prozeß (im Sinne
des »feed-back-loop model«, DE MONTEFLORES et al., 1978) darstellt, bei dem individuelle Faktoren und soziale Erfahrungen
in enger Wechselwirkung miteinander stehen.

Zum Verständnis des coming out sind verschiedene Konzepte
entwickelt worden, die jedoch alle den *prozeßhaften* Charakter
betonen. Je nach den verwendeten Persönlichkeitsmodellen
werden lerntheoretische Aspekte, die Auseinandersetzung mit
den sozialen Normen und ihren Einflüssen auf das Selbstbild
und das manifeste Verhalten sowie Fragen der Identitätsent-
wicklung thematisiert (CASS, 1979; COLEMAN, 1982; COLGAN,

1987; DANK, 1971; DE MONTEFLORES et al., 1978; HENCKEN et al., 1977; LEE, 1977; MCDONALD, 1982; MINTON et al., 1984; PLUMMER, 1975; SCHAFER, 1976; SIMON, 1995; TERSON DE PALEVILLE, 1987; TROIDEN, 1979; den Versuch einer Integration von psychoanalytischer Ich-Psychologie, kognitiver Entwicklungspsychologie, symbolischer Interaktionstheorie und dem ERIKSONschen Identitätskonzept haben MINTON et al., 1984, unternommen).

Im allgemeinen unterscheidet man im Prozeß des coming out fünf Phasen (COLEMAN, 1982), die je spezifische Erfahrungen – und dabei unter Umständen auch die Möglichkeit von Störungen – in bezug auf die eigene Person und die Interaktion mit der näheren und weiteren Umgebung beinhalten: die *Prä-coming-out-Phase*, das eigentliche *coming out*, die *explorative Phase*, das *Eingehen erster Beziehungen* und die *Integrationsphase* (die Paarbeziehung). Diese idealtypische Phasenabfolge entspricht im großen und ganzen dem Prozeß, den wir auch bei heterosexuellen Menschen beobachten können. In einzelnen Phasen jedoch finden sich Besonderheiten, die in dieser Form für die Situation lesbischer, schwuler und bisexueller Menschen charakteristisch sind. Ich werde im folgenden die genannten fünf Phasen ausführlicher darstellen und dabei jeweils auch auf die spezifischen »Gefahren« hinweisen, die sich aus Störungen in diesen Stadien ergeben können.

Die Prä-coming-out-Phase

Diese Phase umfaßt die Zeit von der Geburt bis zu dem Moment, in dem ein Mädchen oder ein Knabe sein »Anders-Sein« bewußt wahrnimmt. An dieser Stelle sei noch einmal darauf hingewiesen, daß dieses Gefühl, »anders« als die anderen Kinder zu sein, je nach dem Verhalten der Umgebung (in erster Linie natürlich der nächsten Bezugspersonen, der Eltern) unterschiedlich erlebt werden kann. Dementsprechend finden wir auch ganz verschiedenartige Ausgänge der Prä-coming-out-Phase, was wiederum einen erheblichen Einfluß darauf ausübt, wie die folgenden Entwicklungsstadien durchlaufen werden. So zeigte sich beispielsweise in einer Untersuchung von BLOCK (1973), daß sozial gut adapierte schwule Männer Eltern gehabt hatten, die selbst gut mit ihren Bedürfnissen nach Abgrenzung und Zuwendung zu anderen Menschen umgehen konnten und eine gewisse Offenheit für unkonventionelle geschlechtsspezifische Verhaltensweisen erkennen ließen. Es liegt auf der Hand, daß solche Eltern viel unbefangener mit dem »Anders-Sein« ihrer Kinder umgehen können und den Kindern dadurch viel mehr Raum lassen, sich selbst so zu erleben und auch sozial so zu definieren, wie sie sich tatsächlich fühlen. Von anderen Kindern muß man hingegen tatsächlich, wie MCNEILL (1993, S. 168) es ausdrückt, als von »verwaist« Aufwachsenden sprechen, die schon früh in schmerzlicher Weise ihre »Entfremdung von der Familie« spüren.

In jedem Fall stellt diese Entwicklungsphase für die Eltern wie für die Kinder und Jugendlichen insofern eine mitunter schwierige Zeit dar, als von beiden anzuerkennen ist, daß nicht die wie selbstverständlich erwartete heterosexuelle Orientierung besteht, sondern daß eine schwule, lesbische oder bisexuelle Identität die Selbstwahrnehmung und die Gestaltung der sozialen Beziehungen bestimmt. Es geht in dieser Phase darum anzuerkennen, daß Verhaltens- und Erlebensweisen, die üblicherweise »typisch männlich« und »typisch weiblich« genannt werden, für diese Kinder keine Gültigkeit besitzen. Die Tatsache, daß Knaben nicht die weithin von ihnen erwartete Freude an körperlichen Auseinandersetzungen und sportlichen Wettkämpfen zeigen, sondern musische Interessen aufweisen, wird bei einer positiven Eltern-Kind-Beziehung nicht als »Fehlen« eines sozial wichtigen Merkmals oder gar als »Versagen« in der geschlechtsspezifischen Sozialisation empfunden (mit den entsprechenden Schuldgefühlen bei Eltern und Kind), sondern als ein *gleichwertiges Anders-Sein*. Es ist gewiß nicht ganz einfach für eine Familie, sich von den gesellschaftlich als »normal« definierten – und damit als verbindlich erklärten – Rollenvorstellungen zu befreien. Doch ist ein solcher Prozeß, der für Eltern wie Kind befreiend ist und ihre innerfamiliären Beziehungen stärkt und entspannt, durchaus möglich, wie Berichte von weitgehend konfliktlos verlaufenen Entwicklungen in eindrücklicher Weise zeigen (RAUCHFLEISCH, in Vorb.).

Gerade wenn Eltern und Kinder verunsichert sind, können

wir als Professionelle aus den verschiedensten Bereichen (Kindergärtnerinnen, Lehrerinnen und Lehrer, Ärztinnen und Ärzte, Psychologinnen und Psychologen usw.) einen wichtigen Beitrag dazu leisten, daß bereits in der Prä-coming-out-Phase eine positive Entwicklung eingeleitet wird und es nicht zu unnötigen Belastungen, unter Umständen sogar zu psychischen Störungen bei Eltern und Kind kommt. Viel an Leid, Scham und Schuldgefühlen kann vermieden werden, wenn Eltern frühzeitig darüber informiert werden, daß lesbische, schwule und bisexuelle Entwicklungen nichts mit »Krankheit« zu tun haben und nicht an moralischen Kriterien gemessen werden dürfen, sondern daß es zwar »andersartige«, aber völlig gesunde Orientierungen sind. Das Verhältnis zwischen Eltern und Kind ist von vornherein wesentlich entspannter, wenn die Eltern sich nicht den absurden Vorwurf machen, sie seien wegen irgendwelcher Erziehungsfehler »schuld« an der »abweichenden« sexuellen Orientierung ihrer Kinder. Man kann nach allen uns heute aus den Humanwissenschaften vorliegenden Befunden sicher nicht sagen, die Eltern hätten »etwas falsch gemacht« und hätten auf diese Weise die Entwicklung der sexuellen Orientierung in eine bestimmte Richtung gelenkt. Außerdem käme ein kritisches Hinterfragen der allzu starren Geschlechtsrollen letztlich auch heterosexuellen Kindern zugute und könnte dazu führen, daß ganz allgemein in unserer Gesellschaft Männer und Frauen verständnisvoller miteinander umgingen.

Wir müssen uns darüber klar sein, daß gerade durch Äußerungen sogenannter »Fachleute« unendlich viel Leid in Familien gebracht wird und daß schwere Fehlentwicklungen (bei Kindern wie Eltern) durch angeblich »fachliche« Stellungnahmen und Beratungen ausgelöst werden können. Schon der Hinweis darauf, das »gebe sich« mit der Zeit schon wieder, erst recht aber der Vorschlag, das »weibliche« Verhalten dem Knaben respektive das »männliche« dem Mädchen »abzugewöhnen«, und andere ähnliche »Erziehungsratschläge«, die auf eine Veränderung der Identität hinzielen, können verheerende Folgen haben, geht es dabei doch um die Ablehnung des Kerns der Persönlichkeit.

Diesen Kern nicht wahrnehmen zu wollen, beziehungsweise der Versuch, ihn mit allen zur Verfügung stehenden Mitteln zu ändern, hat in verschiedener Hinsicht schlimme Folgen: Ein solches das Kind zurückweisendes Verhalten seitens der Eltern und der weiteren Umgebung führt dazu, daß das lesbische Mädchen, der schwule Knabe und das bisexuelle Kind sich sozial weitgehend zurückziehen und selbst im innerfamiliären Kreis, auf den sie doch in ihrer weiteren Entwicklung in starkem Maße angewiesen sind, keine Unterstützung in der zentralen Frage ihres Selbstverständnisses finden. Damit wird der ganze für die Persönlichkeitsentwicklung so wichtige Bereich der Identitätsfindung und -definition dem Dialog entzogen, und den Kindern wird gerade das vorenthalten, was sie zur Selbstwerdung dringend benötigen, nämlich die Möglichkeit, sich im Austausch mit den Eltern als Individuen mit einer ganz spezifischen, von der Umgebung akzeptierten Identität (sei diese heterosexuell, bisexuell, lesbisch oder schwul) zu erleben und in dieser Entwicklung bestärkt zu werden. Schließlich führt die Ablehnung der sexuellen Orientierung durch die Eltern und die weitere Umgebung auch dazu, daß den Kindern in der Prä-coming-out-Phase ausschließlich negativ geprägte Bilder ihrer Orientierung vor Augen gestellt werden und sie diese dann verinnerlichen (vgl. MALYON, 1981). Wir kennen eine solche Übernahme des negativen Fremdbildes in das Selbstkonzept aus verschiedenen Bereichen des sozialen Lebens und wissen, welche verhängnisvollen Konsequenzen daraus für die Betreffenden selbst und ihre Bezugspersonen resultieren. Es kommt aufgrund der verinnerlichten Entwertung der eigenen Person ja nicht nur zu massiven Diskriminierungen anderer Menschen, welche die gleichen Merkmale wie der Betreffende selbst aufweisen, sondern es bestehen in einer solchen Persönlichkeit vielmehr auch schwerste Selbstvorwürfe und Selbsthaß, da ein solcher Mensch sich in einer zentralen Dimension seiner selbst ablehnt und sich damit in seinen Entwicklungsmöglichkeiten erheblich beschneidet.

Das eigentliche »coming out«

Diese Phase zeichnet sich durch die Gewißheit aus, eine lesbische, schwule oder bisexuelle und damit keine heterosexuelle Orientierung zu besitzen und sich dementsprechend zu Partnerinnen und Partnern des gleichen Geschlechts hingezogen zu fühlen. Diese Erkenntnis stellt den ersten Schritt auf dem Weg in die Öffentlichkeit dar. Auch wenn die eigene Orientierung inzwischen zur Gewißheit geworden ist, bestehen doch nach wie vor Gefühle von Ungewißheit, Zweifel und Unsicherheit. Zentrale Fragen, die lesbische, schwule und bisexuelle junge Menschen in dieser Zeit bewegen, sind vor allem die, wem sie sich zuerst eröffnen und wie weit der Kreis der Menschen gezogen werden soll, die sie über ihre Orientierung informieren wollen. Die Antwort auf diese Fragen hängt von verschiedenen Faktoren ab: In erster Linie wird sie durch die Erfahrungen der früheren Entwicklungsphasen bestimmt, insbesondere durch die Offenheit der Eltern auch für Verhaltensweisen, die von der sozialen Norm abweichen. Von ausschlaggebender Bedeutung ist dabei natürlich auch die Art der Eltern-Kind-Beziehung, vor allem der Grad des zwischen ihnen bestehenden Vertrauens. Das konkrete Verhalten angesichts der Frage, wem die jungen Menschen sich eröffnen, hängt zum anderen aber auch von ihrem aktuellen Umfeld ab. Sie befinden sich verständlicherweise in einer völlig anderen Situation, je nachdem ob sie sich vornehmlich in einem konservativen, stark auf sozialkonformes Verhalten ausgerichteten Milieu bewegen, oder ob ihr Bezugsfeld im beruflichen wie im privaten Bereich sich durch relativ große Toleranz auszeichnet.

Aus diesen Hinweisen läßt sich bereits ersehen, daß es unmöglich ist, allgemeingültige Empfehlungen zu geben. Wenn eine vertrauensvolle, von gegenseitiger Toleranz geprägte Eltern-Kind-Beziehung besteht, liegt es zweifellos nahe, daß die jungen Lesben und Schwulen zunächst im Familienkreis mit Eltern und Geschwistern über ihre Orientierung und die sich daraus ergebende Lebensgestaltung sprechen. Es ist insofern ein günstiger Beginn, als alle weiteren Schritte in die Öffentlichkeit dann von einer gesicherten familiären Position ausgehen können. Bei weniger belastungsfähigen Eltern-Kind-Beziehungen ist es hingegen oft besser, wenn die Jugendlichen und jungen Erwachsenen sich über ihre Orientierung zunächst im Kreis von Freundinnen und Freunden äußern und von dieser Gruppe Unterstützung erhalten (vorausgesetzt, sie besitzen eine tolerante Bezugsgruppe). Ein solcher Rückhalt kann ihnen dann das Gespräch mit den Eltern erleichtern.

In diesem Zusammenhang erscheinen mir die Vorschläge sinnvoll, die BETTY FAIRCHILD (1979), selbst Mutter eines schwulen Sohnes, Heranwachsenden gibt, die sich ihren Eltern eröffnen möchten (ich zitiere sie in der deutschen Übersetzung von W. MÜLLER, 1988):

»1. Ob ein solches Gespräch gelingt, wird auch davon abhängen, wie du dich selbst fühlst, homosexuell zu sein. Hast du eine positive Einstellung dazu, dann wird dir das helfen.

2. Wichtig ist der Zeitpunkt. Es sollte eine Zeit sein, in der insgesamt in der Familie die Dinge gut laufen. Zumindest sollte es nicht ein Zeitpunkt sein, der durch Hektik und sonstige Aufregungen belastet ist.

3. Platze damit nicht einfach heraus, zum Beispiel während einer Auseinandersetzung.

4. Für manche mag es leichter sein, zunächst nur einen Elternteil zu informieren.

5. Sag vor der Eröffnung den Eltern, daß du sie gerne hast und sie dir sehr viel bedeuten.

6. Rechne damit, daß die Eröffnung, homosexuell zu sein, bei den Eltern Betroffenheit und möglicherweise auch Ärger und Wut auslöst. Versuche, soweit es möglich ist, auch eine solche Reaktion zuzulassen und nicht ebenfalls mit Ärger zu reagieren.

7. Versuche den Eltern klarzumachen, daß man mit der homosexuellen Orientierung der gleiche Mensch geblieben ist, der man vorher war und man weiterhin mit ihrer Liebe rechnet.

8. Schau, daß die Kommunikation nicht abbricht. Laß den Eltern die Zeit, die sie brauchen, sich auf die neue Situation einzustellen – vermutlich haben sie auch kein genaues Bild über das, was es heißt, homosexuell zu sein.

9. Lies Bücher über Homosexualität und gib sie auch den Eltern.

10. Sind die Eltern nicht in der Lage, vernünftig mit der Angelegenheit umzugehen, zwinge sie nicht dazu. Gib nicht an mit deinen Freunden. Haben die Eltern aber den Wunsch, sie kennenzulernen, dann versuche das zu ermöglichen.

Ein besonderer Hinweis: Denke daran, wie lange du gebraucht

hast, bis du mit deiner sexuellen Präferenz zurechtgekommen bist; wie lange es dauerte, bis du mit deinen Eltern darüber sprechen konntest. Wenn nun deine Eltern momentan offensichtlich dich nicht ›verstehen‹, auch wenn du ihnen alles sehr ›klar‹ erklärt hast, dann lasse ihnen die Zeit, die sie brauchen, um all die neuen Informationen zu verarbeiten.«

Den Eltern empfiehlt Betty Fairchild, möglichst wie folgt zu reagieren (wieder in der deutschen Übersetzung von W. Müller, 1988):

»1. Zuallererst: Laß deinen Sohn, deine Tochter, wissen, daß du sie nach wie vor liebst.

2. Sei dir bewußt, daß es deinem Kind nicht leicht gefallen ist, darüber zu sprechen, und daß es dir etwas Wichtiges mitgeteilt hat. Versuche es wirklich zu verstehen.

3. Versuche herauszufinden, wie dein Kind sich fühlt, und was es für dein Kind heißt, homosexuell zu sein.

4. Gerate nicht in Panik. Egal wie stark du betroffen bist, versuche bei deiner Reaktion, so gut du es kannst, zurückhaltend zu sein. Wenn du offen und ehrlich über das sprechen kannst, was du fühlst, dann wird es dir und deinem Kind helfen. Zum Beispiel:
›Ich muß zugeben, daß mich diese Mitteilung sehr betroffen macht. Doch ich bin bereit, in den nächsten Tagen wieder mit dir darüber zu sprechen.‹
Oder:
›Das zu hören ist nicht leicht für mich und, ehrlich gesagt, ich bin schockiert. Doch ich bin auch froh, daß du es mir gesagt hast.‹

5. Glaube nicht, daß die Sache mit einem ersten Gespräch abgeschlossen ist! Dein Kind wird wieder mit dir darüber sprechen wollen, wenn du dazu bereit bist.

6. Sei bereit, die Freunde deines Kindes zu treffen. Für dein Kind wird das wichtig sein. Du selbst aber magst angenehm überrascht sein, wenn du sie kennenlernst. Ganz nebenbei gesagt: Auch diese jungen Freunde brauchen einfühlende Eltern, mit denen sie sprechen können.

7. Frag dein Kind nach einigen guten Büchern über Homosexualität. Lies sie auch.

8. Gibt es andere in der Familie, die darüber informiert werden sollten, und ist das deine Aufgabe; laß dir Zeit, bis du die neue Situation verkraftet hast. (Du wirst sie verkraften.)

9. Führe nicht jedes kleine Ärgernis, das du mit dem Kind auszustehen hast, darauf zurück, daß es homosexuell ist. Beargwöhne

nicht jede Bewegung deines Kindes. Dein Kind sollte die bisher gewohnte Freiheit und Privatheit haben.

10. Wenn du dein Kind in den Arm zu nehmen pflegst, dann mach es jetzt besonders häufig. Laß dein homosexuelles Kind spüren, daß deine Liebe zu ihm sich nicht geändert hat oder gar verschwunden ist.«

Wie diese Hinweise zeigen, kann, die prinzipielle Gesprächsbereitschaft vorausgesetzt, in Familien durchaus ein konstruktiver Dialog zwischen Eltern und schwulen, lesbischen und bisexuellen Kindern geführt werden. Es kommt dabei vor allem auf das gegenseitige Hinhören, auf eine grundsätzliche gegenseitige Akzeptanz (auch bei im ersten Moment vielleicht überschießenden Gefühlsreaktionen und großer Betroffenheit auf der einen oder anderen Seite) und nicht zuletzt auch auf Geduld an. Wie BETTY FAIRCHILD mit Recht betont, ist für Jugendliche selber der Weg bis zur Gewißheit lesbisch, schwul oder bisexuell zu sein, und sich mit dieser Orientierung der Umwelt zu präsentieren, ein Prozeß, der Zeit benötigt. Und ebenso ist es ein prozeßhaftes Geschehen, in dem sich Eltern befinden, wenn sie sich damit auseinandersetzen, daß ihr Kind lesbisch, schwul oder bisexuell ist. Eltern und Kind durchlaufen insofern eine ganz ähnliche Entwicklung, die von der Unsicherheit über die subjektive Gewißheit und die Akzeptanz bis zur offenen, der sexuellen Orientierung ensprechenden Lebensgestaltung reicht.

Ein in dieser Hinsicht befreiendes Buch ist der autobiographische Bericht von DORIT ZINN (1992) »Mein Sohn liebt Männer«. In subtiler Weise schildert die Autorin den Prozeß, den sie zusammen mit ihrer Familie durchläuft, nachdem ihr Sohn ihr eröffnet hat: »Du, Dorit, ich bin schwul«. Ängste, Schuldgefühle, Selbstzweifel wechseln ab mit Konflikten, Depressionen, aber auch mit inniger Zuneigung und Stolz auf den Sohn, der, unterstützt von seinen Eltern und seinem Bruder, unbeirrt seinen Weg geht. Mit großer Offenheit berichtet DORIT ZINN auch von den emotionalen Schwierigkeiten, die sie trotz ihrer prinzipiellen Bereitschaft, den schwulen Lebensstil ihres Sohnes zu akzeptieren, immer wieder bei sich wahrnimmt, und sie zeigt auf, wie die Auseinandersetzung mit dem Sohn sie zu einer Konfrontation mit der eigenen Lebensgeschichte zwingt, vor allem auch mit der eigenen Sexualität. Dabei zeigt dieses gerade auch verunsicherten Eltern Mut machende Buch, daß im *gemeinsamen coming out* alle Familienmitglieder einen Reifungsprozeß durchlaufen und, jede/jeder auf ihre/seine Weise, wichtige Schritte auf dem Wege der Selbstverwirklichung gehen, so daß das Fazit dieses erfrischenden Berichts heißt: »Wir haben einen schwulen Sohn. Na und?« (S. 92).

Wichtig sind in dieser Zeit unter Umständen auch professionelle Beratungsangebote. Ich meine »professionell« hier in einem weiten Sinne und zähle dazu neben den Fachleuten psychologischer und psychiatrischer Provenienz und den Mitarbeitern der verschiedenen sozialen Beratungsstellen auch die Angebote der lokalen Homosexuellen-Arbeitsgruppen sowie der Vereinigung »Homosexuelle und Kirche« (HuK) und anderer Selbsthilfeorganisationen. Die Phase des eigentlichen coming out ist für die jungen Lesben, Schwulen und Bisexuellen oft schwierig, und es ist deshalb wichtig, daß sie bei ihren ersten Schritten in die Öffentlichkeit fachgerecht begleitet und beraten werden. Denn viel hängt für die weitere Entwicklung davon ab, daß diese Schritte ohne größere Störungen erfolgen und für die Heranwachsenden selbst, aber auch für ihre Bezugspersonen, ohne tiefe Verletzungen und Enttäuschungen vor sich gehen. Oft reicht es bereits aus, daß die oder der Jugendliche sich einem Menschen eröffnen, die eigenen Gefühle, Hoffnungen und Ängste formulieren und sich dadurch selbst darüber klar werden kann, wie sie oder er den Weg in die Öffentlichkeit gestalten will.

Mitunter kann es in diesem Prozeß wichtig sein, daß die Heranwachsenden zunächst mit professionellen Beraterinnen und Beratern Kontakt aufnehmen und ihre Situation besprechen. Sie können auf diese Weise mit Menschen, die emotional nicht so eng mit ihnen verbunden sind wie die Familienangehörigen, ihre Gefühle und Verhaltensweisen klären und ihre Vorstellung, lesbisch, schwul oder bisexuell zu sein, festigen oder aber erkennen, daß ihr bisheriger Eindruck nicht ihrer wahren Orientierung entspricht. Auf jeden Fall bedarf es dabei von seiten der Beraterinnen und Berater eines sehr subtilen Vorgehens, bei dem insbesondere jeder in irgendeine Richtung gehende Druck moralischer, weltanschaulicher oder sonstiger Art und jegliche suggestive Einflußnahme unbedingt vermieden werden müssen. Die Berater sollten sich mit ihrem Fachwissen und mit einer unvoreingenommenen Haltung den Heranwachsenden als Gegenüber zur Verfügung stellen und es den Ratsuchenden ermöglichen, im Dialog mit ihnen sich selbst zu finden, sich zu artikulieren und sich zu akzeptieren, ganz im Sinne des Satzes des großen Religionsphilosophen MARTIN BUBER: »... Ich werde am Du; Ich werdend spreche ich Du. Alles wirkliche Leben ist Begegnung« (1936).

Gerade weil die ersten Schritte auf dem Weg in die Öffentlichkeit so wichtig sind, kommt es darauf an, daß den Lesben, Schwulen und Bisexuellen im Adoleszentenalter von seiten der Fachleute nicht noch zusätzliche Kränkungen und Traumatisierungen zugefügt werden. Das heißt: Die in Beratungsstellen, Kliniken und privaten Praxen Tätigen sollten sich umfassend über den neuesten Erkenntnisstand zum Thema »Homosexualität« informieren und allenfalls bestehende eigene Vorurteile selbstkritisch reflektieren. Nur so kann es ihnen gelingen, lesbische, schwule und bisexuelle Menschen ebenso wie ihre Angehörigen im Prozeß des coming out fachlich fundiert und menschlich einfühlsam zu begleiten.

Worauf kommt es in dieser Entwicklungsphase vor allem an? Im Grunde sehen sich Lesben, Schwule und Bisexuelle vor die gleichen Aufgaben gestellt wie heterosexuelle Menschen ihres Alters auch: Es geht um die Festigung und Differenzierung der Selbstbilder, um die Ablösung von der Herkunftsfamilie mit den sie begleitenden innerpsychischen Umstrukturierungen, um den Aufbau eines eigenen Freundes- und Bekanntenkreises, um das Eingehen erster sexueller Beziehungen sowie um Entscheidungen hinsichtlich der späteren beruflichen Tätigkeit und um die damit zusammenhängenden Lebensentwürfe. Im Hinblick auf diese allgemeinen Reifungsschritte bestehen keine wesentlichen Unterschiede zwischen den Jugendlichen und jungen Erwachsenen jedweder sexueller Orientierung. Ziel der Entwicklung ist es, eine Autonomie zu erlangen, die unter anderem die Fähigkeiten beinhaltet, in Beziehungen Nähe und Distanz in einem beide Partner befriedigenden Maß zu regulieren, Hingabe und Selbstbewahrung in einem ausgewogenen Gleichgewicht zu halten und in der Beziehung zu reifen.

Lesben, Schwule und Bisexuelle befinden sich jedoch insofern in einer besonderen Lage, als ihre innere Orientierung und das daraus resultierende Verhalten nicht mit den Normen und Verhaltensmaximen übereinstimmt, die von der Majorität gelebt und propagiert werden. Sie können sich deshalb gerade in der Phase des coming out nicht in dem Maße wie heterosexuelle junge Erwachsene an Vorbildern orientieren, die sie tagtäglich um sich herum erleben. Lesben und Schwule spüren zwar früh ihr »Anders-Sein«, bleiben mit diesen Gefühlen aber weitgehend in einem sozialen Vakuum, da ihnen keine Identifikationsmodelle zur Verfügung stehen. Das einzige, was sie über »Homosexuelle« hören und lesen, sind im allgemeinen negative Charakterisierungen, entwertende, diskriminierende Äußerungen, so daß es ihnen an positiven Leitbildern bezüglich der Persönlichkeit und der Lebensgestaltung lesbischer, schwuler und bisexueller Erwachsener weitgehend fehlt. Besonders verhängnisvoll ist es, daß nicht wenige Lesben und Schwule die ihnen von der Außenwelt vermittelten negativen Aspekte in ihr Selbstbild übernehmen und deshalb ihre sexuelle Orientierung nicht als etwas »Selbstverständliches«, für sie »Richtiges« und »Gutes« erleben können, sondern von Selbstwertkrisen und von Scham- und Schuldgefühlen geplagt werden. In der Phase des coming out stehen die jungen Lesben und Schwulen angesichts dieser schwierigen Bedingungen vor der Aufgabe, sich bewußt und kritisch mit den verinnerlichten negativen Bildern auseinanderzusetzen und realistische Vorstellungen von der schwulen und lesbischen Lebensgestaltung zu entwickeln. Dazu ist zum einen sachliche Information nötig, zum anderen aber wesentlich auch das Kennenlernen anderer Menschen mit der gleichen Orientierung, damit sich in der konkreten Begegnung die inneren Bilder allmählich umgestalten und eine realistische Sicht dessen erreicht wird, was das Leben als Lesbe und Schwuler tatsächlich ausmacht (zu den sozialpsychologischen Aspekten der Entwicklung eines individuellen und kollektiven Selbst bei diesen Coming-out-Prozessen s. SIMON, 1995). Ich habe bereits darauf hingewiesen (S. 28f.), daß in dieser Hinsicht bisexuelle Menschen in einer nochmals schwierigeren Lage sind, da sie sich weder in der Gruppe der Heterosexuellen noch der Homosexuellen heimisch fühlen und häufig von beiden Seiten her Argwohn und Kritik ausgesetzt sind.

In die Zeit des coming out gehört schließlich auch die Auseinandersetzung mit der Frage, wie weit beziehungsweise wie eng der Kreis derer gezogen werden soll, die informiert werden. Gewiß ist ein für das soziale Leben entscheidender und für die Festigung der inneren Orientierung wichtiger Schritt getan, wenn Lesben, Schwule und Bisexuelle das zuvor ausgeübte »Versteckspiel« aufgeben und offen zu der ihnen entsprechenden Lebensgestaltung stehen. Sehr schnell werden sie dabei auch spüren, wieviel Kraft das Verheimlichen gekostet hat, wieviele Ängste vor dem Entdecktwerden sie durchlitten haben und wieviel freier sie sich nun im Umgang mit den ihnen nahestehenden Menschen fühlen. Doch werden sich immer wieder auch Situationen ergeben, in denen sie zu entscheiden haben, wem gegenüber und wann sie von ihrer sexuellen Orientierung und Lebensweise sprechen wollen. Stets von neuem gilt es abzuwägen, in welchem Verhältnis sie zu den betreffenden Menschen stehen und welche Konsequenzen sich aus der Mitteilung für sie selbst und Dritte (zum Beipiels für Eltern, bei bisexuellen Menschen aber auch für Partnerinnen respektive Partner und gegebenenfalls auch für Kinder) ergeben (ich verweise in diesem Zusammenhang auf den eindrücklichen autobiographischen Bericht von MANFRED BRUNS, 1993).

Angesichts dieser immer wieder neu zu treffenden Entscheidungen befinden sich lesbische, schwule und bisexuelle Menschen in einer ungleich schwierigeren Situation als die Heterosexuellen. Auch wenn sie sich so weit von Tabus und sozialen Einengungen befreit haben, daß sie ihre innere Orientierung auch in der sozialen Realität leben, können sie sich letztlich doch selten so spontan und frei äußern und verhalten wie heterosexuelle Frauen und Männer, die über alle individuellen Unterschiede hinweg sich wenigstens im Hinblick auf ihre sexuellen Präferenzen im Schutz der Majorität wissen. Schwule, lesbische und bisexuelle Menschen hingegen befinden sich als Minorität im Status einer relativen Unsicherheit und müssen gerade auf die Frage, wen sie zu welcher Zeit über ihre Lebenssituation informieren, stets von neuem Entscheidungen treffen, die für ihr persönliches Wohlbefinden und ihre Zufriedenheit in den sozialen Beziehungen von weitreichender Bedeutung sind.

Ob es bei diesem Prozeß der sozialen Integration zu erheblichen Schwierigkeiten kommt, oder ob es eine weitgehend ungestörte Entwicklung ist, hängt nur zu einem geringen Teil von den Heranwachsenden selber ab. Sie können zwar mehr oder weniger geschickt Eltern und Freunde ins Vertrauen ziehen, sie werden es auch je nach ihrer persönlichen Art und ihren bisherigen sozialen Erfahrungen leichter oder schwerer haben, Beziehungen anzuknüpfen und zu unterhalten. Doch spielt im Prozeß des coming out die Umgebung, in der die Betreffenden leben und auf die sie oft nur einen bedingten Einfluß ausüben können, eine entscheidende Rolle. Ich habe oben schon auf die Unterschiede zwischen einem eher konservativen und einem toleranten Milieu hingewiesen. Dabei geht es aber nicht nur um »Konservatismus« im engeren Sinne, sondern auch um die vielfältigen Einflüsse, die von weltanschaulichen Vorstellungen der Bezugsgruppe ausgehen, um die Bedeutung, welche den traditionellen Modellen von Ehe und Familie in der betreffenden Sozietät zukommt, und um andere das Zusammenleben bestimmende Einstellungen.

Wenn Lesben, Schwulen und Bisexuellen aufgrund der sozialen Bedingungen, unter denen sie leben, kein einigermaßen befriedigendes coming out möglich ist, drängt sich unter Umständen die Frage auf, ob sie den Wohnort wechseln und eine Umgebung aufsuchen, die ihnen günstigere Möglichkeiten für ein ihnen entsprechendes Leben bietet. Die Tatsache, daß der Prozentsatz von Lesben und Schwulen in den Großstädten oft um ein vielfaches höher ist als in ländlichen Gebieten (W. MÜLLER, 1988, nennt beispielsweise 15-20% lesbische und schwule Menschen in San Francisco), weist darauf hin, daß ein solcher Wechsel des sozialen Umfeldes offensichtlich eine relativ häufig gewählte – und auch durchaus sinnvolle – Form ist, mit den von einer intoleranten Umgebung ausgehenden Schwierigkeiten fertig zu werden.

Die explorative Phase

Die Bezeichnung »explorative« Phase ist eigentlich irreführend, läßt sie doch vermuten, es gehe um das sexuelle »Ausprobieren« möglichst vieler Partnerinnen oder Partner. Gewiß spielt auch dies für manche lesbische, schwule und bisexuelle Menschen in der explorativen Phase eine Rolle. Wir würden jedoch zur weiteren Verfestigung des Vorurteils von dem nur sexbesessenen, bindungsunfähigen Schwulen beitragen, wenn wir die innerpsychische Situation und die Beziehungsdynamik dieser Zeit nicht differenzierter betrachteten. Ich möchte COLEMANS Explorationsbegriff in einem weiten Sinne interpretieren, nämlich als den Versuch, sich in der lesbischen und schwulen Identität in den verschiedensten Dimensionen des Lebens zu erfahren und diese Bereiche bewußt zu gestalten. Das Explorative liegt dabei im Wissen, daß es – möglicherweise – noch keine definitiven, das heißt für Jahre oder Jahrzehnte gültigen Lebensformen sind, sondern erste, zaghafte Schritte in ein noch weitgehend unbekanntes Neuland.

Wie angedeutet, umfaßt diese Erfahrung verschiedene, allerdings eng miteinander zusammenhängende, gegenseitig aufeinander einwirkende Dimensionen: Zum einen ist es das Erleben, sich als Frau oder Mann in Relation zu gleich- und gegengeschlechtlichen Partnerinnen und Partnern zu definieren und einen entsprechenden Lebensstil zu finden. Dazu gehören so wichtige – generell für Beziehungen zentrale – Fragen wie die nach der Regulierung von Nähe und Distanz und die nach Über- und Unterordnung oder nach einem partnerschaftlichen Umgang in einer Beziehung. Zum anderen geht es in dieser Phase aber auch um das Erproben der lesbischen, schwulen und bisexuellen Identität in Form des Erlebens und der Äußerung von Liebesgefühlen gleichgeschlechtlichen Partnerinnen und Partnern gegenüber. Eine weitere Dimension mit explorativem Charakter ist schließlich auch die des Eingehens sexueller Beziehungen. Dies ist allerdings heute im Zeichen der Aids-Bedrohung ein schwieriges, mit großen Verunsicherungen belastetes Unterfangen. Man muß deshalb tatsächlich mit ISAY (1990) befürchten, daß es bei nicht wenigen schwulen jungen Männern zu einer Verzögerung in der Entwicklung einer tragfähigen schwulen Identität kommt, weil AIDS – genauer gesagt: die in den Massenmedien präsentierten, homophobe Tendenzen oft verstärkenden Nachrichten darüber – die Vorstellung unterstützt, »Sexualität sei sündig, krankhaft oder nur eine reine Lustempfindung« (Isay S. 78). Es wird damit den Schwulen in der explorativen Phase weitgehend die Möglichkeit genommen, sich selbst in einem guten Sinne »experimentierend« als einen Menschen zu erfahren, der in einer Liebesbeziehung auch seine Sexualität in ihren verschiedenen Formen entfalten kann.

Im Grunde sehen sich lesbische, schwule und bisexuelle junge Menschen den gleichen Aufgaben gegenüber wie heterosexuelle Gleichaltrige auch. Unterschiede ergeben sich indes dort, wo diese Entwicklungsphase nicht in der Adoleszenz, sondern infolge von Ängsten wegen sozialen Diskriminierungen und aus anderen Gründen erst im vierten oder fünften Lebensjahrzehnt oder sogar noch später durchlaufen wird. Vor allem bei bisexuellen Menschen verschiebt sich das coming out nicht selten in das mittlere Lebensalter. Unter günstigen Bedingungen finden wir die explorative Phase jedoch wie bei heterosexuellen Heranwachsenden im frühen Erwachsenenalter, und sie dient hier wie dort der Festigung der eigenen Identität und der sozialen Rolle. Das Explorative dabei liegt im Versuch, den (nach dem Entwicklungskonzept von Erikson, 1976) für diese Phase spezifischen Konflikt zwischen »Intimität« und »Isolierung« zu lösen und dadurch, wie beim Durchlaufen der anderen Entwicklungsstadien, einen innerlich wie äußerlich zunehmend sichereren Stand in der Welt zu finden. Selbstverständlich ist dieser Prozeß nicht allein vom Individuum abhängig, sondern wird maßgeblich auch durch soziale Einflüsse bestimmt. Je eingeschränkter für die jungen Lesben, Schwulen und Bisexuellen die Möglichkeiten sind, sich explorativ in der Sozietät zu bewegen, desto größer ist verständlicherweise der Druck, Beziehungserfahrungen in der sogenannten »Subkultur« zu suchen. Das Problem dabei ist indes, daß die Subkultur zwar eine gewisse Freiheit bietet, dies aber nur in einem relativ begrenzten Spielraum, so daß lesbische, schwule und bisexuelle junge Menschen in der explorativen Phase letztlich vergleichsweise eingeschränktere

Möglichkeiten besitzen als heterosexuelle Gleichaltrige (vgl. S. 26ff.).

Ich habe bisher den Prozeß des coming out in seinen Hauptzügen so beschrieben, als verlaufe die Entwicklung bei Lesben, Schwulen und Bisexuellen in völlig gleicher Weise. Das ist indes nicht der Fall. Gerade in der explorativen Phase (und auch in den darauffolgenden Stadien) treten einige deutliche *Unterschiede zwischen Frauen und Männern* hervor, wobei diese vor allem durch soziale Determinanten bedingt sein dürften. Die – allerdings relativ wenigen – Studien, welche die spezifische Situation von Lesben beschreiben beziehungsweise Unterschiede zwischen dem coming out von Lesben und Schwulen untersuchen (DE MONTEFLORES et al., 1978; RAPHAEL, 1974; RIEDDLE et al., 1977), zeigen, daß Schwule homosexuelle Kontakte im Durchschnitt 5 Jahre früher als Lesben eingehen, und zwar bereits zu einer Zeit, in der sie sich intellektuell über die Bedeutung ihrer Homosexualität noch nicht klar waren (erste Kontakte 2 Jahre *vor* der bewußten Einsicht, schwul zu sein). Lesben nehmen demgegenüber erste sexuelle Kontakte zu Frauen im Durchschnitt erst wesentlich später auf, nämlich 4 Jahre *nachdem* sie sich intellektuell mit ihrer lesbischen Orienterung auseinandergesetzt haben.

Auch in der Zeit der Unsicherheit über die eigene sexuelle Orientierung und bei den in praktisch allen coming out-Prozessen phasenweise zu beobachtenden Versuchen, die lesbische beziehungsweise schwule Orientierung vor sich selber zu verleugnen, zeigen Männer und Frauen ein unterschiedliches Verhalten: Frauen verweisen häufig in erster Linie auf ihre starken Gefühle einer anderen Frau gegenüber. Und selbst wenn es zu sexuellen Kontakten kommt, wird dieses Erlebnis von ihnen als etwas »Außergewöhnliches«, durch die starken Liebesgefühle Bedingtes interpretiert und nicht als Hinweis auf die eigene lesbische Orientierung verstanden. Männer hingegen negieren bei ihren ersten homosexuellen Erfahrungen häufig jegliche Gefühlsbeteiligung und interpretieren den Kontakt als sexuelles Abenteuer, nicht selten unter ausdrücklichem Verweis darauf, daß sie etwa wegen Alkoholgenusses nicht voll dafür verantwortlich seien.

Ferner zeigen sich deutliche Unterschiede im coming out

von Lesben und Schwulen in der Art, wie sich die Kontakte zu gegengeschlechtlichen Partnern gestalten. Viele lesbische Frauen pflegen auch noch zu Zeiten, in denen sie sich ihrer lesbischen Orientierung bereits weitgehend bewußt sind, weiterhin (auch sexuelle) Kontakte zu Männern – dies vor allem unter dem nicht unberechtigten Eindruck, daß sie durch ein offenes Auftreten als Lesbe auch noch die sozialen Privilegien verlören, die ihnen durch das Zusammenleben mit einem Mann in der Gesellschaft zugestanden werden. Konkrete Auswirkungen hat die doppelte Diskriminierung (als Frau und als Lesbe), mit der Lesben in unserer Gesellschaft rechnen müssen, etwa, wenn einer geschiedenen und nun in einer lesbischen Beziehung lebenden Frau das Sorge- oder Besuchsrecht für ihr Kind abgesprochen werden soll. Angesichts dieser massiven sozialen Einschränkungen ziehen es manche Frauen mit lesbischer Orientierung vor, sich nicht als Lesben zu erkennen zu geben. Schwule hingegen sind in dieser Hinsicht weit weniger zurückhaltend. Sie brauchen angesichts ihres besseren sozialen Status als Mann viele Rücksichten nicht zu nehmen, auch wenn es für sie nicht minder schmerzlich ist, wenn ihnen der Kontakt zu ihren Kindern erschwert oder gar verunmöglicht wird.

Wie die hier diskutierten Unterschiede im coming out von Lesben und Schwulen erkennen lassen, sind es offensichtlich nicht Erlebens- und Verhaltensweisen von »angeborener«, geschlechtsspezifischer Art. Es sind vielmehr Reaktionsformen, die auf die unterschiedlichen Sozialisationsbedingungen und Rollendefinitionen, die das Aufwachsen von Männern und Frauen in unserer Gesellschaft bestimmen, zurückzuführen sind. Es dürfte deshalb einleuchten, daß Menschen mit bisexueller Orientierung sich gerade in den ersten Phasen des coming out besonders großen Problemen gegenübersehen. Sie müssen sich nicht nur mit ihren einmal mehr Frauen, ein anderesmal mehr Männern sich zuwendenden Gefühlen und den daran geknüpften erotisch-sexuellen Phantasien auseinandersetzen, sondern müssen sich darüber klar sein, daß der Schritt in die Öffentlichkeit für sie unter Umständen (zum Beispiel bei bestehenden heterosexuellen Partnerschaften) viel weitreichendere Folgen hat als das coming out für Lesben und Schwule. Aus diesem Grunde sind sie gerade in der explorativen Phase oft besonders befangen und zögernd.

Neben den sozialen Einflüssen wirken sich selbstverständlich auch in der explorativen Phase die Beziehungserfahrungen der Kindheit aus. So unterscheidet SILVERSTEIN (1981) im Falle von Beziehungskonflikten lesbischer und schwuler junger Erwachsener zwischen den beiden Extremen des »Abweisenden« (»rejector«) und des »Bittstellers« (»suitor«), zwei Haltungen, welche der Autor als Folge der unaufgelösten Feindseligkeit dem Vater gegenüber betrachtet (vgl. das Konzept von ISAY, 1990, Kapitel III). Der Schwule in der Rolle des »Abweisenden« steht aufgrund seiner frühkindlichen Beziehungserfahrungen aus dem Umgang mit dem ihn verachtenden Vater unter dem Eindruck, im Grunde nicht liebenswert zu sein. Um die in der Kindheit erlittenen Verletzungen nicht erneut erfahren zu müssen, weist er – trotz seiner Sehnsucht nach liebevoller Zuwendung – die potentiellen Liebenspartner ab, oder er zieht sich immer wieder unvermittelt zurück. Er wiederholt damit das Drama seiner frühen Beziehungen, jetzt allerdings mit vertauschten Rollen, indem er nicht mehr wie ehedem Opfer der Zurückweisung ist, sondern seinerseits den Partner zurückstößt und verletzt.

Obschon im manifesten Verhalten gegenteilig erscheinend, liegt der Rolle des »Bittstellers« (»suitor«) eine ganz ähnliche Dynamik zugrunde: Auch diese Schwulen haben in ihrer Kindheit schmerzlich die Entwertung und Zurückweisung durch den Vater erfahren. Als Erwachsene suchen sie nun in jedem Partner von neuem einen »guten Vater«, der ihnen endlich die Zuneigung und Achtung entgegenbringt, auf die sie so lange haben verzichten müssen. Da eine solche Beziehung jedoch von vornherein mit Erwartungen überladen ist, die letztlich kein realer Partner erfüllen kann, ist auch diese Suche nach Erfüllung zum Scheitern verurteilt und führt zu wiederholten Beziehungsabbrüchen und immer wieder neuen – vergeblichen – Versuchen, den »Idealpartner« doch noch zu finden.

Unter Berücksichtigung der Theorie, die GISSRAU (1989) zur Entwicklung lesbischer Frauen formuliert hat (vgl. S. 55ff.), kann man das Konzept von SILVERSTEIN auch auf Beziehungskonflikte erwachsener Lesben anwenden. Auch sie haben, so GISSRAU, in der Kindheit tiefe Enttäuschungen erlebt, und zwar in zweifacher Hinsicht: Zum einen fühlten sie sich durch die Mutter, welche nicht auf die erotischen Beziehungswünsche der Tochter einging, zurückgewiesen. Zum anderen ging die größte Enttäuschung aber vom Vater aus, dem die Tochter sich nach der Enttäuschung an der Mutter zuwendete, der sich aber »als unfähig erwies, um für ein alternatives akzeptables Liebesobjekt in Frage zu kommen« (GISSRAU, 1989). Die Folge solcher Beziehungserfahrungen kann dann analog der für Schwule beschriebenen Dynamik auch für die lesbische Frau die sein, entweder die Rolle der »Abweisenden« oder die der »Bittstellerin« zu übernehmen, mit der Konsequenz, daß es zu den beschriebenen Beziehungskonflikten kommt.

Falls tiefgehende Beziehungsstörungen dieser Art vorliegen, können sich die daraus resultierenden Verhaltensweisen Partnerinnen und Partnern gegenüber bei Lesben wie bei Schwulen zu einem allgemeinen Lebensmuster verfestigen und dazu führen, daß schließlich mehr oder weniger alle sozialen Beziehungen nach diesem Muster verlaufen. Dann ist es für die Betreffenden sinnvoll, therapeutische Hilfe zu suchen, da es in der Regel sehr schwer ist, sich allein aus derartigen inneren Verstrickungen zu lösen.

So einleuchtend und hilfreich für die Beratung bei Beziehungskonflikten das Modell von SILVERSTEIN auch sein mag, bedarf es doch einer gewissen Relativierung. Die vom Autor beschriebene Dynamik scheint mir nicht spezifisch für schwule und lesbische Menschen zu sein. Wir erfahren von derartigen Konstellationen vielmehr auch in vielen Gesprächen mit Heterosexuellen, die sich in ganz ähnlicher Weise abweisend oder intensive Zuwendung suchend Partnerinnen und Partnern gegenüber verhalten. Und immer wieder finden wir an der Wurzel dieser Verhaltensweisen die gleiche Beziehungsdynamik, die, weitgehend unabhängig vom Geschlecht der Ratsuchenden, einmal mehr die Enttäuschung an der Mutter, einmal mehr die am Vater betrifft – wobei allerdings völlig offen bleibt, ob sich die Eltern in der Kindheit tatsächlich so abweisend verhalten haben (und wenn ja, warum), oder ob die Kinder (aus welchen Gründen auch immer) das in keiner

Weise ablehnende elterliche Verhalten nur so erlebt haben. Fazit dieser Überlegungen ist, daß die Typisierung SILVERSTEINS in die/den »Abweisende/n« und die/den »Bittsteller/in« für die Beratung von Menschen mit Beziehungskonflikten als Orientierungsschema zweifellos hilfreich ist. Es scheint mir jedoch kein für Lesben und Schwule spezifisches Modell zu sein.

Im Zusammenhang mit der explorativen Phase ist noch auf ein Problem einzugehen, mit dem sich vor allem schwule Männer seit den frühen 80er Jahren konfrontiert sehen: Es ist die Gefahr der HIV-Infektion. Ich werde die damit zusammenhängenden Fragen zwar noch ausführlicher in Kapitel V behandeln, doch sollen hier bereits die Probleme diskutiert werden, die sich gerade in der Zeit erster sexueller Kontakte mit verschiedenen Partnern stellen. Das zentrale Problem, das zwar in erster Linie junge Schwule betrifft, sich prinzipiell aber auch bei heterosexuellen Heranwachsenden findet, liegt darin, daß angesichts der Gefahr der HIV-Infektion den explorativen Kontakten viel an Unbekümmertheit, an – im besten Sinne: spielerischer – Leichtigkeit und Freiheit genommen worden ist. Sich sorglos zu verhalten, stellt heute Fahrlässigkeit dar; Unbekümmertheit kann eine tödliche Gefahr für die eigene Person und für den jetzigen und die potentiellen Partner bedeuten. Deshalb kann es kein unbeschwertes »Erproben« mehr geben, es können nicht mehr die verschiedensten Formen der körperlichen Begegnung im Sinne eines Erkundens und Erlebens der eigenen Sexualität und der des Parnters bedenkenlos praktiziert werden. Stets müssen das eigene Handeln und das Verhalten des Partners kritisch reflektiert und auf allfällige Gefahren hin geprüft werden.

Man mag einwenden, diese Situation bedeute nicht nur einen Verlust, sondern besitze auch eine positive Dimension, indem sie auch schwule Menschen dazu zwinge, sexuelle Beziehungen vom ersten Moment an verantwortungsbewußt zu gestalten; etwas, was Frauen, wollen sie eine Schwangerschaft verhüten, seit eh und je haben tun müssen. Dieses Argument trifft sicher zu, und es sind ja auch tatsächlich angesichts der Aids-Erkrankung deutliche Änderungen im Sexualverhalten zu verzeichnen – bei Schwulen wie bei Heterosexuellen. Das offene Gespräch über frühere und jetzige Beziehungen, über gegenseitige Treue und über die Verantwortung, welche die Partner füreinander zu übernehmen haben, sind heute mehr oder weniger selbstverständlich und unverzichtbare Voraussetzung jeder intimen Beziehung.

Man mag eine solche Entwicklung – wäre sie nicht durch eine Krankheit wie Aids erzwungen worden – begrüßen. Doch muß man sich darüber klar sein, daß eine so souveräne Haltung, wie sie zur Führung derartiger Gespräche nötig ist, für viele Heranwachsende, insbesondere aber wohl für schwule junge Männer, die sich vielfach in der beschriebenen inneren wie äußeren unsicheren Position befinden, im Grunde eine Überforderung darstellt. Gerade in der explorativen Phase, in der sie erste Versuche unternehmen, sich selbst im Verhältnis zu anderen Männern zu erfahren, dabei aber vielfach noch mit Scham- und Schuldgefühlen zu kämpfen haben, verfügen sie oft noch nicht über die Unbefangenheit und Reife, die dazu nötig ist, um ein offenes Gespräch mit dem Partner zu führen. Die Konsequenz ist, daß die jungen Schwulen in dieser Zeit ihres coming out oft weitgehend auf sich selbst zurückgeworfen sind und ihre Verunsicherung sich noch verstärkt, weil sie mit niemandem über ihre Ängste sprechen und sich nicht den Rat holen können, dessen sie gerade in dieser Zeit in besonderem Maße bedürfen.

Wenn es den Heranwachsenden nicht gelingt, mit dieser schwierigen Situation fertigzuwerden, können daraus vor allem zwei – gleichermaßen fatale – Verhaltensweisen resultieren: Im einen Falle fühlen sie sich so verunsichert und verängstigt, daß sie jegliche intimen Beziehungen vermeiden; dies heißt nicht nur, daß sie keine sexuellen Beziehungen eingehen, sondern auch, daß sie sich, um erst gar keine inneren wie äußeren Konflikte entstehen zu lassen, emotional den potentiellen Partnern gegenüber verschließen und damit für ihre Identitätsfestigung wichtige Erfahrungen nicht machen können. Im anderen Fall schieben sie alle Befürchtungen beiseite und lassen sich ungeachtet aller Gefahren und unter Vernachlässigung der nötigen Vorsichtsmaßnahmen auf sexuelle Beziehungen ein. Es liegt auf der Hand, daß auch dies ein für alle Beteiligten verhängnisvolles Verhalten ist.

Gerade wenn man sich die zuletzt beschriebenen Probleme vor Augen hält, dürfte klar werden, wie wichtig es vor allem auch in der explorativen Phase des coming out ist, daß die schwulen jungen Männer Erwachsene finden, die ihnen offen begegnen und sich als Gesprächspartner zur Information und Klärung der schwierigen Situation zur Verfügung stellen. Dies können Familienangehörige und Freunde sein. Daneben bedarf es sicher aber auch professioneller Angebote. Das heißt, wir benötigen gut informierte und für qualifizierte Beratungen ausgebildete Fachleute.

Das Eingehen erster (fester) Beziehungen

Nach dem Konzept des coming out, wie es von COLEMAN (1982) entworfen worden ist, zeichnet sich diese Phase dadurch aus, daß in den Beziehungen nun körperlich-sexuelle und emotionale Aspekte gleichermaßen von Bedeutung sind. Lesben, Schwule und Bisexuelle suchen in den Begegnungen mit Partnerinnen und Partnern nicht mehr nur in erster Linie die sexuelle Erfüllung. Umgekehrt sind es auch nicht mehr die Zustände schwärmerischer, die reale Nähe des geliebten Menschen aber geradezu ängstlich meidender Verliebtheit. Es kommt in dieser Phase vielmehr zu einer ganzheitlichen, personalen Beziehung, die körperliche und seelische Aspekte gleichermaßen umfaßt und dadurch, daß die Partnerinnen respektive Partner sich nun auch in der Öffentlichkeit als Paar präsentieren, eine andere soziale Realität erhält als die früheren, in der Regel unbekannt bleibenden Beziehungen.

Es liegt auf der Hand, daß derartige ganzheitliche, über längere Zeit sich erstreckende, stabile Beziehungen eine größere emotionale Intensität erreichen und wesentlich mehr an Nähe mit sich bringen als die flüchtigen Kontakte in der explorativen Phase. Soll es zu einer für beide Partnerinnen oder Partner befriedigenden Situation kommen, ist es notwendig, daß sie aufgrund ihrer in der Vergangenheit gesammelten Erfahrungen Nähe und Distanz ausbalancieren können und ein ausgewogenes Verhältnis zwischen Selbstabgrenzung und Hingabe finden. In dieser Hinsicht bestehen keine grundlegenden Unterschiede zwischen heterosexuellen und lesbischen beziehungsweise schwulen Paaren. Wann immer Menschen in einer engen Verbindung miteinander leben, sehen sie sich – und zwar stets von neuem – der Aufgabe gegenüber, den Prozeß des Zusammenlebens miteinander zu gestalten, wobei sie ihr Verhalten einerseits auf die lebensgeschichtlichen und sozialen Umstände und andererseits auf die aktuelle innerpsychische Situation der Partner abstimmen müssen.

Dazu gehört bei Lesben und Schwulen ebenso wie bei heterosexuellen Paaren auch die Frage nach der Bedeutung der Treue in dieser Beziehung. Je nach den für sie verbindlichen Norm- und Wertvorstellungen der Partner finden wir Paarbeziehungen, für die der Grundsatz gilt, keine »Nebenbeziehungen« einzugehen. Auch wenn solche exklusiven Zweierbeziehungen in dieser Phase die wohl häufigste Form des Zusammenlebens sind, gibt es daneben auch andere, weniger verbindliche Beziehungskonstellationen, in denen die Partner sich gegenseitig größere »Freiheiten« lassen.

In über längere Zeit hin stabilen Beziehungen spielen, wie bei heterosexuellen Paaren, neben der sexuellen Begegnung zunehmend auch viele andere Erfahrungen eine zentrale Rolle: die gegenseitige Unterstützung und Fürsorge, das Erleben von Gemeinschaft und Kameradschaft, das Teilen von Freud und Leid, – kurz, das Füreinander-Dasein in »guten« wie in »bösen« Tagen. Konkret heißt dies, wie in anderen engen Beziehungen auch: den gemeinsamen Alltag mit allen seinen Belastungen miteinander zu meistern; das Zusammenleben mit den Rechten und Pflichten, die beide Partner dabei übernehmen müssen, zu organisieren; sich an den »kleinen Dingen« des Alltags miteinander zu freuen, aber sich daran unter Umständen auch zu reiben; zu lernen, miteinander konstruktive Auseinandersetzungen zu führen und Kompromisse zu finden; im Interesse der oder des anderen Rücksichten zu nehmen und Verzichte zu leisten, aber auch sich selbst zu behaupten, wo dies notwendig ist; Desillusionierungen bei sich und der oder dem anderen vorzunehmen und sich gegenseitig so zu akzeptieren, wie beide tatsächlich sind. Es ist das für alle enge Beziehungen gültige Erleben eines intensiven gegenseitigen Austauschs, eine »Schmelztiegelerfahrung« (W. MÜLLER 1988), an der beide Beteiligten reifen können. Aus diesen Erfahrungen erwächst im Verlauf der Zeit ein starkes Zusammengehörigkeitsgefühl. Die gemeinsame Geschichte schafft eine tiefe emotionale Verbundenheit, die oft entscheidend dazu beiträgt, auch krisenhafte Situationen miteinander durchzustehen und trotz aller Belastungen, die das Zusammenleben mitunter mit sich bringt, die Beziehung weiterzuführen und daran zu reifen.

Die Reifungsaufgaben, vor die sich alle Menschen, Heterosexuelle ebenso wie Lesben, Schwule und Bisexuelle in dieser Phase gestellt sehen, sind die gleichen: Es geht nach dem ERIKSONschen (1976) Entwicklungsmodell um den Konflikt zwischen »Generativität« und »Stagnation«. Dabei bedeutet »Generativität« nicht nur im wörtlichen Sinne Zeugungsfähigkeit und Sorge-Tragen für die der Verbindung entstammenden Kinder, sondern sie beinhaltet in einem viel umfassenderen Sinne auch Produktivität und Kreativität in den verschiedensten Dimensionen des Lebens. Mit BAUM (1979) kann man in diesem Zusammenhang von »Selbst-Transzendenz« sprechen, das heißt von der Bereitschaft und Fähigkeit, sich in selbstloser Weise für einen anderen Menschen, für eine Sache oder eine Idee einzusetzen und dabei über sich selbst hinauszuwachsen. Auch wenn in den Beziehungen lesbischer und schwuler Menschen die Generativität in bezug auf gemeinsame Kinder fehlt, bedeutet dies keineswegs, daß Selbst-Transzendenz hier nicht möglich wäre. Zum Teil können Lesben und Schwule wie die heterosexuellen Menschen Generativität im Beruf verwirklichen (vor allem bei sozialen und künstlerischen Tätigkeiten). Daneben besteht für sie aber auch die Möglichkeit, sich in der Freizeit in politischen, sozialen und kirchlichen Bereichen zu engagieren und damit die Enge des Hier und Jetzt zu überschreiten, was sich nicht zuletzt auch bereichernd und befreiend auf ihre Partnerschaft auswirkt. Die Selbst-Transzendenz eröffnet auch für die Beziehung neue Horizonte und Perspektiven, gibt Inhalte, für welche sich die Partner – unter Umständen gemeinsam – einsetzen, schafft Beziehungen zu anderen Menschen und relativiert dadurch vieles, was sonst, etwa im Falle von persönlichen Krisen und von Konflikten in der Paarbeziehung, schwere Belastungen mit sich brächte.

Wir müssen uns jedoch darüber klar sein, daß ein solches Bild die Situation lesbischer, schwuler und bisexueller Menschen eigentlich zu optimistisch schildert. Sie mögen zwar von ihrer individuellen Persönlichkeit und von der Dynamik ihrer Paarbeziehung her durchaus in der Lage sein, Generativität in der geschilderten Weise zu entwickeln. Dabei dürfen wir jedoch die Rolle der Umgebung nicht außer acht lassen. Gerade wenn sich Lesben und Schwule in dieser Phase ihres coming out der Öffentlichkeit als Paar präsentieren, stellen sich ihnen vielfältige Hindernisse auf dem Weg zur Selbst-Transzendenz entgegen. Beispielhaft ist in dieser Hinsicht der autobiographische Bericht von MANFRED BRUNS (1993), der in eindrücklicher Weise schildert, wie ihm in dem Moment, als er sich offen zu seiner schwulen Identität bekannte und mit seinem Lebenspartner in der Öffentlichkeit auftrat, die Türen zur katholischen Kirche unbarmherzig zugeschlagen wurden. Er, der jahrzehntelang ein geachtetes Gemeindeglied gewesen war und Ämter im Dienste der Gemeinde innegehabt hatte, mußte schließlich sogar erleben, daß er aufgrund einer Feststellung des Freiburger Erzbischöflichen Ordinariats »gemäß Kanon 915 CIC nicht zur hl. Kommunion zugelassen werden dürfe, weil ich ›hartnäckig in einer offenkundigen schweren Sünde‹ verharre« (S. 111).

Angesichts solcher Verlautbarungen von kirchlicher Seite mutet es allerdings wie Ironie an, wenn ich oben von der Notwendigkeit und Möglichkeit lesbischer und schwuler Menschen zur Selbst-Transzendenz im religiösen Bereich gesprochen habe. Vielleicht weniger offenkundig, aber deshalb nicht minder einschneidend, sind auch die vielfältigen anderen sozialen Einschränkungen, denen Lesben und Schwule in den verschiedensten Gruppierungen unserer Gesellschaft ausgesetzt sind. Diese bedrückende Realität gilt es zu berücksichtigen, wenn wir bei lesbischen und schwulen Menschen die Bedeutung der Generativität und Selbst-Transzendenz diskutieren. Allzu schnell nämlich sind wir zu unserer aller Beruhigung mit dem Argument zur Hand, jede und jeder in unserer Gesellschaft habe doch genügend Möglichkeiten zur Reifung, und wenn bestimmte Menschen Entwicklungsphasen nicht erfolgreich durchliefen, müsse dies wohl auf einen in ihnen selber liegenden »Defekt« zurückzuführen sein.

Nach wie vor müssen Lesben und Schwule mit erheblichen Diskriminierungen rechnen und werden dadurch in ihrer persönlichen und sozialen Entfaltung mitunter massiv eingeschränkt. Gewiß können Menschen in der hier diskutierten Phase des coming out, in der sie erste, stabile Beziehungen eingehen, aufgrund ihrer bisherigen Lebenserfahrung besser mit solchen belastenden Situationen umgehen als Jugendliche und Heranwachsende. Sie sind aufgrund ihrer persönlichen Reife und ihrer größeren sozialen Unabhängigkeit sicher auch eher in der Lage, sich gegenüber einer sie ausgrenzenden Umgebung zu behaupten und sich beruflich wie privat ein Umfeld zu schaffen, das ihnen Wertschätzung und Unterstützung entgegenbringt. Zudem finden sie ja gerade auch in ihrer Partnerschaft Rückhalt und können sich vertrauensvoll auf einen ihnen nahestehenden Menschen stützen. Doch lassen Beispiele wie das von MANFRED BRUNS erkennen, daß Schwule und Lesben in allen Stadien ihrer Entwicklung großen Belastungen ausgesetzt sind und daß sie erhebliche Kräfte einsetzen müssen, um die immer wieder auftauchenden Schwierigkeiten zu meistern.

Besonders schwierig ist die Situation Bisexueller, vor allem wenn sie in einer ihnen auch emotional viel bedeutenden Ehe leben und Kinder haben. Sie geraten nicht selten in erhebliche Konflikte, wenn sie die gleich– ebenso wie die gegengeschlechtliche Seite ihrer Orientierung leben wollen. Es kann dann, wie GLEITZ (1987) es für schwule Väter beschreibt, zu einer »Liebe im Niemandsland« kommen, indem diese Männer und Frauen weder in der Majorität der Heterosexuellen geborgen sind, noch auf die Solidarität der Lesben und Schwulen zählen können. Obwohl es nach verschiedenen Studien eine große Zahl von Lesben und Schwulen gibt, die verheiratet sind und Kinder haben (BLAIR, 1975; BELL et al., 1978; HUMPHREY, 1978; LATHAN et al., 1978), halte ich es nicht für gerechtfertigt, alle diese Frauen und Männer, wie es nicht selten geschieht, als »homosexuell« zu bezeichnen. Dies hieße, die Existenz einer bisexuellen Orientierung völlig zu leugnen und damit die spezifische Situation einer vermutlich sogar relativ großen Zahl von Menschen nicht wahrzunehmen – was einer Diskriminierung der Bisexuellen gleichkäme.

Häufig werden sie sich ihrer bisexuellen Orientierung erst während der Ehe bewußt. Zögernde, ängstliche Schritte in die Welt der Lesben und Schwulen führen zwar zu sexueller Befriedigung und lassen die Gewißheit, bisexuell zu sein, größer werden. Doch werden damit zugleich auch die Probleme, denen diese Männer und Frauen »zwischen den Grenzen« (GLEITZ) sich gegenübersehen, zunehmend größer. Es ist in dieser Situation nicht nur die Befürchtung, der Ehepartner könnte die gleichgeschlechtlichen Kontakte entdecken, oder die Angst vor den sozialen Konsequenzen, wenn die lesbische beziehungsweise schwule Seite bekannt würde, sondern es ist vor allem auch die innere Unsicherheit angesichts der von Männern wie von Frauen ausgehenden erotisch-sexuellen Attraktion, die den Prozeß der Selbstfindung bisexueller Menschen so schwierig macht. Verheiratete Bisexuelle erleben diesen Konflikt besonders schmerzlich, da sie einerseits ihre enge emotionale Verbundenheit mit Ehegatten und Kindern spüren, andererseits aber auch ihre lesbische beziehungsweise schwule Seite leben möchten. Sie müssen sich nicht nur mit den Gefühlen und Reaktionen ihrer Ehepartner auseinandersetzen (HART et al., 1981; LAFAN et al., 1978; WIRTH, 1978), sondern sehen sich bei Versuchen, eine Beziehungen zu gleichgeschlechtlichen Partnerinnen oder Partnern aufzubauen, auch von deren Seite her großem Mißtrauen und zum Teil offener Ablehnung gegenüber, und zwar, wenn Kinder vorhanden sind, mitunter sogar noch nach der Scheidung (BOZETT, 1981; JONES, 1978).

Auch wenn sich aus dieser Situation mitunter große Konflikte ergeben, muß die bisexuelle Orientierung einer verheirateten Frau oder eines verheirateten Mannes nicht zwangsläufig zu einem von ständiger Angst und erdrückenden Schuldgefühlen beladenen »Doppelleben« führen. Je nach Persönlichkeit und Lebensumständen können Bisexuelle durchaus eine für sie und ihre Bezugspersonen befriedigende Lebensgestaltung finden. Mag für die einen die Lösung in der Trennung von der Familie liegen, so kann für andere die offene Aussprache mit den Ehegatten zu einer Klärung und zum Finden eines »modus vivendi« führen (vgl. WIRTH, 1978). Wieder andere Bisexuelle werden sich entscheiden, mit Rücksicht auf ihre heterosexuelle Beziehung die lesbische beziehungsweise schwule Seite nicht zu leben, wobei man im Falle eines bewußten Verzichts mit entsprechenden Sublimierungen nicht von einer pathologischen Verdrängung sprechen kann. Nochmals andere Bisexuelle werden die heterosexuelle Beziehung in der Ehe aufrecht erhalten und weiterhin in der Familie leben und zugleich – mehr oder weniger intensive – gleichgeschlechtliche Beziehungen pflegen, ohne daß die Ehegatten darüber informiert sind. Auch wenn eine solche Form von »Doppelbeziehung« unter Umständen innere wie äußere Konflikte und Spannungen mit sich bringen kann, ist es doch nicht berechtigt, sie prinzipiell als eine »schlechte«, das heißt für die Bisexuellen selbst und die Bezugspersonen verhängnisvolle, Lebensform zu bezeichnen. Sie gleicht weitgehend der Struktur von Beziehungen, wie viele schwule Männer sie nach DANNECKER (1991, S. 22) in einer sie befriedigenden Weise, ohne große Probleme praktizieren: einerseits die eher flüchtige sexuelle Begegnung mit Männern, andererseits die »hochspezifische und einzigartige« Beziehung zum »festen Freund«, auf den sich dauerhafte sexuelle und zärtliche Interessen richten. Gerade wenn wir im Sinne des MORGENTHALERschen Konzepts von einer besonderen Flexibilität der Bisexuellen im Hinblick auf ihre Beziehungsgestaltung ausgehen, darf man vermuten, daß ihnen das Nebeneinander von gleich- und gegengeschlechtlichen Beziehungen durchaus möglich ist und nicht unbedingt zu einem von Angst und innerer Zerrissenheit geprägten Leben »im Niemandsland« führen muß. Obwohl die Entscheidung darüber, welchen Weg ein(e) verheiratete(r) Bisexuelle(r) einschlagen will, stets individuell getroffen werden muß, kann gerade in dieser Situation aber auch eine professionelle Beratung und eine Diskussion mit gleichermaßen Betroffenen, zum Beispiel in einer Selbsthilfegruppe, hilfreich sein (eine Zusammenstellung von Kontaktadressen von »Selbsthilfegruppen schwuler Väter« findet sich am Ende der Arbeit von GLEITZ, 1987, S. 261ff.).

COLEMAN hat das Stadium des coming out, mit dem wir uns im vorliegenden Kapitel beschäftigen, als »Phase des Eingehens erster Beziehungen« bezeichnet. Er signalisiert damit, daß es zwar relativ stabile, das heißt über längere Zeit sich erstreckende lesbische und schwule Paarbeziehungen sind. Zugleich aber wird mit dieser Umschreibung auch angedeutet, daß es

nur eine *relative* Stabilität ist, das heißt, daß die Partner sich
recht häufig nach einiger Zeit doch wieder trennen und je eine
neue Partnerschaft eingehen. Dabei ist allerdings bemerkens-
wert, daß Schwule und Lesben nicht selten weiterhin lebenslang
freundschaftlich miteinander verbunden bleiben – dies im Gegensatz zu den meisten heterosexuellen Paaren, die nach der
Trennung (wenn es nicht wegen der gemeinsamen Kinder
unumgänglich ist, daß sie sich hin und wieder sehen) in der
Regel keine engeren Kontakte mehr pflegen.

Es ist schwierig zu erklären, warum es bei vielen lesbischen
und schwulen Paaren zu mehrfachen Partnerschaften kommt.
Wesentliche Ursachen scheinen mir in dem bereits diskutierten
Fehlen der sozialen und rechtlichen Legalisierung dieser Beziehungen und in den Belastungen zu liegen, denen die Paare
nicht nur bei ihrem individuellen, sondern auch beim gemeinsamen coming out ausgesetzt sind. Hinzu kommt die Tatsache,
daß es ihnen vielfach an positiven Leitbildern fehlt, an denen
sie sich in ihren Beziehungen orientieren könnten. Dazu gehört
auch die nach der Theorie von MORGENTHALER für Schwule typische Flexibilität des Rollenverhaltens, das im krassen Gegensatz zu all dem steht, was schwulen Menschen in einer von
Heterosexualität geprägten, stark von Polaritäten bestimmten
Gesellschaft vorgelebt und auch von ihnen gefordert wird.
Möglicherweise sind es jedoch nicht nur diese Konflikte, die
dazu führen, daß Lesben und Schwule in der Regel mehrere, je
intensive und längere Zeit dauernde Beziehungen eingehen.
Vielleicht liegt ein solches Beziehungsverhalten letztlich im
Wesen schwuler und lesbischer Menschen, und es wäre deshalb
völlig verfehlt, ihre Paarbeziehungen am Beispiel der bürgerlichen Ehe mit ihrem Idealanspruch auf eine lebenslang wäh-
rende exklusive Zweierbeziehung zu messen (wobei zu berücksichtigen ist, daß dieses Ideal heute auch für viele heterosexuelle Menschen sowohl als Zukunftsvorstellung als auch
als gelebte Realität keine Verbindlichkeit mehr besitzt).

Welches auch immer die Gründe dafür sein mögen, daß
schwule und lesbische Paare offensichtlich häufiger als heterosexuelle Menschen ihre Beziehungen nach einiger Zeit wieder
lösen und neue Verbindungen eingehen, fällt doch ein Unterschied auf: Während die Heterosexuellen nach der Trennung

entweder längere Zeit – mitunter ausgesprochen verbittert – allein leben oder, falls sie eine neue Beziehung eingehen, oft weitgehend ähnliche Partnerinnen oder Partner wie die früheren wählen, scheinen Lesben und Schwule aus einer jeden aufgelösten Beziehung im Hinblick auf ihr Selbstverständnis und ihre Selbstkenntnis gestärkt hervorzugehen (COLGAN, 1987). Offensichtlich sind sie eher in der Lage, aus den Beziehungserfahrungen zu lernen und zunehmend besser Nähe und Distanz, Selbstbewahrung und Hingabe auszubalancieren.

Diese Fähigkeit wird im allgemeinen den lesbischen Frauen in höherem Maße zugesprochen. Sie sollen deshalb auch eher dazu tendieren, länger andauernde Beziehungen zu pflegen und monogam zu leben, eine Tendenz, die sich mit zunehmendem Alter sogar noch verstärke (MENDOLA, 1980; MÜLLER, 1988; RAPHAEL und ROBINSON, 1980). In solchen Beziehungen lesbischer Frauen spiele die Sexualität mit der Zeit eine eher untergeordnete Rolle. Im Zentrum stünden vielmehr Kameradschaft, gegenseitige Anteilnahme und Unterstützung, gemeinsame Interessen und das Erleben einer ganzheitlich-personalen Beziehung.

Eine solche Art des Erlebens und der Lebensgestaltung mag generell charakteristisch für Frauen sein, unabhängig von ihrer lesbischen oder heterosexuellen Orientierung. Zumindest treffen wir auf ganz ähnliche Charakterisierungen, wenn es um das Erleben heterosexueller Frauen geht. Möglicherweise aber reflektiert dieses Verhalten weniger die Wesensart von Frauen, sondern ist die Konsequenz der in unserer Gesellschaft an Frauen gerichteten Erwartungen. Wir sehen uns hier einem Mechanismus gegenüber, den wir vielfach im sozialen Leben finden: Es werden an Individuen oder Gruppen bestimmte Erwartungen gerichtet, diese verfestigen sich zu entsprechenden Normvorstellungen – und unversehens erleben wir, daß die betreffenden Menschen sich tatsächlich so verhalten. Eine solche »self fulfilling prophecy« ist dadurch zu erklären, daß die betreffenden Menschen die – selbst unausgesprochenen – Erwartungen, die zur sozialen Norm erhoben worden sind, so weit verinnerlichen, daß sie schließlich selbst davon überzeugt sind, bestimmte Verhaltensweisen, ja sogar bestimmte Gefühle entsprächen ihrem eigentlichen Wesen. Wir kennen eine solche

Dynamik beispielsweise bei älteren Menschen in bezug auf ihre sexuellen Bedürfnisse und Aktivitäten: Von der Umwelt wird ihnen vermittelt, Sexualität solle für sie »kein Thema mehr sein«, und tragischerweise identifizieren sich viele ältere Menschen, trotz gegenteiliger Empfindungen, weitgehend mit dieser Ansicht.

Bei der Frage, ob es tatsächlich im Wesen lesbischer Frauen liegt, weniger häufig Partnerschaften einzugehen, und ob in diesen Beziehungen die Sexualität wirklich von geringerer Bedeutung ist als bei schwulen Männern, könnte man an ganz ähnliche Mechanismen denken. Die lesbischen – ebenso wie die heterosexuellen – Frauen gestalten ihre Beziehungen vielleicht weniger entsprechend ihren innersten Gefühlen als vielmehr so, wie die Gesellschaft es von ihnen erwartet. Geht man von einer solchen Hypothese aus, so liegt es nahe, dieses Erklärungsmodell auch auf das Verhalten schwuler Männer anzuwenden. Wir müßten uns dann fragen, ob ihre häufigeren Beziehungswechsel und die größere Bedeutung, die sie der Sexualität in ihren Partnerschaften beimessen, nicht ebenfalls stark von den gesellschaftlichen Erwartungen, wie ein Mann zu erleben und sich zu verhalten habe, bestimmt werden. Trotz ihrer gegenüber heterosexuellen Männern vergleichsweise größeren Bereitschaft, Gefühle zuzulassen, unterliegen die Schwulen vielleicht ganz ähnlich wie die heterosexuellen Männer dem sozialen Normdruck, sich selbst und anderen ihre »Männlichkeit« durch sexuelle Aktivität beweisen zu müssen.

Integration, dauerhafte Paarbeziehung und das höhere Lebensalter

Nach dem von Coleman entwickelten Phasenkonzept des coming out folgt bei Schwulen und Lesben auf das zuletzt geschilderte Stadium eine Zeit, in der sie eine Beziehung eingehen, die für die Partner ein hohes Maß an Verbindlichkeit besitzt und von beiden als dauerhafte Lebensgemeinschaft betrachtet wird. Lesbische Frauen tendieren früher zu solchen

107

definitiven Beziehungen. In jedem Fall gilt es für die Partnerinnen und Partner, sich, wie bei den anderen Phasen bereits geschildert, aufeinander einzustellen, den Alltag mit seinen kleinen und großen Problemen miteinander zu meistern und eine ganzheitliche, personale Beziehung aufzubauen, zu der die seelische Verbundenheit und die sexuelle Begegnung ebenso gehören wie die gemeinsamen Interessen und die Gestaltung einer spirituellen Dimension. Insofern gleicht die dauerhafte Paarbeziehung den früheren relativ stabilen Beziehungen. Der einzige – allerdings nicht unwesentliche – Unterschied liegt darin, daß die Beziehung in der Integrationsphase eine noch größere Verbindlichkeit für die Partnerinnen und Partner besitzt und sich im allgemeinen auch über eine längere Zeit erstreckt, so daß diese Beziehung schon allein deshalb eine größere Intensität erreicht.

Es ist eine Entwicklungsphase, die letztlich nicht spezifisch für Lesben, Schwule und Bisexuelle ist, sondern von jedem Menschen durchlaufen wird. Man könnte deshalb mit TERSON DE PALEVILLE (1987) geradezu von einem »coming out-Prozeß als Mensch« sprechen, in dem es um die »unwiderrufliche Verpflichtung zu mir selbst und meiner Beziehung« geht, um eine neue, grundsätzliche »Einstellung zur Umwelt und zum Sinn und Zweck meines Lebens« (S. 276). In der Regel fällt den Lesben, Schwulen und Bisexuellen nach ihren bisherigen Beziehungserfahrungen die dauerhafte Paarbeziehung der Integrationsphase relativ leicht. Sie haben sich selbst bereits in den früheren intensiven Beziehungen und im konkreten Zusammenleben mit Partnerinnen und Partnern kennengelernt, wissen um ihre Bedürfnisse und individuellen Probleme und sind in der Regel auch realistischer geworden im Hinblick auf die Erwartungen an eine Partnerschaft. Die als Dauerbeziehung angelegte Verbindung ist zwar emotional bedeutsam und nimmt in ihrem Leben als ganzheitlich-personale Beziehung einen zentralen Platz ein. Sie ist im allgemeinen aber nicht mehr so stark emotionalisiert wie die Beziehungen in den früheren Phasen und trägt nicht selten den Charakter einer Zweckgemeinschaft.

Diese Formulierung darf nicht in dem Sinne mißverstanden werden, als bedeute »Zweckgemeinschaft« eine auf rein rationalem Kalkül aufbauende, emotional indifferente Beziehung. Ich meine mit dem Begriff »Zweckgemeinschaft« in diesem Zusammenhang vielmehr eine reife Form des Zusammenlebens, die sich neben der emotionalen Verbundenheit und der sexuellen Dimension auch wesentlich an der sozialen Realität orientiert. Sie besitzt damit die Chance, eine Gefahr zu vermeiden, der heute viele Ehen heterosexueller Menschen ausgesetzt sind. Die in der Gegenwart oft früh eingegangenen ehelichen Verbindungen stellen bekanntlich, verglichen mit den Familien der vergangenen Jahrhunderte, nicht mehr Zweckverbände dar, sondern sind stark emotionalisierte Beziehungen. Daraus resultieren zwar auf der einen Seite große Vorteile in Form der Zufriedenheit und des Gefühls von Geborgenheit, Vertrauen und Nähe, welche die Ehegatten erleben. Auf der anderen Seite liegen in der starken Emotionalisierung aber auch große Gefahren, indem es in diesen Ehen zu massiven Enttäuschungen und mitunter zu extremen Formen von Haß und Gewalt kommen kann (ECKERT et al., 1990; RAUCHFLEISCH, 1992).

Die Gefahr solcher Entwicklungen besteht insbesondere deshalb, weil die Ehepartner im Verlauf ihrer Beziehung die starke Emotionalisierung, die mit allen ihren illusionären Erwartungen an sich selbst und an die Partner am Beginn ihrer Verbindung steht, miteinander transformieren und in eine Beziehung überführen müssen, die stärker an der Realität orientiert ist. Diese Entwicklung kann durchaus gelingen und ist dann eine die Verbindung stärkende gemeinsame Erfahrung. Falls dieser Prozeß jedoch einem der Partner oder beiden nicht möglich ist, resultieren daraus schwerste Konflikte, die nicht nur zu Scheidungen sondern auch zu schlimmsten Formen von Gewalt in Familien führen.

In dieser Hinsicht befinden sich lesbische, schwule und bisexuelle Menschen im Grunde in einer günstigeren Position. Sie haben sich selbst bereits in den Beziehungen der früheren Phasen besser kennenlernen können und gehen die als Dauerbeziehung geplante Verbindung im allgemeinen mit wesentlich realistischeren Vorstellungen von der eigenen Person und den Partnern ein. Insofern ist es im besten Sinn eine »Zweckgemeinschaft«, die ohne die übermäßige Emotionalisierung, wie sie viele Ehen auszeichnet, günstige Voraussetzungen dafür

schafft, die Gefahren schwerer Enttäuschungen und daraus
entstehender Gewalt zu vermeiden.

Ein in den meisten Ländern nach wie vor ungelöstes Problem
liegt allerdings darin, daß auch solche auf längere Zeit hin
angelegten lesbischen und schwulen Beziehungen von staatli-
cher Seite (und auch von den Kirchen) nicht anerkannt werden.
Die einzigen Ausnahmen stellen bisher Dänemark (seit 1. Oktober 1989) und Norwegen (seit 1. August 1993) dar, die eine
staatliche Registrierung gleichgeschlechtlicher Partnerschaften
mit derselben Wirkung wie die heterosexuelle Ehe (ausgenommen das Kindschafts- und das Adoptionsrecht) eingeführt
haben. Obwohl auch in anderen Ländern Juristen – wie etwa in
der Schweiz der Zürcher Professor für Ehe- und Familienrecht
C. Hegnauer – darauf hingewiesen haben, daß »auch die
Lebensgemeinschaft von Personen des gleichen Geschlechts
rechtliche Anerkennung (verdient)« (1993, S. 34), und in Holland,
Frankreich, der Bundesrepublik und der Schweiz von verschiedenen Seiten her Vorstöße unternommen worden sind, ist
bisher in diesen Ländern eine staatliche Anerkennung lesbischer und schwuler Partnerschaften nicht in Aussicht.

Im Zusammenhang mit solchen Partnerschaften von hohem
Verbindlichkeitsgrad ist noch auf die Frage nach Kindern, die
in diesen Verbindungen aufwachsen, einzugehen. Von seiten
der Öffentlichkeit und vieler Gerichte besteht diesbezüglich
zumeist eine ablehnende Haltung. Es wird befürchtet, Kinder,
die von lesbischen Müttern oder schwulen Vätern erzogen
werden, würden psychische Beeinträchtigungen, vor allem
Störungen in ihrer Geschlechtsidentität, davontragen und selbst
lesbisch oder schwul werden, und solche Kinder würden wegen ihrer Familiensitaution von Kameradinnen und Kameraden
stigmatisiert, gehänselt und anderweitig traumatisiert. In ihrer
die bisherige Fachliteratur zusammenfassenden Übersichtsar-
beit kommt Patterson (1992) hingegen zum Resultat, daß Kinder von lesbischen und schwulen Eltern normale Beziehungen
zu ihren Altersgenossen unterhalten und daß auch ihre Beziehungen zu den Erwachsenen beider Geschlechter keine Auf-
fälligkeiten erkennen lassen. Im Gegenteil wird anhand der
vorliegenden Untersuchungen deutlich, daß Kinder, die unter
der Obhut ihrer geschiedenen lesbischen Mutter aufwachsen,

mehr Kontakt mit ihren Vätern haben als Kinder, die bei ihrer geschiedenen heterosexuellen Mutter leben. Es finden sich auch keinerlei Belege, daß Kinder von lesbischen oder schwulen Eltern einem größeren Risiko von sexueller Ausbeutung ausgesetzt wären als andere Kinder. Die psychische Entwicklung von Kindern lesbischer Frauen und schwuler Männer erweist sich aufgrund der uns heute vorliegenden Befunde in keiner Weise als beeinträchtigt gegenüber den Nachkommen heterosexueller Eltern.

Mit fortschreitendem Alter sehen sich lesbische, schwule und bisexuelle Menschen natürlich in gleicher Weise wie Heterosexuelle den *Problemen des Alterns* und der damit notwendig werdenden *Neuorientierung* gegenüber. Auch wenn wir heute wissen, daß die in der Öffentlichkeit noch weit verbreitete Vorstellung, das Alter zeichne sich ausschließlich durch das Abnehmen von Kräften, das Nachlassen verschiedener Sinnesfunktionen und durch eine Zunahme an Starrheit und sozialer Isolation aus, nicht der Realität entspricht (Lehr, 1987), ist unbestreitbar, daß beim eigenen Körper und seinen Funktionen und in den sozialen Beziehungen etliche Änderungen zu verzeichnen sind. Das bedeutet jedoch nicht, daß Alter mit Siechtum und Resignation gleichzusetzen wäre. Wie jede andere Lebensphase besitzt auch das höhere Alter neben seinen spezifischen Problemen positive Seiten und erfordert eine aktive Gestaltung.

Wichtige äußere Ereignisse in dieser Zeit sind das Ausscheiden aus dem Beruf und die damit verbundenen Veränderungen im Beziehungsbereich, in der Tagesstruktur und in den verschiedenen Tätigkeitsfeldern (das heißt Einschränkung oder völliges Aufgeben der beruflichen Arbeit, mehr zur Verfügung stehende Zeit für Hobbies, karitative und andere Beschäftigungen und für die Pflege sozialer Kontakte etc.). Hinzu kommen die bereits erwähnten körperlichen Veränderungen, die in individuell unterschiedlichem Ausmaß zu gewissen Einschränkungen führen und zu Verhaltensänderungen zwingen. Letztlich sind es aber wohl weniger diese Veränderungen selbst, die von vielen älteren Menschen als so bedrückend erlebt werden, als vielmehr die Tatsache, daß sie ein »memento mori« darstellen, sichtbarer und fühlbarer Beweis dessen sind, was wir

111

eigentlich lebenslang wissen, aber im frühen und mittleren Lebensalter mehr oder weniger erfolgreich beiseite schieben: das Wissen um unsere Endlichkeit. Mit dieser Tatsache sind wir bereits in dem Moment konfrontiert, in dem die Menschen der Vorgeneration sterben. Doch gelingt es uns meist noch einige Zeit, die Auseinandersetzung mit unserem eigenen Tod zu vermeiden, bis wir ihr angesichts des Nachlassens unserer Kräfte und des Erlebens, daß nun auch viele Menschen unserer eigenen Generation sterben, nicht mehr länger ausweichen können.

Worauf es für jeden Menschen im Prozeß des Alterns ankommt, ist, auch diese Phase des Lebens mit ihren Freuden und Leiden anzunehmen und sich auf die für diese Zeit spezifischen Entwicklungsaufgaben einzulassen. Gewiß spielen Sinnfragen lebenslang eine zentrale Rolle. Doch weichen wir ihnen in früheren Altersstufen oftmals aus. Nun jedoch, im höheren Lebensalter, drängen sich die Fragen nach dem Woher, Wohin und Wozu auf und müssen individuell beantwortet werden. Nach dem ERIKSONschen Modell geht es in dieser Zeit um die Lösung des Konflikts zwischen Ich-Integrität und Verzweiflung, wobei mit »Ich-Integrität« die Fähigkeit gemeint ist, dem je eigenen Leben positiv gegenüberzustehen, das heißt auch das Alter als etwas Selbstverständliches, Wesenhaftes und positive Dimensionen Eröffnendes anzunehmen und angesichts des nahenden Todes nicht in Verzweiflung, Resignation und Bitterkeit zu verfallen.

Im Hinblick auf diese allgemeinen Entwicklungsaufgaben befinden sich alle Menschen, unabhängig davon, ob lesbischer, schwuler, bisexueller oder heterosexueller Orientierung, in der gleichen Lage. Wir alle müssen uns spätestens in dieser Lebensphase mit dem eigenen Sterben auseinandersetzen, müssen versuchen, die Ereignisse unseres Lebens in einen Sinnzusammenhang zu bringen, und sehen uns der Aufgabe gegenüber, uns auf das für unsere Existenz Wesentliche auszurichten. Trotz dieser Gemeinsamkeiten befinden sich Lesben und Schwule gegenüber heterosexuellen Menschen jedoch im Hinblick auf einige Aspekte in einer besonderen Lage. Dabei ist allerdings zu berücksichtigen, daß die Unterschiede letztlich weniger durch die heterosexuelle oder lesbische beziehungsweise schwule Orientierung, sondern in erster Linie durch die Lebensform der betreffenden Menschen bedingt sind.

Alleinstehende Lesben und Schwule befinden sich oft in einer sehr ähnlichen Situation wie alleinstehende heterosexuelle Menschen. Das Hauptproblem liegt für sie darin, keine Partnerinnen oder Partner in ihrem nächsten Umkreis zu haben und auf Kontakte zu einem weiteren Kreis von Familienangehörigen verschiedener Generationen verzichten zu müssen. In dieser Hinsicht haben es Verheiratete mit Kindern zweifellos einfacher, da sich ihre eigene Familie bereits aus Menschen verschiedener Lebensalter zusammensetzt und das Feld ihrer Bezugspersonen, Männer wie Frauen, Jüngere wie Gleichaltrige und Ältere umfassend, gleichsam »automatisch« größer ist als das Alleinstehender. Verheiratete Menschen mit Familie sind deshalb weniger der Gefahr ausgesetzt, im Alter völlig zu vereinsamen. Demgegenüber befinden sich Lesben und Schwule, vor allem wenn sie infolge von Ängsten wegen Diskriminierungen ihr Leben lang ihre Orientierung verheimlicht und von jeher weitgehend isoliert gelebt haben, in einer ungleich schwierigeren Lage.

So einleuchtend eine solche Argumentation auch erscheinen mag, müssen wir uns doch fragen, ob dies wirklich die Realität heterosexueller wie lesbischer und schwuler Menschen im höheren Lebensalter ist beziehungsweise sein muß. Zunächst ist zu bedenken, daß Lesben und Schwule keineswegs in der Regel allein leben, das heißt, sie sind insofern nicht unbedingt mit alleinstehenden heterosexuellen Menschen zu vergleichen. Aber selbst wenn die Partnerin beziehungsweise der Partner gestorben ist oder sie aus anderen Gründen allein leben, muß dies nicht zwangsläufig heißen, sie müßten auf den Kontakt zu anderen Menschen, seien sie jünger oder älter, seien es Frauen oder Männer, verzichten, und ihnen seien insbesondere keine Beziehungen zu Familienangehörigen möglich. Lesben und Schwule haben zwar im allgemeinen (aber auch dies gilt nicht uneingeschränkt) keine eigenen Kinder, und ihnen fehlt daher der sich daraus sozusagen selbstverständlich ergebende Kontakt zur jüngeren Generation und deren Kindern. Aber sie haben sehr wohl eine Herkunftsfamilie mit einem mehr oder weniger großen potentiellen Beziehungsnetz. Deshalb bestehen auch für Lesben und Schwule grundsätzlich ähnliche Möglichkeiten wie für jeden anderen Menschen auch. Der einzige Unterschied gegenüber verheirateten Heterosexuellen mit Kindern scheint mir darin zu liegen, daß Lesben und Schwule bereits in früheren Phasen ihres Lebens gezwungen sind, ihre Beziehungssituation zu reflektieren und bewußt zu gestalten. Sie können sich nicht »blind« darauf verlassen, daß im Alter »schon irgendjemand« für sie da sein wird, sondern sie müssen sich ein Leben lang aktiv darum bemühen, Kontakte zu knüpfen und zu pflegen.

Man muß sogar sagen, daß Lesben und Schwule aufgrund ihrer bisherigen Lebenserfahrungen möglicherweise viel besser auf das Alter und die damit auf sie zukommenden Probleme vorbereitet sind. Bedenken wir, in welch starkem Maße viele verheiratete Männer – vor allem in der Generation der heute alten Menschen – weitgehend auf ihre Ehefrauen angewiesen sind (und zwar sowohl für ihre Versorgung im alltäglichen Leben als auch in der Pflege von sozialen Beziehungen), so muß man sagen, daß in dieser Hinsicht Schwule wesentlich »emanzipierter« (das meint: selbständiger) sind. Sie haben sich – gezwungenermaßen – vom frühen Erwachsenenalter an selbst versorgen müssen, haben eigenständig ihre Beziehungen gestaltet und mußten, oft weitgehend auf sich selbst zurückgeworfen, mit schwierigen Lebenssituationen fertig werden. In dieser Hinsicht befinden sie sich im höheren Alter sogar in einer vergleichsweise besseren Position als verwitwete heterosexuelle Männer.

Zudem entspricht das Bild von alten Menschen, die liebevolle, intensive Beziehungen zu ihren Kindern und Enkeln sowie zu einem weiten Kreis anderer Verwandter pflegen, keineswegs der Realität. Gewiß gibt es Familien, deren Mitglieder in einem engen Austausch miteinander stehen, und zum Glück fristen nicht alle alten Menschen, in ein Heim oder eine Pflegeabteilung abgeschoben, ein isoliertes, trostloses Dasein. Doch ist es bei den Heterosexuellen im Grunde genauso wie bei Lesben und Schwulen: Auch ihnen fallen Lebensfreude und Trost vermittelnde Beziehungen nicht einfach in den Schoß. Dies merken sie tragischerweise oft erst, wenn es eigentlich schon zu spät ist. Dann müssen sie unter Umständen voller Bitterkeit feststellen, daß sie es in jüngeren Jahren verpaßt haben, die inner- und außerfamiliären Beziehungen bewußt zu pflegen, weil sie fälschlicherweise davon ausgegangen sind, Kinder zu haben bedeute, gleichsam »automatisch« auch im Alter auf ein tragendes Beziehungsnetz zurückgreifen zu können.

Mitunter stehen Lesben und Schwule unter dem Eindruck, die Schwierigkeiten, die das Alter in körperlicher und seelischer Hinsicht, im Alltag und in den Beziehungen mit sich bringt, seien durch ihre sexuelle Orientierung und die daraus resultierende Lebensgestaltung bedingt. Dies ist gewiß eine naheliegende Erklärung, insbesondere dann, wenn die Betreffenden die ihnen von der Umwelt vermittelten negativen Bilder »der oder des Homosexuellen« verinnerlicht und selbst im hohen Alter noch nicht abgebaut haben. Eine solche »Erklärung« entspricht jedoch nicht den Tatsachen: Ältere Lesben und Schwule sind im allgemeinen keineswegs einsamer als jüngere und ziehen sich auch nicht weitgehend aus allen früheren Beziehungen und Lebensbereichen zurück (BENNETT et al., 1980). Während von schwulen Männern im Prozeß des Alterns die nachlassende äußere Attraktivität zum Teil als ein Problem erlebt wird, sind Lesben in dieser Hinsicht weniger besorgt: Ihnen sind »innere Werte« wie Persönlichkeit und Intellekt im allgemeinen wichtiger als das äußere Erscheinungsbild (MOSES et al., 1982).

Mit Recht haben MARTIN und LYON (1979) darauf hingewiesen, wenn man von der Einsamkeit älterer Lesben und Schwuler spreche, so sei es im Grunde nicht eine spezielle, durch das Alter bedingte Einsamkeit, sondern die *Einsamkeit in einer vorwiegend heterosexuellen Welt*. Wenn Lesben und Schwule sich im Alter einsam und isoliert fühlen, ist die »Erklärung«, dies sei durch ihre sexuelle Orientierung bedingt, aus zumindest drei Gründen fatal: Zum einen entspricht sie nicht der Realität und ist deshalb unsinnig. Gravierender ist indes die zweite Konsequenz, nämlich die Tatsache, daß die betreffenden Lesben und Schwulen sich durch derartige Argumente selbst quälen und entwerten und so selbst die Diskriminierungen fortsetzen, unter denen sie früher von seiten der Umgebung haben leiden müssen. Schließlich lenkt eine solche »Erklärung« dadurch, daß sie plausibel erscheint und deshalb nicht mehr kritisch hinterfragt wird, von den Aufgaben ab, die eigentlich zu lösen wären, nämlich von der Notwendigkeit, das Leben auch im höheren Alter aktiv in die Hand zu nehmen und sich mit den phasenspezifischen Themen des Alterns und der eigenen Endlichkeit auseinanderzusetzen.

Obwohl es gerade im höheren Alter mehr Gemeinsamkeiten zwischen heterosexuellen, lesbischen und schwulen Menschen gibt, als wir oft annehmen mögen, ist doch noch auf einen Unterschied einzugehen, der das Leben betagter Lesben und Schwuler mitunter überschattet: Es ist die bittere Tatsache, daß sie selbst nach langjährigem, in der näheren und weiteren Umgebung bekanntem Zusammenleben beim Tod der Partnerin oder des Partners nicht mit der gleichen Anteilnahme und Tröstung rechnen können wie die zurückbleibenden Partner aus heterosexuellen Verbindungen. Gerade im Moment größter Betroffenheit durch den Tod des von ihnen geliebten Menschen erleben Lesben und Schwule mitunter von seiten der Familie ihres Partners oder ihrer Partnerin und von der weiteren Umgebung brüske Ablehnungen und Diskriminierungen in einem früher vielleicht nie erfahrenen Ausmaß. Belastend ist in diesem Zusammenhang nicht nur die vielfach unsichere rechtliche und ökonomische Situation (zum Beispiel in bezug auf die Erbschaft oder im Hinblick auf die ihnen verwehrte Pension ihrer Partner etc.). Viel schmerzlicher sind die subtilen seelischen Verletzungen, die sie in dieser Zeit unter Umständen zu erleiden haben, etwa bei der Frage, ob sie in der Todesanzeige namentlich genannt werden, und wenn ja, an welcher Stelle; wo sie bei der Trauerfeier sitzen (an dem ihnen zustehenden Ort, wo die nächsten Angehörigen sitzen, oder irgendwo in der Menge der Trauergäste); ob sich Vertreterinnen oder Vertreter der Kirche, welche die Trauerfeier ausrichten, ihrer als Hinterbliebener wirklich annehmen oder ob man stillschweigend über sie hinweggeht. Neben den kirchlichen Institutionen bietet auch unsere weitere Gesellschaft in Trauerfällen den nächsten Angehörigen rituelle Formen und Möglichkeiten an, das individuelle Leid in einen übergeordneten Bedeutungszusammenhang zu stellen, und erleichtert ihnen damit den Trauerprozeß (SPIEGEL, 1977). Der Rückgriff auf solche Hilfen ist vielen Lesben und Schwulen indes versagt. Sie gelten im Hinblick auf diese Unterstützungen und Angebote vielfach nicht als »richtige« Angehörige und erleben im Moment größter Betroffenheit und Not die Ausgrenzungen umso schmerzlicher.

Ich würde allerdings ein allzu düsteres Bild zeichnen, wenn man aus meinen Ausführungen entnähme, derartige Situationen seien die Regel. Glücklicherweise finden wir Gegenbeispiele, die belegen, daß es auch gute Beziehungen zwischen den verwitweten lesbischen und schwulen Menschen und den Familienangehörigen der Verstorbenen gibt, und daß sie sich in diesen Fällen gegenseitig Trost und Unterstützung spenden. Doch sollten wir uns trotz solcher positiven Beispiele nicht darüber hinwegtäuschen, daß nicht selten gerade angesichts des Todes alte innerfamiliäre Konflikte (wieder) aufbrechen und dann unter Umständen an der zurückbleibenden lesbischen Partnerin beziehungsweise am schwulen Partner ausgelebt werden. Dies gilt insbesondere in Situationen, in denen materielle Interessen berührt werden.

V

Schwule Männer und AIDS*

Am Anfang dieses Kapitels möchte ich auf ein persönliches Dilemma hinweisen: Angesichts der Bedeutung, die der HIV-Infektion und der AIDS-Erkrankung im Leben schwuler Männer zukommt, wäre es nicht zu rechtfertigen, die Thematik in diesem Buch auszuklammern. Zugleich jedoch habe ich bei der Konzeption und beim Schreiben dieses Kapitels in mir einen vehementen Widerstand dagegen verspürt, ein weiteres Mal Schwul-Sein und AIDS wie selbstverständlich zusammenzubringen und damit unter Umständen noch weiter zur Verfestigung einer Haltung beizutragen, die DANNECKER (1991) mit den Worten umschrieben hat: »Trotz der rasch aufgegebenen Annahme einer auf homosexuelle Männer sich beschränkenden Erkrankung sollte die Welt der homosexuellen Männer mit dem Kürzel (AIDS, d. Verf.), mit dem diese Krankheit versehen wurde, auf monströse Weise verquickt werden und verquickt bleiben«. Wann immer es um »Homosexualität« oder »AIDS« geht, sei es bei Aufklärungskampagnen, sei es bei Darstellungen in der Fachliteratur, in Gesprächen im Freundes- und Bekanntenkreis – immer wieder treffen wir auf diese enge unheilvolle Verlötung von Schwul-Sein und AIDS. Ich spreche hier bewußt von »AIDS« (das heißt von der manifesten Erkrankung) und nicht von der »Gefahr einer HIV-Infektion« oder der »erfolgten HIV-Infektion«, da im Bewußtsein der Öffentlichkeit diese Erkrankung verhängnisvollerweise schon durch ihre Be-

---

* Dieses Kapitel wird sich ausschließlich mit der Situation schwuler Männer beschäftigen, da AIDS wegen der spezifischen Modalitäten der Infizierung im Leben von Lesben eine nur ganz geringe Rolle spielt.

zeichnung von ihrem möglichen Ende her definiert ist, das heißt von einer statistischen Wahrscheinlichkeit, an ihr zu sterben. Dieser Eindruck wird noch durch die in der Medizin gebräuchliche Stadieneinteilung verstärkt, die suggeriert, die HIV-Infektion führe zwangsläufig zum Tod.

Trotz dieses Dilemmas habe ich mich entschlossen, ein Kapitel über AIDS zu schreiben, da die Realität uns zeigt, daß in den westlichen Industrienationen von AIDS zwar nicht nur, aber doch in starkem Maße schwule Männer betroffen sind. Schätzungen aufgrund empirischer Studien in den alten Bundesländern, so die von BOCHOW (1988) und DANNECKER (1990), sprechen von Prävalenzraten von 11,5 bis 18,2% HIV-positiven Männern unter Schwulen. Bezüglich der kumulierten AIDS-Inzidenz geht man davon aus, daß auf 1 Million Einwohner 23 Fälle von AIDS kommen, das heißt, bei der wohl realistischen Schätzung von einer Million Schwuler in den alten Bundesländern liegt die Zahl für sie bei ca. 4000. Dazu kommen natürlich noch die nicht manifest kranken Seropositiven. Unter den bis Ende September 1990 an AIDS erkrankten Männern gehörten 70% zu den Schwulen und Bisexuellen. Man muß deshalb mit DANNECKER sagen: »AIDS brachte den Tod mitten ins Leben der homosexuellen Männer« (DANNECKER, 1991).

Ich möchte mich hier indes nicht in erster Linie mit den Möglichkeiten, Infizierungen zu vermeiden, und mit den Fragen der Begleitung und Behandlung HIV-positiver und manifest AIDS-kranker Menschen beschäftigen. In weltumspannenden Aufklärungs- und Präventionskampagnen wird auf die Risiken und Möglichkeiten zu ihrer Vermeidung aufmerksam gemacht, und uns liegt heute ein umfangreiches, differenziertes Schrifttum zum Thema AIDS vor, ganz abgesehen von den AIDS-Zentren und -Beratungsstellen mit ihren vielfältigen Angeboten (vgl. BECKER et al., 1990; CLEMENT, 1992; DANNECKER, 1990, 1991; FRANKE, 1990; RÜHMANN, 1985; SIGUSCH, 1987). Ich möchte in diesem Kapitel vielmehr vor allem der Frage nachgehen, was AIDS für schwule Männer bedeutet, in welcher Weise allein das Wissen um diese Erkrankung ihr Fühlen und Handeln prägt und ihre Beziehungen beeinflußt, und welche Rolle AIDS in der öffentlichen Diskussion um die schwulen Lebensformen spielt.

Schon eine erste Annäherung an das Thema läßt erkennen, daß AIDS keine »gewöhnliche« Krankheit ist. Sie ist von Anbeginn an als Krankheit von Stigmatisierten definiert worden, wird von den Betroffenen ebenso wie von der Umgebung vielfach als »selber verschuldet« infolge eines sexuellen Fehlverhaltens betrachtet und wird immer wieder in den Zusammenhang mit den großen Seuchen gestellt, welche die Menschheit heimgesucht haben. Es ist insofern eine Erkrankung von apokalyptischer Dimension und löst dementsprechend tiefe Ängste und Unsicherheiten aus.

Durch diese Bedingungen ist AIDS ein ganz besonderer Status zugewiesen, der dieser Erkrankung einen völlig anderen Charakter gibt als anderen schweren Leiden, etwa den Krebserkrankungen. Von Anfang an haftet AIDS das Odium der Selbstverschuldung und »Strafe« für einen lasziven Lebenswandel an. Dadurch werden nicht nur tiefe Gräben zwischen »gesund« und »krank« gezogen, sondern man grenzt die AIDS-Kranken durch Einführung moralischer Kategorien außerdem noch als spezielle Gruppe von den »gewöhnlichen Kranken« ab und diskriminiert sie insofern doppelt. Selbst gutgemeinte Appelle an die Vernunft nützen in dieser Hinsicht wenig oder können ungewollt sogar zu einer weiteren Stigmatisierung beitragen. So weist DANNECKER (1991) mit Recht darauf hin, daß die Betonung des Unterschieds zur Seuche (diese werde ohne eigenes Zutun übertragen, AIDS hingegen sei nicht durch »normale Alltagskontakte«, sondern nur durch bestimmte eigene Aktivitäten übertragbar; vgl. BLEIBTREU-EHRENBERG, 1989) zwar sachlich richtig sei, aber letztlich in doppelter Hinsicht einen negativen Effekt habe: Zum einen werde damit die HIV-Infektion und die an sie gebundene Sexualität aus der alltäglichen Normalität herausgelöst, und zum anderen werde durch die Betonung der Aktivität (man »bekommt« AIDS nicht, sondern »holt« es sich) die Vorstellung verstärkt, AIDS sei eine Krankheit, für die die Erkrankten selbst verantwortlich seien.

Diese Herauslösung aus der »Normalität« und die Vorstellung der Selbstverschuldung sind nicht zuletzt dadurch bedingt, daß im Rahmen der Präventionskampagnen das Verhalten Schwuler in einem Ausmaß öffentlich diskutiert wird, wie es früher niemals der Fall war. Durch die AIDS-Erkrankung ist nicht nur die Sexualität als »tödliche Lust« zu einer Gefahr erklärt worden, sondern es ist, wie DUNDE (1987, S. 214) mit Recht ausführt, »vieles an Verhalten, das vorher nur denen bekannt war, die es ausübten, und was daher auch einer öffentlichen Moraldebatte nicht ausgesetzt war, ... nun im Lichte der Medien zu einem Nachrichtenwert und zu einem Sujet der moralischen Abwägung« geworden. Dies hat jedoch keineswegs zu einem größeren Verständnis für das schwule Verhalten geführt, sondern im Gegenteil all denen, die nur nach Anlässen suchen, um die mißliebigen Lesben, Schwulen und Bisexuellen auszugrenzen, Argumente von großer Überzeugungskraft geliefert: Nun können sie mit einer »Sonderethik« unter Verweis auf die »tödliche Bedrohung durch einen Virus« auftreten (DUNDE, S. 216), können unter Berufung auf scheinbar plausible Gesundheitsargumente ihre einschränkende Sexualmoral vertreten und ihr autoritäres Weltverständnis wieder beleben.

Wie kein anderes Leiden ist deshalb AIDS mit massiven Scham- und Schuldgefühlen verbunden, mit denen die Betroffenen neben all den durch die Krankheit selbst verursachten Problemen fertig werden müssen. Sie können vielfach gerade nicht mit dem rechnen, was Kranken sonst im allgemeinen zuteil wird, nämlich mit Solidarität und Unterstützung von seiten ihrer Umgebung, sondern sehen sich, wenn ihre Erkrankung bekannt wird, nun mit einer doppelten Schmach und Schuld konfrontiert: Sie sind als Schwule entlarvt und haben sich als Strafe für ihren »unmoralischen Lebenswandel« AIDS »geholt«. Diese doppelte Stigmatisierung hat sich auch in empirischen Studien über Diskriminierungstendenzen gegenüber AIDS-Kranken nachweisen lassen (HORNUNG, 1993).

Ich möchte im folgenden vor allem auf die Bedeutung eingehen, welche AIDS für das Fühlen und Handeln schwuler Menschen besitzt, gleichgültig ob seropositiv, manifest aidskrank oder gesund, und in welcher Weise das Wissen um diese Erkrankung ihr Selbstverständnis und ihre Beziehungen prägt.

Ein in diesem Zusammenhang häufig zu hörendes Argument lautet, nun müsse auch in den Beziehungen schwuler Männer die Treue endlich großgeschrieben werden. AIDS habe insofern eine positive Änderung mit sich gebracht, als es das promiske

Verhalten stark eingeschränkt habe. Nicht selten spürt man in derartigen Stellungnahmen die Aggression der Sprechenden oder Schreibenden in Form einer gewissen Schadenfreude darüber, daß dem lasziven Treiben durch AIDS nun ein Ende gesetzt sei. Der Tenor ist praktisch immer der gleiche: Die Schwulen hätten sich in sexueller Hinsicht viel herausgenommen und müßten nun endlich auch umlernen. Sehen wir von der in solchen Worten sichtbar werdenden Aggression ab, so könnte man versucht sein, der Argumentation wenigstens insofern zuzustimmen, als sich das sexuelle Verhalten in bezug auf feste Partner und flüchtige Beziehungen tatsächlich geändert hat und offene Gespräche zwischen Partnern über frühere Beziehungen und zur Zeit bestehende »Nebenbeziehungen« aus Selbstschutz notwendig sind.

Wir müssen uns jedoch fragen, ob dies für das Erleben und Verhalten Schwuler tatsächlich ein Gewinn ist. Sind ihre Beziehungen durch die Verpflichtung zur Offenheit wirklich qualitativ besser und vertrauensvoller geworden? DANNECKER gibt zu bedenken, daß durch die Vorstellung von der Sexualität als einer lebensbedrohenden Kraft die Tatsache, eine »sexuelle Vorgeschichte« zu haben, zu einer beide Partner belastenden Realität wird und die Verpflichtung zur Offenheit leicht den Charakter eines Geständniszwangs annimmt. Um des Selbstschutzes willen muß ein Partner den anderen nach früheren und jetzigen Beziehungen fragen. Es kann unter diesen Bedingungen keine sich spontan entwickelnde lustvolle sexuelle Begegnung mehr geben. Vor allem steht das Diktat des Gesundheitsschutzes; und selbst wenn entsprechend den Präventionsempfehlungen ein Kondom benutzt wird, weist schon die Tatsache seines Gebrauchs auf die latente Gefahr hin. Man muß sich in diesem Zusammenhang auch fragen, ob eine durch AIDS erzwungene Treue überhaupt etwas mit dem zu tun hat, was wir gemeinhin mit dem Wort Treue bezeichnen, nämlich die freiwillig eingegangene Verpflichtung und Verbindlichkeit in einer Beziehung.

Die schwulen Männer befinden sich heute im Angesicht der Gefahr der HIV-Infizierung und der AIDS-Erkrankung in einem permanenten Konflikt zwischen ihrer Suche nach intimer Nähe, Lust und sexueller Befriedigung einerseits und dem

Streben nach Selbsterhaltung andererseits. Nicht selten heißt die Lösung für sie: weitgehender Rückzug aus realen Beziehungen, da die potentiellen Partner für sie zu einem personalisierten Risiko werden. Im Erleben solcher Schwuler ist der Feind nicht mehr das Virus, sondern der mögliche Virusträger. »Um diesem nicht zu nahe zu kommen, muß man zu jenem in Distanz gehen. Nähe zum anderen ist nur noch als abgestufte Ferne erlaubt, die sich von der dünnen Gummimembrane über die mutuelle Masturbation bis hin zum Telephonsex erstreckt« (DANNECKER). Was von außen her betrachtet sinnvoll ist und sich im Hinblick auf die Prävention tatsächlich auch bewährt, wird im Erleben schwuler Männer zu einer Beziehungen nahezu verunmöglichenden Situation. Sie führt letztlich zu weitgehend entpersönlichten Kontakten, die ganz unter dem Diktat der rationalen Kontrolle und des Zwangs zur Einhaltung von Distanz stehen.

Der in den AIDS-Kampagnen propagierte Leitsatz, auf den Austausch von Körperflüssigkeiten zu verzichten, hat das Verhalten Schwuler erwiesenermaßen tiefgreifend verändert (BOCHOW, 1988; DANNECKER, 1990, 1991). Dies ist insofern ein positiver Effekt, als dadurch die Gefahr der HIV-Infektion stark reduziert worden ist, so daß einzelne Autoren sogar schon frohlockten, »bei der Primärprävention gegen AIDS sei man bei den homosexuellen Männern mehr oder weniger am Ziel« (SALMEN, 1990). Auch wenn man aufgrund der Einschätzungen anderer Forscher (vgl. EKSTRAND et al., 1990) einer solchen euphorischen Stellungnahme skeptisch gegenüberstehen muß, ist unbestritten, daß die AIDS-Präventionsprogramme gerade bei schwulen Männern zu deutlichen Verhaltensänderungen geführt haben. Die Frage ist jedoch, wie es dabei in ihrem Erleben aussieht und welchen Preis sie emotional für die Vorsichtsmaßnahmen zahlen. Es scheint gerade nicht so zu sein, wie etwa MÜLLER (1988) und andere Autoren vermuten, daß seit der Ausbreitung von AIDS »ein stark verbreitetes promiskes Verhalten ... erheblich zurückgegangen« ist. So verweist DANNECKER aufgrund seiner Erhebungen darauf, daß das Veränderte nicht die geringere Frequenz von Saunen, Parks, öffentlichen Toiletten etc. sei, sondern die dort herrschende Atmosphäre: Über diesen Orten liege heute eine vergleichsweise triste Stimmung, und die Leitlinie des Handelns für schwule Männer laute in der Gegenwart: »Alles phantasieren, außer ›wechselseitiger Onanie‹ aber nicht realisieren«. Dies habe zu einer ausgesprochenen Leibfeindlichkeit der Schwulen geführt und zu einer Verschiebung der Präferenz der Vorlust auf Kosten der Lust.

Diese unter dem Einfluß der »Safer Sex«-Kampagnen erzwungenen Einstellungs- und Verhaltensänderungen können selbstverständlich nicht ohne Auswirkungen auf die Gefühlswelt, die erotischen Phatansien und das Beziehungsverhalten schwuler Männer bleiben. Sie haben in erster Linie zu einem massiven Mißtrauen jedes gegenüber jedem geführt. Trotz oder gerade wegen der Notwendigkeit, offen miteinander über frühere und jetzige Kontakte zu sprechen, was den erwähnten Geständniszwang nach sich zieht, sind die Beziehungen schwuler Männer heute vielfach von Angst und Mißtrauen geprägt. Die Angst gilt dabei nicht nur dem Partner, weil er Träger des HIV-Virus sein könnte, sondern auch der eigenen Person, und zwar hier in bezug auf die Unsicherheit, ob man sich auf sich selber wirklich verlassen könne. Die in jeder Beziehung sich stellende bange Frage lautet: Bringe ich es fertig, mich rational so zu steuern, daß ich zu keiner Zeit ein Risiko eingehe? Dies setzt einen Grad an Kontrolle voraus, der eine lustvolle, befriedigende sexuelle Begegnung letztlich verunmöglicht.

Erhebliche Konsequenzen für die Beziehungen und die sie begleitenden Gefühle ergeben sich aus der Angst vor einer HIV-Infizierung auch in anderer Hinsicht: Wie angedeutet, führt gerade die Beachtung der nötigen Vorsichtsmaßnahmen zu einer weitgehenden Entpersönlichung der Beziehungen. Der innere Entwurf lautet für viele Schwule, die eigentlich ersehnte Nähe des Partners sei etwas höchst Gefährliches, und man tue gut daran, einen möglichst großen Abstand zu wahren, dies nicht nur im übertragenen, sondern auch im ganz wörtlichen Sinne gemeint. Auf diese Weise entsteht einerseits eine immer größer werdende Sehnsucht nach vertrauensvoller Nähe und Intimität, andererseits aber, dadurch bedingt, eine ebenfalls immer größer werdende Angst vor eben dieser Nähe, die unter dem Einfluß von AIDS für Schwule in wesentlich stärkerem Maße als für heterosexuelle Frauen und Männer eine lebensbedrohliche Qualität erhalten hat.

Dies gilt sogar für den Fall einer konsequenten Einhaltung aller Vorsichtsmaßnahmen, beispielsweise durch Verwendung eines Kondoms. Die bloße Tatsache, diesen Schutz verwenden zu müssen, bedeutet im Erleben schwuler Männer bereits, permanent an die Gefahr der Erkrankung und des Sterbens erinnert zu werden. Insofern trifft die oben zitierte Aussage DANNECKERs, AIDS habe »den Tod mitten ins Leben homosexueller Männer gebracht«, in furchtbarer Weise zu. AIDS überschattet nicht nur das täglich Leben Schwuler und zerreißt nicht nur immer wieder durch Krankheit und Tod von Partnern emotional wichtige Beziehungen, sondern wirkt sich bis in die intimste Sphäre ihres Lebens in unheilvoller Weise aus. Wenn Schwule alle nötigen Vorsichtsmaßnahmen treffen, schützen sie sich zwar vor der körperlichen Infizierung, seelisch jedoch sind sie längst von der Angst infiziert, die sie zutiefst in ihrem Fühlen und Handeln verunsichert.

Das »Kondom im Kopf« (SOPHINETTE BECKER, 1989, S. 131) beeinträchtigt häufig das Erleben und die erotisch-sexuellen Phantasien erheblich und macht damit befriedigende Beziehungen zumindest schwierig. Es ist eine tragische Paradoxie, daß das Kondom, so BECKER, am ehesten in anonym-promisken Beziehungen integrierbar zu sein scheint, während es nicht wenige Schwule in anderen Beziehungen aufgrund manifester Potenzprobleme, aber vor allem auch wegen der Einschränkungen der Phantasiemöglichkeiten vorziehen, auf bestimmte Sexualpraktiken, die ihnen emotional aber viel bedeuten, lieber ganz zu verzichten, anstatt ein Kondom zu benutzen.

Im Hinblick auf die durch AIDS erfolgte Veränderung im Erleben und Verhalten Schwuler ist die folgende Schilderung eines von DANNECKER (1991) befragten Mannes eindrücklich. Seine Antwort auf die Frage »Welche Auswirkungen hat AIDS für Sie gehabt?« lautete:

»Starke Verunsicherung. Dann habe ich mühevoll erlernt, Safer Sex zu haben. Da ich schon relativ schnell von AIDS erfuhr und in einem Zusammenhang lebe, in dem die Risiken der Krankheit offen und komplex diskutierbar sind, war mir sehr schnell klar, daß ich mein

Sexualverhalten ändern mußte. Diese Erkenntnis allein hat aber erst mal nichts oder nur sehr wenig bewirkt. Erst als ich zum erstenmal mitbekam, daß ein sehr agiler und lebensfroher Mensch langsam an der Krankheit krepierte, hat sich was verändert. Die erste langanhaltende, bis heute anhaltende Veränderung war Angst. Ich war nicht mehr in der Lage, angstfrei Dinge zu tun, die ich vorher endlich gelernt hatte (z.B. den Penis meines Partners bis nach dem Samenerguß in den Mund zu nehmen oder Analverkehr aktiv-passiv), habe diese Techniken aber erst mal wieder beibehalten, nur weniger oft ausgeübt, aber immer angstbesetzt. Anfang dieses Jahres wurde ich hysterisch und entwickelte alle Symptome, wie sie mir beschrieben worden waren: Nachtschweiß, Durchfälle, Schlappheit, Anfälligkeit für Infektionskrankheiten, Schnupfen, Grippe, Halsentzündung etc. Ich brauchte lange Zeit, um mich zu einem AIDS-Test zu entschließen. Der doppelt abgesicherte Befund war negativ, und alle Symptome verschwanden schlagartig. Mein Freund und ich machten den Test fast gleichzeitig; er unmittelbar nachdem ich meinen Befund erhielt. Erst als wir beide einen negativen Befund hatten, änderten wir unser Verhalten zu anderen radikal. Die größte Veränderung ist die Angst, die selbst bei Safer Sex nicht ausbleibt und die Kontakte zu Fremden immer mehr belastet, so daß ich mich mehr und mehr sexuell auf meinen Freund zurückziehe, obwohl das meinem Bedürfnis nicht entspricht. Ich habe große Schwierigkeiten, diesen Verlust zu verarbeiten« (S. 66f.).

Zu diesen Belastungen kommen selbstverständlich noch all die Kränkungen und Verletzungen hinzu, die aidskranke Menschen in unserer Gesellschaft durch Diskriminierungen in den verschiedensten Bereichen des sozialen Lebens erleiden: Probleme mit den Krankenkassen, Schwierigkeiten mit Arbeitgebern und Kollegen, sobald die Erkrankung bekannt wird, Diskriminierungen durch Vermieter und Hausbewohner, die sich oft abrupt zurückziehen, sowie offensichtlich wird, daß jemand aidskrank ist, und die Fülle anderer direkter und indirekter, physischer wie psychischer Formen von Gewalt, deren Opfer die Aidskranken werden (vgl. RAUCHFLEISCH, 1992). Mitunter richten sich solche Aggressionsäußerungen aber auch bereits gegen Menschen, die der Umgebung nur »aidsverdächtig« erscheinen und die man »prophylaktisch« ausgrenzt, um auch nicht das geringste Risiko einzugehen.

Fragen wir uns, welche Gefühlsdynamik solchen Diskriminierungen zugrundeliegt, so sind es zumindest drei Motive, die den Ausgrenzenden jedoch in der Regel selbst nicht bewußt sind.

Zum einen liegt dem Versuch, diese Kranken aus dem nächsten Umkreis zu verbannen und sie möglichst gar nicht wahrzunehmen, der Wunsch zugrunde, sich vor der Konfrontation mit Leid und Elend zu schützen, insbesondere auch vor der Erinnerung an die eigene Endlichkeit. Dieses Ziel hofft man zu erreichen, indem man die Menschen, die solche Gedanken und Gefühle auslösen, ausgliedert, sei es in ganz offensichtlicher Weise im sozialen Alltag, sei es in subtiler – deshalb aber nicht minder verletzender – Weise durch emotionale Distanzierung. Letztere kann sich in gefühlsmäßiger Abkehr oder Indifferenz zeigen. Sie kann aber auch auf weniger offensichtliche Weise erfolgen, indem die Kranken in die Rolle »armer, bedauernswerter Wesen« verwiesen und damit Distanz zu den sich »huldvoll« ihrer annehmenden Helfern geschaffen wird.

Zum zweiten steht hinter den Diskriminierungen, wie auch aus einer Erhebung von HORNUNG und Mitarbeitern (1993) hervorgeht, die Angst vor der Infragestellung eines Wertsystems (zu dem auch die Norm der Heterosexualität gehört), das von Menschen mit einer autoritären Persönlichkeitsstruktur als unantastbar betrachtet wird. Autoritäre Persönlichkeiten klammern sich in rigider Weise an ihnen von außen als verbindlich vor Augen gestellte Normen und Werte und zeichnen sich durch starke Vorurteile gegenüber Minoritäten aus (vgl. ADORNO et al., 1950). Aus der Erhebung an einer großen Stichprobe der Schweizer Bevölkerung (HORNUNG et al., 1993) ergab sich, daß die soziale Akzeptanz (in Form von Toleranz, Mitmenschlichkeit und Solidarität) AIDS-Kranken gegenüber stark davon bestimmt wird, zu welcher sozialen Gruppe der Kranke gehört. Die negativste Bewertung erhielten, wie schon in der Untersuchung von RICHTER (1993), die intravenösen Dorgenbenutzer und die schwulen Männer, und zwar vor allem in der Beurteilung heterosexueller Männer mit Zügen einer autoritären Persönlichkeit und großem zwischenmenschlichen Mißtrauen, wobei diese Männer bezeichnenderweise persönlich keine HIV-infizierten Personen kannten.

Zum dritten stellen die Ausgrenzungstendenzen eine Kränkungsreaktion dar: Die (zumindest bis jetzt) noch nicht heilbare Erkrankung stellt die grandiosen Machbarkeitsillusionen, denen wir alle so gerne anhängen und die wir sonst in unserer Welt so vielfach bestätigt zu sehen meinen, radikal in Frage. Wir erleben hier, daß wir dem Virus nichts entgegenzusetzen haben und hilflos dem Sterben uns nahestehender Menschen zusehen müssen. Ein solches Zurückgeworfensein auf unsere Ohnmacht, die Erinnerung an das eigene Sterben und das Mitleiden mit dem gequälten Mitmenschen, dem wir außer unserer Nähe und Begleitung keine wirksame Hilfe gegen die ihn zerstörende Krankheit leisten können, sind unsere menschlichen Allmachtsvorstellungen zerschlagende und uns deshalb zutiefst kränkende Erfahrungen. Um uns diese Kränkung zu ersparen, versuchen wir die Aidskranken so weit wie möglich auszugrenzen und uns vor der emotionalen Berührung durch sie zu schützen – wobei es indes eine illusionäre Hoffnung und ein vergeblicher Versuch ist, da es uns auch auf diese Weise nie gelingen wird, der Einsicht in unsere Endlichkeit und in die uns Menschen gesetzten Grenzen auszuweichen.

VI

Diskriminierungen

Es würde ein außerordentlich umfangreiches, düsteres Kapitel werden, wollte ich, selbst unter Auslassung aller Verfolgungen in der Vergangenheit, auch nur annähernd die Fülle von Diskriminierungen schildern, denen Lesben, Schwule und Bisexuelle in unserem heutigen sozialen Leben ausgesetzt sind. Der Versuch einer solchen umfassenden Darstellung wäre von vornherein zum Scheitern verurteilt. Außerdem erschiene er mir auch aus prinzipiellen Gründen nicht sinnvoll: Eine detaillierte Schilderung der vielfältigen Formen, in denen mit zum Teil brutalsten Mitteln Gewalt gegen Lesben, Schwule und Bisexuelle ausgeübt wird, würde insofern kontraproduktiv sein, als eine solche Darstellung ungewollt dazu beitragen könnte, daß wir uns immer mehr an Gewalt gewöhnen und schließlich selbst schlimmste Übergriffe nur noch als »Kavaliersdelikte« betrachten (vgl. RAUCHFLEISCH, 1992). Außerdem sind die massiven Gewaltanwendungen durch Berichterstattungen in den Massenmedien mehr oder weniger bekannt. Schließlich erscheint es mir wichtig, gerade auf jene subtilen Ausgrenzungs- und Diskriminierungstendenzen hinzuweisen, die sich im allgemeinen unserer Aufmerksamkeit entziehen, aber dennoch – oder gerade deshalb – tiefreichende Wirkungen ausüben.

Ich möchte in einem ersten Teil meiner Ausführungen vier verschiedene *Bereiche* diskutieren, in denen offen oder verdeckt Lesben, Schwule und Bisexuelle diskriminiert werden. Dabei werde ich bei den ganz offensichtlichen Gewaltmanifestationen beginnen, mich dann aber vor allem mit den subtilen Diskriminierungen und Ausgrenzungen beschäftigen, wie wir sie in der Literatur und im Film, im beruflichen und privaten

Alltag sowie in unseren psychologischen Theorien und in der daraus abgeleiteten Praxis finden. Im zweiten Teil dieses Kapitels will ich die *Hauptursachen* der Ausgrenzungen und Diskriminierungen herausarbeiten und schließlich, in einem dritten Teil, auf die Frage eingehen, *was* wir gegen die individuellen und kollektiven Formen der Diskriminierung *tun können*. Auch dabei wird es von konkreten Maßnahmen des nächsten persönlichen Umkreises bis zu gesellschaftspolitischen Veränderungen gehen.

Formen der Diskriminierung

Manifeste Gewalt

Es dürfte in der Öffentlichkeit weitgehend bekannt sein, daß Schwule und männliche Bisexuelle – in geringerem Maße auch Lesben – ein hohes Risiko tragen, Opfer von Gewalttaten zu werden. Dies gilt insbesondere für die Schwulen, die sich viel in der sogenannten »Szene« aufhalten, das heißt Kontakte in Parks, öffentlichen Toiletten und Schwulenbars suchen. Sie sind besonders gefährdet, Opfer von gewalttätigen Aktionen zu werden, die einzelne, bevorzugt aber Gruppen von Jugendlichen und jungen Erwachsenen ausüben. Für manche dieser Gruppen ist das »Schwule-Klatschen« so etwas wie ein Sport, und die Täter fühlen sich, selbst wenn sie ihre Opfer auf brutalste Weise mißhandeln, keineswegs schuldig. Nach ihrer Auffassung ist die gegen Schwule gerichtete Gewalt völlig legitim, da die Opfer für sie »Dreck« sind, von denen es die Straßen zu »säubern« gilt. Dem bei solchen Jugendlichen spürbaren Haß gegen Schwule liegt oft eine labile eigene Identität zugrunde mit der daraus resultierenden weit überdurchschnittlichen Angst vor der eigenen Homosexualität (CHAUSSY 1989; STREECK-FISCHER, 1992) beziehungsweise der Angst vor allen »weichen« (weil fälschlicherweise als »weiblich« verstandenen) Gefühlen.

Solche Haßimpulse werden selbstverständlich noch geschürt, und das Gefühl, zur Gewalt gegen Schwule berechtigt zu sein, wird verstärkt durch Stellungnahmen in der Öffentlichkeit wie den von Isay (1990, S. 90) ausschnittweise zitierten Brief der *American Family Association,* mit dem Unterschriften für eine Eingabe gesammelt werden sollten: »Liebe Familienmitglieder: ... Wenn Sie die Gesundheit und die Sicherheit Ihrer Familie schützen wollen, dann müssen die das AIDS-Virus übertragenden Homosexuellen auf der Stelle in Quarantäne ... Diese perversen Krankheitsüberträger laufen unbekümmert frei herum und machen möglicherweise Sie zu ihrem nächsten Opfer. Was kann man von degenerierten Sex-Besessenen anderes erwarten als Selbstsucht?«.

Es ist erschreckend zu sehen, daß die Gewalttätigkeit sich wahllos gegen die Mitglieder der verschiedensten Minoritäten richtet, die als in irgendeiner Hinsicht »inferior« bezeichnet werden, damit für die Täter nicht mehr zur Kategorie von »Menschen« gehören und Ziel blindwütiger Aggression werden. Wir wissen darum, daß Gewalttaten dieser Art während der Zeit des Nationalsozialismus an einer immensen Zahl von homosexuellen Menschen verübt worden sind: Vorsichtige Schätzungen weisen auf mindestens 50.000 Männer, vermutlich aber mehr, hin, die wegen Homosexualität verurteilt und in großer Zahl in den Konzentrationslagern inhaftiert gewesen sind. Zahlenangaben in bezug auf lesbische Frauen liegen nicht vor. Sie konnten einer direkten Verfolgung entgehen, wenn sie nicht durch andere, ihnen angeheftete Stigmata bedroht waren (was allerdings vielen von ihnen geschah) und bereit waren, sich mehr oder weniger stark anzupassen und auf ihr Leben als Lesben zu verzichten (Plant, 1991; Schoppmann, 1991; Stümke u. Finkler, 1981).

Das Muster der heutigen Gewalttaten ist immer wieder das gleiche: Die Überfälle erfolgen zumeist in dunklen Parks oder an anderen von der Öffentlichkeit wenig besuchten Orten, an denen die Täter sich sicher fühlen und die Opfer ihnen mehr oder weniger schutzlos ausgeliefert sind. Auch wenn die Schwulen mitunter beraubt werden, ist die Entwendung von Geld und anderen Wertsachen nicht das Hauptziel solcher Aktionen. Im Zentrum steht vielmehr der Wunsch, in brutaler Weise gegen hilflose Menschen vorzugehen. Deshalb treten die Aggressoren in der Regel nicht als Einzelpersonen, sondern als

Gruppe auf und sichern sich auf diese Weise die Machtposition. Hinzu kommt, daß sie häufig mit Waffen ausgerüstet sind, von denen sie auch rücksichtslos Gebrauch machen. Es ist die gleiche Art von gewalttätigen Attacken, wie wir sie gegenüber Ausländern und anderen Minoritäten kennen. Das Hauptziel ist stets die Terrorisierung der Opfer, die sich in einer ohnmächtigen Position befinden und keine Möglichkeit zur Gegenwehr besitzen. Die Täter nutzen die Schwäche, welche die Opfer dadurch aufweisen, rücksichtslos aus und fallen mit größter Brutalität über sie her, wobei die Aggressoren häufig nicht davor zurückschrecken, ihren Opfern schwerste Verletzungen zuzufügen. Mitunter ist es nur glücklichen Umständen zu verdanken, wenn die Überfallenen mit dem Leben davonkommen.

Schwule befinden sich häufig insofern in einer doppelt ohnmächtigen Position (und dies macht sie auch zu einem bevorzugten Ziel von Gewalttaten), als sie zum einen in der beschriebenen Konstellation als Einzelne einer übermächtigen Gruppe von Aggressoren gegenüberstehen. Zum anderen sind sie auch insofern besonders hilflos, als sie sich oft scheuen, Anzeige zu erstatten (so heißt es in einem Bericht des *Referats für gleichgeschlechtliche Lebensweisen* der Senatsverwaltung für Jugend und Familie, Berlin, aus dem Jahre 1991, daß ca. 80% der Gewalttaten an Schwulen nicht zur Anzeige gebracht werden). Die Gründe für dieses Verhalten liegen vor allem darin, daß Schwule – zu Recht oder zu Unrecht? – befürchten, von den Behörden nicht ernstgenommen zu werden und zusätzlichen Diskriminierungen ausgesetzt zu sein. Dies gilt insbesondere für solche Männer, vor allem natürlich für Bisexuelle, die sich in der Öffentlichkeit nicht als Schwule zu erkennen geben möchten und deshalb selbst bei schwerwiegenden Bedrohungen und Verletzungen keine Anzeige erstatten.

In den letzten Jahren hat sich in dieser Hinsicht zwar viel geändert, und es ist zu einer zum Teil sogar engen Zusammenarbeit zwischen der Polizei und den Vertreterinnen und Vertretern der Lesben- und Schwulenbewegungen gekommen. Doch können die Täter nach wie vor damit rechnen, daß ein relativ großer Teil der Schwulen immer noch zögert, Anzeige zu erstatten. Dadurch bleibt die Machtposition der Aggressoren ungebrochen, und es wird den Polizeibehörden schwer gemacht, wirkungsvoll einzugreifen, indem sie nicht nur die Täter bestrafen, sondern auch die Opfer vor zu erwartenden Angriffen schützen.

Über die zum Teil spektakulären Gewalttaten gegenüber Schwulen gerät mitunter die nicht weniger ausgeprägte Gewalt, mit der sich Lesben und bisexuelle Frauen konfrontiert sehen, aus dem Blickfeld der Öffentlichkeit (BERRILL, o.J.; VAN OORT, o.J.). DIANA VAN OORT kommt aufgrund einer Studie in Holland zum Resultat, daß Gewalt gegen lesbische und bisexuelle Frauen verstärkt innerhalb der Phase ihres coming out zu beobachten ist. Im Gegensatz zur Gewalt gegen Schwule werden Gewalttaten gegenüber Lesben und bisexuellen (wie übrigens auch gegenüber heterosexuellen) Frauen in erster Linie von ihnen (gut) bekannten Menschen verübt und selten von Fremden. Die Opfer suchten die Polizei in der Regel nur dann auf, wenn es um Gewalttaten von seiten Fremder ging (aus diesem Grunde lassen sich aufgrund der Polizeistatistik keine verläßlichen Aussagen über das Ausmaß der gegen Lesben und bisexuelle Frauen gerichteten Gewalt machen).

Massenmedien, Literatur und Film

Etwas weniger offensichtlich sind die Diskriminierungen von Lesben und Schwulen, wie wir sie in der Trivialliteratur und in Filmen, aber auch in Reportagen und Berichten der Massenmedien finden. Charakteristisch ist in diesem Zusammenhang etwa bei Zeitungsberichten über Gewalttaten gegen Schwule der Hinweis, das Verbrechen habe sich »im Milieu« abgespielt, oder Täter und Opfer verkehrten »in einschlägigen Kreisen« beziehungsweise gehörten beide dem »homosexuellen Milieu« an. Gewiß könnte man einwenden, das sei nur die Schilderung einer Tatsache. Man könne höchstens die »unglückliche« Terminologie (»Milieu«) beklagen. Genau hier liegt jedoch das Problem: Es wird scheinbar sachlich ein bestimmter Tatbestand geschildert. Doch durch die verwendeten Begriffe werden die Gefühle und Einstellungen der Hörer und Leser solcher Berichte zwangsläufig in eine bestimmte Richtung gedrängt. Bei Gewalttaten, deren Opfer Schwule sind, bedeutet dies: Das

Verbrechen an sich wird zwar verurteilt, doch taucht sehr schnell das – wenn auch unausgesprochene – Argument auf, das sei eben die Konsequenz davon, wenn man sich »in einem solchen Milieu« bewege. Dies ist der erste Schritt zu einer gefährlicher Verharmlosung solcher Gewalttaten, die zunehmend den Charakter von »Kavaliersdelikten« bekommen. Außerdem wird bei einer solchen Argumentation den Opfern ein großer Teil der Schuld zugewiesen, und sie werden auf diese Weise doppelt verletzt: durch die Gewalttat selbst und zudem noch durch die sie verurteilende Reaktion einer breiteren Öffentlichkeit.

Es ist eine ganz ähnliche Art der Diskriminierung, wie wir sie gegenüber Ausländern finden. Auch hier heißt es häufig in Berichten über Gewalttaten, der Täter sei ein »Ausländer«, oder es wird speziell seine Nationalität angegeben, was im Hinblick auf das Delikt im Grunde völlig irrelevant ist. Wir erfahren von den Tätern in unseren Gesellschaften ja in der Regel auch nicht, aus welcher Stadt oder aus welcher Landesregion sie stammen. Auf diese Weise kommt es zu einem Teufelskreis, der zu einer immer weiter gehenden Verfestigung von Vorurteilen führt: Man »weiß« bereits, daß Schwule und Ausländer ein »zwielichtiges Gesindel« sind, man erfährt aus Berichten, daß es in ihren »Kreisen« zu Gewalttaten kommt, dadurch verstärkt sich nochmals das Vorurteil und wird langsam zur unumstößlichen Gewißheit, zumal aufgrund spezifischer Selektionsprozesse nur die Informationen aufgenommen werden, welche die Vorannahmen bestätigen, während alle gegenteiligen – und damit die vorgefaßte Meinung verunsichernden – Informationen ausgeblendet werden.

Während in Zeitungs- und Fernsehberichten über Gewalttaten, deren Opfer Schwule sind, die Diskriminierung noch halbwegs offensichtlich ist, bleibt sie wesentlich verdeckter in vielen Trivialromanen und Filmen. Dies macht die Diskriminierungen jedoch in keiner Weise harmloser. Man muß umgekehrt sagen: Sie werden dadurch, daß sie sich in verdeckter Form äußern und sich im Gewand scheinbar amüsanter, spannender Unterhaltung präsentieren, umso gefährlicher. Sie sind nicht direkt greifbar und ihre hintergründige Gewalttätigkeit gegenüber Lesben und Schwulen läßt sich erst aufgrund einer genaueren Analyse erkennen. Deshalb kann man sich ihrem Einfluß in der Regel viel weniger entziehen als den ganz offensichtlichen, groben Formen von Gewalt und Diskriminierung.

Ich möchte diese Form der Ausgrenzung von Lesben und Schwulen an einigen Beispielen veranschaulichen, wobei diese stellvertretend für viele andere ähnliche stehen. Das erste Beispiel betrifft den Roman des amerikanischen Erfolgsautors der Horrorliteratur STEPHEN KING »Brennen muß Salem«. In diesem an der Dracula-Geschichte orientierten Roman schildert STEPHEN KING den Vampir als Schwulen und gesellt ihm einen ebenfalls schwulen Gehilfen bei. Diese von der Anlage des Romans und vom Handlungsverlauf her in keiner Weise sich aufdrängende Änderung gegenüber der Dracula-Vorlage dient ganz offensichtlich einzig und allein dem Ziel, die Verwerflichkeit der Bösewichter zu unterstreichen und damit – auch im Leser – den Eindruck zu erwecken, auch die schlimmsten Gewalttätigkeiten seien ihnen gegenüber legitim.

Ein ganz ähnliches Erzählmuster findet sich in IAN FLEMINGS Romanen und Filmen um James Bond, den Superspion mit der Kennziffer 007, die seine im Grunde durch nichts zu rechtfertigende Lizenz zum Töten beinhaltet. Auch die Gegner von Bond werden als abgrundtief böse dargestellt, wobei der Bösewicht in den verschiedenen Romanen zwar je eine etwas andere Gestalt annimmt, aber letztlich, wie UMBERTO ECO (1966) ausführt, stets »in einem ethnischen Raum geboren (ist), der von Mitteleuropa bis zu den slawischen Ländern und zum Mittelmeerbecken reicht; gewöhnlich ist er Mischling von niedriger und undurchsichtiger Herkunft; er ist asexuell oder homosexuell, jedenfalls sexuell nicht normal«. Auch bei Bonds Gegenspielern dient die Charakterisierung durch die sexuelle »Anormalität«, unterstützt durch das Stigma einer ethnisch »minderwertigen« Herkunft, einzig und allein der Legitimation all der Brutalitäten, die Bond gegen die Bösewichter richtet.

Überhaupt lassen sich in einer großen Zahl von Trivialromanen, die scheinbar »harmlos« und »amüsant« sind, Darstellungen von Männern finden, die mehr oder weniger direkt Schwule diskriminieren. Die Protagonisten werden als Super-Männer geschildert, als Inkarnationen eines grandiosen Entwurfs von »Männlichkeit«, als Über-Helden, die keine fremden

Regeln anerkennen, sondern nur ihrem eigenen Gesetz leben. In dieser Hinsicht bestehen letztlich keine wesentlichen Unterschiede zwischen den Gestalten in den Romanen von HAROLD ROBBINS, ROSEMARY ROGERS und anderen Autoren, IAN FLEMINGS Superspion James Bond, den Helden vieler Western und Krimis und den Gestalten der Action-Filme Rambo, Rocky und anderen Serien. Es sind betont »harte«, keine »weichen« (weil als »weiblich« empfundenen) Seiten, also insbesondere keine Gefühle zulassende Männer, emotional unberührbar. Gewalt und Töten sind als angeblich legitime Reaktionen auf die Grausamkeit ihrer Gegner für sie selbstverständlich, und ihre Devise lautet »Im Dschungel dieser Welt siegt der Stärkere«. Alle Menschen, die nicht so sind wie diese Über-Männer (das heißt Frauen, aber selbstverständlich auch Lesben und Schwule sowie andere als »Abweichende« Stigmatisierte) sind Opfer rücksichtsloser Gewalt.

Der Held in diesen Romanen und Filmen ist ein auf Frauen unwiderstehlich wirkender Mann, der zwar eine große Zahl von Beziehungen eingeht, sich emotional jedoch nicht berühren läßt. Die – natürlich attraktiven – Frauen dienen ihm ausschließlich zur Stabilisierung seines fragilen Selbstwertgefühls (möglicherweise stellt der Machismo solcher Männer den kompensatorischen Versuch dar, mit ungelösten bisexuellen Problemen fertigzuwerden, wie GILMORE et al., 1979, vermuten). Er nimmt die Partnerinnen nicht als Individuen mit eigener Persönlichkeit wahr, sondern sie erfüllen für ihn eine Funktion und sind für ihn nur in dieser Hinsicht von Bedeutung. Deshalb geht er mit ihnen um wie mit einer »Wegwerfware«. Alle »weicheren« Gefühle lehnt er strikt ab, ja zeigt sogar, wenn man diese Romane und Filme etwas genauer betrachtet, eine ausgesprochene Angst vor ihnen.

Diese Angst vor der emotionalen Berührung sei am Beispiel von HAROLD ROBBINS' Roman »Die Bosse« veranschaulicht: Alle Partnerinnen des Protagonisten werden von ihm nicht mit ihrem persönlichen Vornamen angesprochen. Er verwendet vielmehr eine Anrede, die aus der Nationalität, dem Beruf oder einer sonstigen Eigenschaft dieser Frauen und dem Suffix »-Mädchen« gebildet ist. Die Namen reichen von »Goldmädchen«, »Italienermädchen«, »Darlingmädchen« bis zu »Doktormädchen« (für eine Ärztin) und »Juramädchen« (für eine Juristin). Auf diese Weise werden die Frauen ihrer Identität beraubt und auf die Funktion reduziert, die sie für den Mann erfüllen müssen.

Unter den vielen Frauen, zu denen der Protagonist dieses Romans mehr oder weniger flüchtige Beziehungen unterhält, befinden sich nur zwei, die ihn emotional tiefer ansprechen. Bezeichnenderweise verwendet er im Umgang mit ihnen ihren wirklichen Vornamen. Der Autor ROBBINS läßt jedoch keinen Zweifel daran, daß eine derartige Beziehung für den Mann »gefährlich« ist. Sobald er sich gefühlsmäßig ansprechen läßt, ist es mit seinem Macho-Gehabe und seiner scheinbaren Selbstsicherheit vorbei. Er wird Opfer von ihn beunruhigenden Träumen, in denen ihm die geliebte Frau erscheint und sich ihm doch plötzlich wieder entzieht: »Ich wälzte mich auf dem Bett herum und verjagte die Träume. Schluß damit! Einmal hatte ich meine Deckung sinken und mich k.o. schlagen lassen. Ich hatte nicht vor, den gleichen Fehler noch einmal zu machen. So wie es jetzt war, ging es besser: keine Bindungen, keine Probleme, alles hübsch kühl. Man kam und ging nach Belieben, keine Schuldgefühle, weil man etwas anderes zu tun oder zu überlegen hatte ... Genug! Ich löste mich von meinen Gedanken und versuchte zu schlafen«. Doch wieder stellen sich bedrängende Träume ein, und beim Aufschrecken aus dem Schlaf findet sich der Protagonist in einem »stillen und leeren« Zimmer. In dieser bedrängenden Situation bleibt ihm nur noch der Griff zum Medikament, zur Schlaftablette. »Das wirkte, ich verlor die Besinnung so jäh, wie ein Licht verlöscht«.

Man mag sich fragen, inwiefern diese Art von Romanen und Filmen eine vor allem Schwule diskriminierende Wirkung ausübt. Tatsächlich ist es keine direkte Diskriminierung. Schwule und Lesben selber sind »kein Thema« in solchen Werken. Auf *indirekte* Weise wirken sich die Darstellungen der Super-Männer jedoch ausgesprochen negativ auf die Einschätzung schwuler Männer aus. Diese weisen gerade nicht die Eigenschaften der Helden dieser Romane und Filme auf. Außerdem werden sie vor allem auch deshalb zu einer suspekten, verachteten Art von Menschen, da sie die für den Macho-Mann so verpönten – weil von ihm panisch gefürchteten – »weicheren«

Gefühle zulassen, und dies sogar noch in der Beziehung zu einem anderen Mann, der vom Macho eigentlich immer nur als Rivale erlebt wird.

Zu dieser Dynamik steht die Tatsache, daß in solchen Romanen und Filmen mitunter ausdrücklich auf die »Freundschaft« der Helden zu einem anderen Mann verwiesen wird, nur in einem scheinbaren Widerspruch. Im Grunde geht es hier nicht um eine von Gefühlen bestimmte Freundschaft im echten Sinne, sondern es ist, wie bei den geschilderten Beziehungen zu Frauen, eine funktionalisierte Beziehung, die dem Protagonisten nützt. Während die attraktiven Frauen sein fragiles männliches Selbstwertgefühl stärken sollen, dient der »Freund« in der Regel einem anderen Zweck: Er ist entweder ein Doppel des Helden und trägt im Sinne eines Spiegelbildes zu seiner Verstärkung bei. Oder – und dies ist der häufigere Fall – der Freund wird als Opfer böser Gegner dargestellt, und der Held leitet, sich auf den hohen Wert der Freundschaft berufend, daraus die Legitimation ab, in brutalster Weise gegen den Feind vorzugehen. Dabei steht die von ihm angewendete Gewalttätigkeit in nichts der des »Bösen« nach. Genau dies ist das Ziel derartiger Darstellungen: Der »Freund« ist dem Helden emotional im Grund völlig gleichgültig. Er dient ihm lediglich als Vorwand zur Rechtfertigung seiner eigenen Aggression, deren Äußerung nun angeblich einem »heiligen« Zweck dient.

Bedenken wir, daß diese Romane und Filme Millionen von Menschen erreichen und dadurch, daß sie sich als »amüsante«, »spannende Unterhaltung« präsentieren, weitgehend unreflektiert aufgenommen werden, so dürfte verständlich werden, daß diese Werke einen nicht unerheblichen Einfluß auf die von den Rezipienten als »normal« empfundenen Männlichkeitsbilder ausüben. Es ist insofern ein verhängnisvoller Prozeß, als auf diese Weise solche Bilder geschaffen werden und bereits bestehende Normvorstellungen bestätigt werden, so daß schließlich der Eindruck entsteht, es sei selbstverständlich, daß ein Mann so zu sein habe, wie er in derartigen Romanen und Filmen dargestellt wird. Dadurch, daß hier ein Kontrastbild zum schwulen Mann entworfen wird, üben solche Darstellungen indirekt eine Schwule diskriminierende Wirkung aus und verstärken Intoleranz und Ausgrenzung ihnen gegenüber –

ganz abgesehen davon, daß Schwule selber diese Bilder des »richtigen Mannes« häufig verinnerlichen und dann unter ihrer »Abweichung« von diesem vermeintlichen Idealbild leiden.

Der berufliche Alltag

Gewiß ist in der Gegenwart die Akzeptanz für Lesben, Schwule und Bisexuelle größer als zu Zeiten, in denen sie ihre sexuelle Orientierung aus Angst vor strafrechtlichen Konsequenzen ängstlich verstecken mußten. Glücklicherweise müssen sie heute auch nicht mehr mit Einweisungen in psychiatrische Kliniken, mit hirnchirurgischen Eingriffen oder mit der Inhaftierung in Konzentrationslagern rechnen – auch wenn dies allerdings längst noch nicht für alle Länder der Welt gilt. Doch werden sie in unserer Gesellschaft nach wie vor ausgegrenzt. So zitiert VAN DEN AARDWEG (1985) (allerdings mit unverhohlenem Triumph, weil er durch die vox populi seine These von der Pathologie der Homosexualität bestätigt sieht) eine 1969 in Holland an einem Kollektiv der Allgemeinbevölkerung durchgeführte Fragebogenuntersuchung, in der 70% der Befragten geantwortet hätten, Homosexualität sei eine Störung oder Krankheit (MEILOF-OONK et al., 1969). Auch die im Jahre 1978 im Magazin »Time« publizierten Resultate einer Umfrage unter »einer großen Auswahl amerikanischer Psychiater« hat nach VAN DEN AARDWEG gezeigt, »daß etwa 70% Homosexualität ... als ›eine pathologische Adaption im Gegensatz zu einer normalen Variante‹ betrachten« (S. 25). In jüngster Zeit hat RICHTER von einer 1989 durchgeführten empirischen Studie zum Thema Fremdenfeindlichkeit, Rassismus und Nationalismus berichtet. Die repräsentative Erhebung in der BRD führte zum Resultat, »daß die Deutschen Türken, Asylbewerber und auch Zigeuner deutlich freundlicher beurteilen als Homosexuelle, Fixer und Prostituierte. Die auf dem sogenannten Sympathie-Thermometer erreichten Werte lagen für türkische Gastarbeiter bei 45 Prozent, für Asylbewerber bei 36 Prozent, für Zigeuner bei 34 Prozent, dagegen für Homosexuelle nur bei 27 Prozent, für Prostituierte und Drogenabhängige bei je 22 Prozent« (RICHTER, 1993, S. 399). Zu ähnlichen Ergebnissen kommt auch BOCHOW (1994) aufgrund von verschiedenen Repräsentativumfragen in

139

Ost- und Westdeutschland: »Mindestens ein Drittel der Bevölkerung kann als stark schwulenfeindlich eingestuft werden, ein weiteres Drittel ist ambivalent, das heißt, nicht durchgängig antihomosexuell, aber keineswegs frei von ablehnenden oder klischeehaften Einstellungen«. Hingegen könne nur bei einem Drittel der Bevölkerung davon ausgegangen werden, daß es »relativ frei ist von antihomosexuellen Einstellungen, schwulenfeindlichen Klischees und paranoid-persekutorischen Berührungsängsten«.

Auch die in Deuschland an 2.522 Lesben und Schwulen durchgeführte Befragung im Rahmen der Studie »Lesben und Schwule in der Arbeitswelt« (KNOLL et al., 1995)weist auf massive Ausgrenzungen von Lesben und Schwulen im beruflichen Alltag hin: So berichteten 80,9% der befragten Lesben und Schwulen, daß sie wegen ihrer sexuellen Orientierung am Arbeitsplatz diskriminiert würden, wobei die Diskriminierungen von »unangenehmen Schwulen-/Lesbenwitzen«, Beleidigungen, Ausschluß von Beförderungen, bis hin zu manifester körperlicher Gewalt reichten. Besonders ausgeprägt sind Diskriminierungen, wie sich auch in amerikanischen Untersuchungen gezeigt hat, in den verschiedenen sozialen Berufen. Erschreckend ist auch die Tatsache, daß von den 130 Personalleitern in größeren Betrieben Bayerns und Niedersachsens auf die Frage, ob Homosexualität in ihrem Betrieb schon einmal thematisiert worden sei und etwas zum Abbau von Vorurteilen Lesben und Schwulen gegenüber getan werde, lediglich 22 Fragebögen zurückgeschickt wurden und bis auf einen Betrieb (einen Wohlfahrtsverband) kein Betrieb etwas zur Situationsverbesserung von lesbischen und schwulen Arbeitnehmerinnen und Arbeitnehmern getan hatte. Die wenigen Antwortenden hielten das Thema der Homosexualität »für kein Thema« und äußerten sich dahingehend, »kein Problem mit dieser ›Personengruppe‹« zu haben, »der bisherige Schutz ist ausreichend«.

Die massive Ausgrenzung, die auch heute Lesben, Schwule und Bisexuelle erleben und erleiden, zeigt sich nicht zuletzt daran, daß sie in etlichen Berufen große Probleme bekommen oder gar bestimmte berufliche Wege überhaupt nicht einschlagen können, wenn ihre sexuelle Orientierung bekannt wird.

Ein besonderes düsteres Kapitel ist in dieser Hinsicht die Diskriminierung, welche Lesben, Schwule und Bisexuelle bei Tätigkeiten im kirchlichen Bereich, aber auch bei Ausbildungen zu Psychoanalytikern (vgl. S. 151ff.) zu erleiden haben, um nur zwei besonders krasse Beispiele zu nennen.

Vielfach wissen oder ahnen die Menschen in der Umgebung von Lesben, Schwulen und Bisexuellen, daß sie »so« sind, und halten sich die eigene tolerante Haltung sogar noch zugute, die angeblich frei von jeglichen Vorurteilen sei. Dies gilt zumindest, solange die Lesben und Schwulen sich »diskret« verhalten. Wollen sie ihre Orientierung jedoch offen leben, so ist es mit der »Toleranz« (die noch längst nicht Akzeptanz bedeutet!) oft schnell vorbei. Man findet es dann »peinlich«, »taktlos« und »unnötig provokativ«, die »unglückliche Veranlagung« so »demonstrativ« zu zeigen. Dies gilt speziell für den Fall, daß Lesben und Schwule auch die gesellschaftliche Anerkennung ihrer Partnerinnen und Partner wünschen, zum Beispiel indem sie bei offiziellen Anlässen als Paar eingeladen und angesprochen werden möchten. Die Umgebung reagiert darauf häufig mit einer gewissen Hilflosigkeit, wobei dies noch der relativ harmlosere Fall ist. Vielfach jedoch wird ausdrücklich Befremden über das Ansinnen der Lesben und Schwulen geäußert, und es kommt bei den Vorgesetzten und Kollegen zu einer merklichen gefühlsmäßigen »Abkühlung«, bis hin zu einem totalen Rückzug.

In eindrücklicher Weise hat MANFRED BRUNS seine eigene Erfahrung beschrieben: Der zur Zeit seines Berichts 58jährige Bundesanwalt beim Bundesgerichtshof in Karlsruhe hat, solange er zurückdenken kann, ausschließlich schwul empfunden und reagiert. Aufgrund einer stark religiös geprägten konservativen Erziehung und der Kriminalisierung der Homosexuellen während seiner Jugend hat er diese Tatsache jedoch lange verdrängt. Erst nach seiner Heirat wurde ihm die Tatsache des Schwulseins bewußt. Fast 20 Jahre unterdrückte er jedoch seine schwule Orientierung, weil er seine Frau und seine drei inzwischen erwachsenen Kinder nicht verlieren wollte und Angst um seine bürgerliche Existenz hatte. Erst im Alter von 45 Jahren knüpfte er erste Kontakte zur »Ökumenischen Arbeitsgruppe Homosexuelle und Kirche« (HuK) an und wurde sich in Gesprächen mit anderen Schwulen zunehmend der Tatsache bewußt, »daß es für mich nur eine Lösung geben konnte: Mich endlich so anzunehmen, wie mich Gott geschaffen hat, nämlich als homosexuell empfindenden Menschen. Meine Frau hat diese Entwicklung zum Glück toleriert, so daß ich mich nicht von meiner Familie zu trennen brauchte. Auch habe ich nach meinem coming out weder im Beruf noch in meinem gesellschaftlichen Umfeld schwerwiegende Diskriminierungen erfahren. Ich nehme zwar an, daß mich einige meiner Kollegen und Bekannten wegen meiner abweichenden sexuellen Orientierung und meiner Lebensweise ablehnen, aber sie drücken ihre Mißbilligung nicht offen aus; das ist in den Kreisen, in denen ich mich bewege, nicht üblich. Man wahrt die üblichen Formen der Höflichkeit. Allerdings wäre ich wohl nie Bundesanwalt geworden, wenn meine abweichende sexuelle Orientierung meinem Dienstherrn schon vorher bekannt gewesen wäre« (1993, S. 110).

Je nach der beruflichen und gesellschaftlichen Stellung der Lesben, Schwulen und Bisexuellen und je nach den in diesem Kreis üblichen Höflichkeitsformen sind die Diskriminierungen nur mehr oder weniger offensichtlich, für die Betroffenen selbst aber in jedem Fall in schmerzlichster Weise spürbar. Bei Beförderungen übergangen zu werden, höfliche, emotional »eisige« Distanz zu erfahren, von privaten Anlässen ausgeschlossen zu werden, vielleicht sogar anzügliche Bemerkungen zu hören – diese und viele andere äußerlich oft kaum wahrnehmbare Diskriminierungen können mindestens so verletzend sein wie grobe Ausfälligkeiten. Das Perfide bei den »höflichen« Formen der Ausgrenzung ist die Tatsache, daß die Betroffenen sich gerade wegen der Einhaltung aller Höflichkeitsregeln praktisch nicht dagegen wehren können. Sie laufen wie gegen eine unsichtbare Wand an, und wenn sie sich blutig daran schlagen, zucken die Umstehenden erstaunt, vielleicht sogar bedauernd, aber in der Überzeugung, selber ja »nichts Böses« getan zu haben, mit den Schultern.

Am ehesten gelingt das coming out im beruflichen Bereich denjenigen, die in lesbischen und schwulen Berufs- und Interessenverbänden Rückhalt finden. Diesen Bezugsgruppen kommt insofern eine kaum zu überschätzende Bedeutung zu, als sie die persönliche und berufliche Identität ihrer Mitglieder stärken und ein wirksames Gegengewicht gegen die sonst im Alltag erlittenen Diskriminierungen bieten. So wichtig und fruchtbar derartige Zusammenschlüsse auch sind, haben sie letztlich jedoch auch einen »bitteren« Beigeschmack. Zeugen doch gerade ihre Notwendigkeit und ihre Bedeutung vom Ausmaß, in dem auch heute noch Menschen wegen ihrer sexuellen Orientierung ausgegrenzt und diskriminiert werden. Gäbe es solche Formen von Gewalt nicht, so wären auch derartige Zusammenschlüsse nicht nötig. Solange wir in unserer Gesellschaft jedoch noch keine echte Akzeptanz von Lesben und Schwulen erreicht haben, brauchen wir dringender denn je lesbische und schwule Berufs- und Interessengruppen. Sie unterstützen nicht nur die einzelnen Menschen bei ihrem coming out, sondern leisten durch Öffentlichkeitsarbeit auch einen wichtigen Beitrag zu Einstellungsänderungen in der Gesamtbevölkerung.

Diskriminierungen auch durch die Psychoanalyse

Ich muß den folgenden Ausführungen drei Dinge vorausschicken: Zum einen möchte ich die Psychoanalyse hier lediglich als Beispiel psychologischer Theorien verwenden, die – gewollt oder ungewollt – zu Diskriminierungen beitragen, diese verstärken und damit Gewalt gegenüber Lesben, Schwulen und Bisexuellen ausüben. Zum anderen müssen wir berücksichtigen, daß die durch psychologische Konzepte erfolgenden Ausgrenzungen zumeist subtiler Art sind, da sie typischerweise mit einem nicht weiter hinterfragten Krankheits- und Gesundheitsbegriff operieren und durch Aufzeigen von »Therapie«-Möglichkeiten für die »Patienten« sich als scheinbar helfende und eben nicht als diskriminierende Ansätze präsentieren. Neben der Kritik, die an derartigen Konzepten und dem aus ihnen abgeleiteten Vorgehen zu üben ist, muß aber auch noch auf die positiven Möglichkeiten hingewiesen werden, die uns gerade die Psychoanalyse mit ihrem gesellschaftskritischen, emanzipatorischen Potential bei der Durchleuchtung von Ausgrenzungs- und Diskriminierungsprozessen bieten kann.

Sichtet man die einschlägige psychoanalytische Literatur, so läßt sich zweierlei erkennen: Das Thema »Homosexualität« wird in den Standardwerken der Psychoanalyse und in Falldarstellungen vergleichsweise selten behandelt. Man könnte daraus den Schluß ziehen, die lesbischen, schwulen und bisexuellen Lebensweisen seien insofern kein relevantes Thema für die Psychoanalyse, als sie an sich nichts mit »Krankheit« zu tun haben und ihnen deshalb im therapeutischen Schrifttum logischerweise keine besondere Bedeutung zukomme. Einer solchen Interpretation widerspricht indes die Tatsache, daß aus dem größten Teil der psychoanalytischen Publikationen, die sich doch mit diesem Thema beschäftigen, direkt oder indirekt hervorgeht, daß Homosexualität aus der Sicht der Psychoanalyse etwas »Krankhaftes« sei, Folge pathologischer frühkindlicher Entwicklungsbedingungen und damit Ausdruck einer Entwicklungsstörung. Autoren, die eine andere Auffassung vertreten, bilden eine verschwindende Minderheit.

Dieser auf den ersten Blick hin merkwürdig erscheinende Widerspruch läßt sich meines Erachtens am ehesten dadurch erklären, daß die meisten Psychoanalytiker sich zwar der »offiziellen« Theorie verpflichtet fühlen und in ihrer Sprechstunde in der Regel Klienten sehen, für welche die lesbische, schwule oder bisexuelle Orientierung ein Problem darstellt. Sie haben in ihrer psychoanalytischen Ausbildung – wenn sie überhaupt etwas von »abweichenden« sexuellen Orientierungen erfahren haben – im allgemeinen nur Autoren gelesen, für welche die Kurzformel »Homosexualität = Krankheit« eine unumstößliche Wahrheit darstellt, und sehen sich aufgrund ihrer spärlichen eigenen Erfahrungen in diesem Bereich in ihrer Vorannahme bestätigt. So ist es erschütternd und beschämend zugleich, von Lewes (1988) und Künzler (1992a) zu erfahren, daß selbst prominente Psychoanalytiker bei ihren Aussagen zur lesbischen und schwulen Orientierung zumeist nur von einer extrem bescheidenen Erfahrungsbasis ausgehen: »Melanie Klein stützt sich auf einen Behandlungsfall, Silberberg auf drei, Robbins auf zwei, Bloch auf vier, Berent auf einen. Bergler behauptet zwar ›Dutzende‹ von Homosexuellen analysiert zu haben, referiert in seinem ausgedehnten Schrifttum aber immer nur über ein und denselben Patienten. Bychowski verweist auf ein großes

144

Erfahrungsgut, vermag aber auch nur über zwei Behandlungen zu berichten. KERNBERG (1985) kommt schließlich ohne klinisches Material aus; ihm genügen zwei Filme, um sein ›konzeptuelles Modell zur männlichen Perversion‹ zu begründen« (KÜNZLER, 1992a, S. 207).

Einen nicht zu unterschätzenden Einfluß übt bei der beruflichen Sozialisation von Psychoanalytikerinnen und Psychoanalytikern schließlich auch die Tatsache aus, daß die Mehrzahl der psychoanalytischen Institute nach wie vor keine Bewerberinnen und Bewerber, die sich offen zu ihrer lesbischen oder schwulen Orientierung bekennen, zur psychoanalytischen Ausbildung zulassen. Die die Institute durchlaufenden Kandidaten wissen um diese Regeln, und es ist nicht weiter verwunderlich, daß sie daraus den Schluß ziehen, wenn die Gruppe der so erfahrenen, langjährig tätigen Lehranalytiker derartige Entscheidungen treffe, müsse es wohl gewichtige sachliche Gründe dafür geben, daß die Vorstellung von der Krankhaftigkeit der lesbischen und schwulen Orientierung gerechtfertigt sei.

Die traditionelle – und zugleich nach wie vor »offizielle«, das heißt von der Mehrzahl der Psychoanalytiker vertretene und in den Ausbildungsinstituten vermittelte – Auffassung läßt sich in der Kurzformel »Homosexualität = Krankheit« zusammenfassen. Ausgehend von RADO (1940), der vor allem FREUDS Konzept von der genetisch angelegten Bisexualität als biologisch nicht haltbar verwarf und die zur Homosexualität führenden frühkindlichen Sozialisationsbedingungen betonte, haben spätere Psychoanalytiker wie BIEBER und Mitarbeiter (1962), BERGLER (1956), OVESEY (1969) und SOCARIDES (1971, 1978, 1990), um nur einige der wichtigsten Exponenten zu nennen, die Auffassung vertreten, die lesbische, schwule und bisexuelle Orientierung sei Ausdruck einer Entwicklungsstörung und gehöre damit per definitionem in den Bereich der Psychopathologie.

Ich möchte hier nicht ausführlich auf die zum Teil ausgesprochen diskriminierenden Formulierungen der verschiedenen Psychoanalytiker eingehen, die vor dem Leser das ganze Spektrum der Psychopathologie ausbreiten, das angeblich charakteristisch sein soll für Lesben und Schwule. So wird »die weibliche Homosexualität« (ohne Berücksichtigung ihrer vielfältigen Erscheinungsformen und Persönlichkeitsausformungen) pauschal als abnormes Verhalten, als Perversion, als tiefe Störung in den Objektbeziehungen und in der Ich-Entwicklung, als Abwehr von Depersonalisierung, schweren Depressionen und Ängsten, als Reparationsversuch einer mißglückten Mutter-Kind-Beziehung, als Abwehr von Kastrationsängsten und Penisneid etc. geschildert, und es wird ausdrücklich auf die angeblich männliche Identifizierung der späteren lesbischen Frau und ihren tödlichen Haß auf die Mutter hingewiesen (beispielhaft für andere seien genannt DEUTSCH, 1932; McDOUGALL, 1964; SOCARIDES, 1971, 1978).

Den Schwulen zeichnet SOCARIDES folgendermaßen: »Ungefähr die Hälfte der Patienten, die sich homosexuell betätigen, haben eine begleitende Schizophrenie oder Paranoia, sind latent oder pseudoneurotisch schizophren oder leiden unter einer manisch-depressiven Reaktion. Die andere Hälfte der Patienten ist, wenn neurotisch, vom obsessionellen oder gelegentlich vom phobischen Typus. Manchmal leiden sie unter Charakterstörungen, einer psychopathischen Persönlichkeit oder verschiedenen Formen der Sucht« (1971, S. 141). »Als ›Lösung‹ ist die Homosexualität immer zum Scheitern verurteilt, und auch wenn sie in den Dienst von utilitären Zielen gestellt wird – zum Beispiel Prestige, Macht, Protektion durch einen stärkeren Mann –, ist der Erfolg kurzlebig. Die Homosexualität beruht auf der Furcht vor der Mutter und auf dem aggressiven Angriff gegen den Vater; sie ist voll von Aggression, Destruktion und Selbstbetrug. Es ist eine Maskerade des Lebens, bei der bestimmte psychische Energien neutralisiert und in einigermaßen ruhiger Lage gehalten werden. Dennoch droht stets der Durchbruch unbewußter Manifestationen von Destruktivität, Haß-, Inzest- und Angstgefühlen. Anstelle von Einigkeit, Kooperation, Trost, Anregung, Bereicherung, gesunder Herausforderung und Erfolg finden wir nur Destruktion, wechselseitige Niederlagen, Ausbeutung des Partners wie der eigenen Person, oral sadistische Inkorporation, aggressive Attacken, Versuche, die Angst zu beschwichtigen, sowie eine Scheinlösung für die aggressiven und libidinösen Impulse, die das Individuum beherrschen und quälen« (SOCARIDES, 1971, S. 22; man be-

146

achte die an fundamentalistische Autoren wie ADAMS erinnernde Art der Argumentation, vgl. S. 222ff.).

Eine bizarre Sammlung angeblich für Lesben und Schwule typischer Persönlichkeitszüge und psychodynamischer Eigentümlichkeiten finden wir, um noch ein weiteres Beispiel zu nennen, auch im Bericht über das Panel der American Psychoanalytic Association aus dem Jahre 1953 zum Thema Perversion (womit Homosexualität gemeint war [ARLOW 1954]). Hier ist die Rede davon, daß »perverse« Menschen nicht in der Lage seien, ihre Partner ganzheitlich wahrzunehmen und ihnen echte Liebe entgegenzubringen (DEVEREUX). Es wird auf die »prägenitalen« Konflikte und auf die »Regression auf die Stufe einer infantilen Sexualität« hingewiesen (MUENSTERBERGER, AXELRAD). »Perverse« sollen sich durch »narzißtische Identifikationen« und durch eine »nicht-neutralisierte prägenitale, präödipale Aggression« auszeichnen (BAK, ZIELBOORG). Der Weg zu einer reifen psychosexuellen Organisation sei beim »Perversen« blockiert durch »unintegrierte, archaische Teil-Selbstbilder, die hochbesetzt sind mit destruktiver Aggression, resultierend aus ungelösten präödipalen Konflikten« (GLAUBER, BYCHOWSKI). Den »Perversen« wird ein »Defekt im Über-Ich« attestiert, bedingt durch Verführung, Korruption oder permissives Verhalten von seiten der Eltern oder anderer Über-Ich-Vertreter (O. und M. SPERLING, KOLB, JOHNSON), und RADO hält im Rahmen seiner »soziobiologischen Theorie« apodiktisch fest, kein Individuum begebe sich in eine männliche oder weibliche Paarbeziehung (gemeint sind hiermit schwule und lesbische Beziehungen), ohne durch Angst aus der Mann-Frau-Beziehung vertrieben worden zu sein.

Nicht wesentlich anders klingt die Formulierung aus neuerer Zeit von KERNBERG, einem der prominenten Psychoanalytiker der Gegenwart, wenn er in einer Arbeit über ein »konzeptuelles Modell zur männlichen Perversion« (1985) zum Schluß kommt: »Wir finden eben, ganz einfach gesagt, keine männliche Homosexualität ohne ausgeprägte Charakterstörung«(S. 184). Wenn KERNBERG auch verschiedene Spielarten der Homosexualität theoretisch für möglich hält, so erscheint ihm das Leben der Schwulen zuallermeist unehrlich, ausbeuterisch, submissiv, hinterhältig, gierig, der Schwule ein Schwächling, Gehemmter,

Minderwertiger, und für ihn ist aus der Sicht der Psychoanalyse »zumindest männliche Homosexualität ... klinisch mit einer unübersehbaren Charakterstörung verknüpft« (S. 185).

Derartige Formulierungen geben STOLLER recht, der in seinem engagierten Votum anläßlich seines Vortrags vom 18. Dezember 1983 vor der Amerikanischen Psychoanalytischen Vereinigung und der anschließenden schriftlichen Fassung des Referats hervorhob: »Ist es unstatthaft, darauf hinzuweisen, daß die Probleme mancher Analytiker, Homosexualität zu verstehen, vorsichtig ausgedrückt: psychodynamische Ursachen haben? Anders als die rationaleren Erklärungen würde mir das begreiflich machen, warum wir Satzungsvorschriften gegen die Zulassung von Homosexuellen als Kandidaten, als Mitglieder des Lehrkörpers, als Supervisoren oder als Ausbildungsanalytiker haben. Zur Rechtfertigung dieser Regelungen dient unser ›Wissen‹, daß diese Menschen per definitionem angeblich völlig ruinierte, quasi-psychotische Geschöpfe im Zustand fast völliger Selbstauflösung sein sollen (was natürlich durch normal erscheinendes Verhalten verdeckt wird). Wenn wir gedankenlos Menschen auf diese Weise beurteilen – ›schließlich weiß doch jedermann Bescheid‹ –, dann sind wir sehr unbarmherzig. Wieviele offenkundig hochgradig heterosexuelle Kandidaten haben die Zulassung erhalten und ein Examen gemacht, die – wie aus ihrer Analyse und aus ihrem späteren Verhalten deutlich geworden ist – schwere Charakterdefekte haben? Wir haben aus Diagnosen Anklagen gemacht und dabei unser Verhalten mit Fachjargon kaschiert. Aber obwohl dieser den Haß verdeckt, verstärkt er die Grausamkeit; der Jargon ist das Urteil. Er steht im Dienste unterschwelliger Handlungspläne. Wir sollten unsere Argumentation strenger und unsere Satzungsvorschriften großzügiger fassen« (STOLLER, 1985, zit. nach MOOR, 1990).

Im Jahre 1992 hat KERNBERG zwar – allerdings bisher nicht in schriftlicher Form, immerhin aber im Rahmen eines Vortrags und in der anschließenden Diskussion in der »Akademie für Psychoanalyse« München – eingeräumt, es könne seines Erachtens »theoretisch« eine »normale Homosexualität« geben. Diese etwas liberalere Haltung wurde von ihm jedoch durch den zusätzlichen Hinweis wieder eingeschränkt, er sei dieser

Form der Homosexualität aber in seiner analytischen Sprechstunde noch nicht begegnet. Mit Recht hebt KÜNZLER (1992a) hervor, daß derartige Stellungnahmen aus dem Mund und der Feder einer Persönlichkeit wie KERNBERG, dessen Werke zur Pflichtlektüre in der psychoanalytischen Ausbildung gehören, fatale Folgen für die heutige und die nächste Generation von Psychoanalytikerinnen und Psychoanalytikern hat.

In STOLLERS zuletzt zitierten Äußerungen war bereits die Rede von einer weiteren Form der Diskriminierung, welcher Lesben und Schwule durch die institutionalisierte Psychoanalyse ausgesetzt sind. Es ist die Weigerung der meisten psychoanalytischen Ausbildungsinstitute, lesbische Kandidatinnen und schwule Kandidaten zur Ausbildung anzunehmen. So gerne die Psychoanalyse sich bis zum heutigen Tage immer wieder auf FREUD selber beruft, so wenig eignet er sich in diesem Falle jedoch als Sprachrohr einer solchen diskriminierenden Haltung. Unmißverständlich hat FREUD in den »Drei Abhandlungen zur Sexualtheorie« (1905, Fußnote S. 44) ausgeführt: »Die psychoanalytische Forschung widersetzt sich mit aller Entschiedenheit dem Versuche, die Homosexuellen als eine besonders geartete Gruppe von den anderen Menschen abzutrennen. ... (Sie) erfährt, daß alle Menschen der gleichgeschlechtlichen Objektwahl fähig sind und dieselbe auch im Unbewußten vollzogen haben«. Ähnlich eindeutig hatte FREUD sich bereits zwei Jahre zuvor in einem Interview am 27. Oktober 1903 in der österreichischen Zeitung »Die Zeit« geäußert, in dem er dezidiert darauf verwies, daß »Homosexuelle nicht als kranke Personen behandelt werden sollten«, oder wenn er später, 1935, in dem bekannten »Brief an eine amerikanische Mutter«, deren Sohn schwul war, schrieb: »Homosexualität ist gewiß kein Vorzug, aber es ist nicht etwas, dessen man sich schämen muß, kein Laster, keine Erniedrigung und kann nicht als Krankheit bezeichnet werden«.

Es war deshalb nur konsequent, daß FREUD diese Haltung auch einnahm, als es um die Frage ging, ob man schwule Kandidaten in die psychoanalytischen Ausbildungsinstitute aufnehmen solle. Am 1. Dezember 1921 schrieb ERNEST JONES wegen der Bewerbung eines holländischen schwulen Arztes um Zulassung zur psychoanalytischen Ausbildung an FREUD: »I advised against it ... Do you think this would be a safe general maxime to act on«. Diese Ablehnung wurde von FERENCZI am 11. Dezember 1921 lebhaft unterstützt: »Manifeste Homosexuelle wären – einstweilen – grundsätzlich auszuschließen, sie sind ja meist zu abnorm«. FREUD und RANK aus Wien hingegen widersprachen in ihrem Brief vom 11. Dezember 1921 an JONES dieser Ansicht entschieden: »Deine Anfrage 1. Ernest wegen event. Mitgliedschaft Homosexueller möchten wir nicht in Deinem Sinne beantworten, d.h. wir möchten solche Personen nicht grundsätzlich ausschließen, da wir ja ihre gerichtliche Verfolgung nicht billigen können. Wir meinen, die Entscheidung in solchen Fällen sollte einer individuellen Prüfung der sonstigen Qualitäten vorbehalten bleiben«. JONES war indes nicht gewillt, diesen Einwand ernst zu nehmen, sondern entgegnete am 21. Dezember 1921: »... About the manifest homosexuals I agree with Ferenczi unless the case is very exceptional, for it is hard to see how they could perform a thorough Psa. with understanding. Further our condemnation of the punishment of homosexuality does not alter the fact that to the world it is an abhorrent crime, the committal of which by one of our members would certainly discredit us seriously«. Auch die Berliner Gruppe schloß sich nicht FREUDS Ansicht an, sondern bestätigte JONES' und FERENCZIS Haltung: »Natürlich sind wir gegen jede Schroffheit gegen eine Person, im Allgemeinen aber haben wir die Erfahrung gemacht, daß Homosexuelle mit unverdrängter Inversion nur ein gewisses Stückweit mit uns gehen können. Sie scheitern an der Frage der Homosexualität, und da diese in vielerlei Formen in jeder Neurose auftritt, so sind sie außer Stande, eine Neurose wirklich zu analysieren«. Das – eher resignierte – Schlußwort FREUDS aus Wien mit dem zaghaften Versuch, doch noch einmal den eigenen Standpunkt zu formulieren: »Wir anerkennen das vorgebrachte Argument gegen die analytische Betätigung Homosexueller als richtig, möchten aber doch davor warnen, es zu einem Gesetz zu machen, mit Rücksicht auf die verschiedenen Typen von H. und die verschiedenen Mechanismen der Entstehung«.

Fünfunddreißig Jahre später bediente sich ANNA FREUD im Gespräch mit der Journalistin NANCY PROCTER-GREGG von der Londoner Wochenzeitschrift »The Observer« ganz ähnlicher

Argumente wie JONES und FERENCZI: 1956 hatte die Journalistin ANNA FREUD mitgeteilt, daß sie den erst 5 Jahre zuvor entdeckten Brief ihres Vaters (den erwähnten »Brief an eine amerikanische Mutter«) zitieren wolle. ANNA FREUD riet ihr dringend von jeglicher Bezugnahme auf den Brief ab. Neben der Versicherung, heute könne man mehr Homosexuelle »heilen«, als man anfangs für möglich gehalten habe, befürchtete ANNA FREUD – ganz ähnlich wie JONES – die Wirkung, welche die tolerante Haltung ihres Vaters in der *Öffentlichkeit* haben könnte: die Aussagen FREUDS könnten, so die Tochter, als »Bestätigung« dafür angesehen werden, daß die Analyse nichts anderes tun könne, als Patienten davon überzeugen, daß ihre *»Defekte«* oder ihre *»moralischen Unzulänglichkeiten* nicht weiter schlimm seien und daß sie mit diesem glücklich sein sollten. Das wäre bedauerlich« (zit. nach MOOR, 1990). Die gleiche Sorge um die öffentliche Meinung wird aus einem Brief ersichtlich, den ANNA FREUD acht Jahre zuvor (am 28. 10. 1948, zit. nach YOUNGBRUEHL, 1988) an Dr. Gomperts gerichtet hatte. Dort heißt es: »Aus Erfahrungen in der Vergangenheit weiß ich, daß es für kein Seminar und für kein Institut gut ist, Leute mit sexuellen Abnormitäten zuzulassen«. Es sei hier der Vollständigkeit halber erwähnt, daß Anna Freud immerhin gegen Ende ihres Lebens ihre Ansicht über die Zulassung lesbischer und schwuler Bewerber zur psychoanalytischen Ausbildung revidierte und meinte, »daß Homosexuelle, charakterliche Eignung und ein entsprechender Leumund vorausgesetzt, zur psychoanalytischen Ausbildung zugelassen werden können – ungeheilt« (zit. nach YOUNG-BRUEHL, 1988).

Erst mehr als 60 Jahre nach dem Briefwechsel zwischen FREUD, RANK, JONES und FRENCZI griff ROBERT STOLLER 1983 die Mißstände in den psychoanalytischen Ausbildungsinstituten und in der psychoanalytischen Theorie generell auf. Wie bereits zitiert, wendete er sich mit scharfen Worten gegen die Ausgrenzung von Lesben und Schwulen und hielt seinen Kolleginnen und Kollegen der Amerikanischen Psychoanalytischen Vereinigung entgegen: »Wir haben aus Diagnosen Anklagen gemacht und dabei unser Verhalten mit Fachjargon kaschiert. Aber obwohl dieser den Haß verdeckt, verstärkt er die Grausamkeit; der Jargon ist das Urteil.«

Die Brisanz dieses Themas wurde besonders deutlich, als MOOR (1990) untersuchte, wie denn die von STOLLER angegriffenen »Satzungsvorschriften« tatsächlich formuliert sind. In einem Gespräch mit dem damaligen Präsidenten der Internationalen Psychoanalytischen Vereinigung, ROBERT WALLERSTEIN, erfuhr MOOR: »Weder die Statuten der Amerikanischen noch die der Internationalen Psychoanalytischen Vereinigung schließen Homosexuelle von der Bewerbung zur Ausbildung aus; allerdings habe ich nicht die Satzung und örtlichen Statuten der Mitgliedsgesellschaften der Internationalen gelesen, mit Ausnahme der amerikanischen. Aber ich möchte unterstellen, daß sie ebenfalls die Bewerbung von Homosexuellen nicht ausschließen. Sie haben freilich insofern recht, als offen Homosexuelle möglicherweise oder tatsächlich Schwierigkeiten haben, zur Ausbildung zugelassen zu werden, aber das ist keineswegs von den Statuten her so festgelegt«. Als MOOR diese Stellungnahme STOLLER vorlegte, mußte dieser einräumen: »Tatsache ist, daß ich niemals die Satzungsvorschriften irgendeiner analytischen Gesellschaft gelesen habe; ich habe noch nicht einmal daran gedacht, diesen Punkt zu überprüfen, als ich meine kritischen Äußerungen niederschrieb. Ich habe es einfach als erwiesen vorausgesetzt, nachdem ich so viele Jahre lang gehört hatte – nicht nur hier in Los Angeles, sondern auch anderswo –, daß keine analytische Gesellschaft jemals einen Kandidaten akzeptieren würde, der als homosexuell bekannt ist. Ich glaube nicht, daß es irgend jemanden auf der Welt gab, der anders darüber dachte«.

Diese Diskrepanz zwischen den niedergeschriebenen Statuten der psychoanalytischen Gesellschaften und dem konkreten Verhalten bei Aufnahmeanträgen homosexueller Kandidaten ist charakteristisch für die Diskussion in diesem Bereich. MOOR hat diese Doppelbödigkeit aufgedeckt, indem er darauf verweist, daß zwar eine nicht geringe Zahl von Psychoanalytikern (unter ihnen auch namhafte Vertreter) selber lesbisch oder schwul sind und dies auch im Kreis der Berufskolleginnen und -kollegen bekannt ist, daß die homosexuelle Orientierung dieser Psychoanalytiker »offiziell« aber nicht zur Kenntnis genommen wird. Nach wie vor wird die These »Homosexualität = Krankheit« aufrechterhalten, mit der Konsequenz, daß Lesben und Schwule als Ausbildungskandidaten in den psychoanalytischen Instituten abgelehnt werden.

Die hier spürbar werdende starke Irritation, welche die lesbische und schwule Orientierung und Lebensweise bei der »offiziellen« Psychoanalyse, insbesondere im Rahmen der Ausbildung, auslöst, zieht sich – trotz der eingangs dargestellten Haltung FREUDS und einzelner vom psychoanalytischen Hauptstrom abweichender theoretischer Ansätze (FRIEDMAN, 1988; GISSRAU, 1989, 1993; ISAY, 1989; MORGENTHALER, 1987) – wie ein roter Faden durch die Geschichte der Psychoanalyse. Diese Haltung zeigte sich nicht zuletzt auch in einer 1983 von der »Bundesarbeitsgemeinschaft Schwule im Gesundheitswesen« durchgeführten Befragung bei den psychoanalytischen Ausbildungsinstituten in der BRD (*BASG*, 1985): Von den 14 Instituten, die geantwortet haben, lehnte eines (das Düsseldorfer Institut) die Aufnahme homosexueller Bewerber dezidiert ab: »Wir lassen Homosexuelle in unserem Institut nicht zu«. Die Mehrzahl der Institute reagierte in einer ambivalenten Weise, die sich zusammenfassen läßt in der Formulierung: »Im Prinzip ja, aber ...«. Wann immer man die allgemeinen theoretischen Erwägungen mit der Praxis konfrontiert, zeigt sich das gleiche blamable Bild: ein höchst verunsichertes Verhalten der Entscheidungsträger, Rückfragen bei übergeordneten Gremien und schließlich zumeist Ablehnungen (Beispiele dafür finden sich bei KÜNZLER, 1992b). Selbst wenn einige lesbische und schwule Kandidaten in einzelnen psychoanalytischen Instituten aufgenommen werden, fällt auf, daß dies quasi »unter der Hand« geschieht und nach außen möglichst verschwiegen wird.

Im Frühjahr 1992 habe ich erneut eine Umfrage bei den psychoanalytischen Ausbildungsinstituten der Deutschen Psychoanalytischen Vereinigung (DPV) und der Deutschen Psychoanalytischen Gesellschaft (DPG) sowie den Jung-, Adler- und Szondi-Instituten in Deutschland, Österreich und in der Schweiz durchgeführt. Die absichtlich offen formulierte Frage lautete, »welche Haltung die psychoanalytischen Ausbildungsinstitute derzeit bezüglich der Zulassung von Kandidaten einnehmen, welche sich offen zu ihrer Homosexualität bekennen« (RAUCHFLEISCH 1993c).

Von den 41 angeschriebenen Instituten haben 34 geantwortet. Fünf dieser 34 Institute verwiesen darauf, daß sie Kandidaten wegen ihrer Homosexualität nicht ablehnen, sie berufen sich dabei auch auf bereits erfolgte Aufnahmen von Lesben und Schwulen (Lehrinstitut für Psychoanalyse und Psychotherapie Hannover, Akademie für Psychoanalyse und Psychotherapie München, Wiener Arbeitskreis für Psychoanalyse, Psychoanalytisches Seminar Zürich/Quellenstraße, C.G. Jung-Institut Zürich). Zwei weitere Institute (Institut für Psychotherapie und Psychoanalyse Heidelberg – Mannheim, Psychoanalytische Arbeitsgemeinschaft, Institut der DPG, München) signalisierten in ihren Stellungnahmen eine kritische Haltung gegenüber der traditionellen restriktiven Aufnahmepraxis in der Vergangenheit, wiesen auch auf die Möglichkeit einer »normalen Homosexualität« hin, äußerten jedoch nicht ausdrücklich, daß sie in der Vergangenheit lesbische und schwule Kandidaten aufgenommen hätten.

Ein dezidiertes Nein kam nur von einem Institut, dem Institut für Psychoanalyse, Psychotherapie und Psychosomatik Berlin/Helgoländer Ufer. Hier hieß es ausdrücklich, daß man »derzeit an unserem Institut keine Bewerber zulasse, von denen ihre Homosexualität bekannt ist«, im Kollegenkreis werde dieses Vorgehen allerdings zunehmend als problematisch empfunden. Eine wenn auch nicht prinzipiell ablehnende, so doch in der Praxis offenbar eher auf ein Nein hinauslaufende Stellungnahme gab das Sigmund-Freud-Institut in Frankfurt/M. ab: Im Antwortschreiben wird zwar ausdrücklich darauf verwiesen, daß es gegen homosexuelle Lebensweisen keine Vorurteile, insbesondere keine moralisch-wertende, geben solle. Dennoch seien weder »Heterosexualität« noch »Homosexualität« oder »coming out« »letzte Worte einer libidinösen Entwicklung, so daß einer Psychoanalyse (und damit auch einer Lehranalyse) die Möglichkeit eingeräumt werden muß, Einstellungen jeglicher Art in Frage zu stellen«. Einschränkend heißt es am Ende der Stellungnahme ausdrücklich: »Da unsere Ausbildungskapazität beschränkt ist, müssen wir uns auf die, im Vergleich, am begabtesten scheinenden Bewerber beschränken; dies sind etwa 40 bis 50%«. Wohl auch zur Gruppe der Institute, welche Lesben und Schwule ablehnen, gehören offensichtlich die fünf Schweizer Psychoanalytischen Semina-

154

re (Basel, Bern, Cassarate, Genf, Zürich/Mühlebachstraße) – ausgenommen das Psychoanalytische Seminar Zürich/Quellenstraße: obwohl individuell angeschrieben, antwortete im Namen der fünf Institute die Präsidentin der Schweizer Gesellschaft für Psychoanalyse mit dem knappen Hinweis: »Unsere verschiedenen Ausbildungsinstitute haben Ihren Brief bekommen. Leider muß ich Ihnen mitteilen, daß es uns unmöglich ist, eine solche komplexe Frage zu beantworten«.

Die Antworten der übrigen Institute – und dies ist die weitaus größte Zahl – zeichneten sich vor allem durch ihre Ambivalenz aus, wobei dies jedoch, soweit dies »zwischen den Zeilen« zu lesen ist, nicht eine Ambivalenz zwischen den Wünschen »zulassen« oder »ablehnen« ist, sondern offensichtlich eine Ambivalenz zwischen einem offenen »Nein« und dem Wunsch, diese Ablehnung durch Rückgriff auf psychoanalytische Theorien zu rationalisieren. Typische Äußerungen dieser Art sind Formulierungen wie die folgenden, die hier nur paradigmatisch für andere ähnliche Stellungnahmen zitiert werden: Die Entscheidung über Zulassung oder Ablehnung müsse von der »Würdigung der Gesamtpersönlichkeit« ausgehen; »ausschlaggebend sind für uns Beziehungsfähigkeit und Flexibilität in Tiefenschichten und das Offen-Sein für mögliche Veränderungen während der Lehranalyse«; man könne sich »jemanden nur schwer als Ausbildungskandidaten vorstellen, der dadurch, daß er sich zu irgendetwas ›offen bekennt‹ den einen oder anderen Teil seiner Persönlichkeit den – möglicherweise revidierenden – Wirkungen der die Ausbildung begleitenden Lehranalyse entziehen möchte«; »Es gibt einen bestimmten Persönlichkeitszug, der der Bereitschaft zur Selbsterfahrung entzogen werden soll und besonders oft bei narzißtischen Persönlichkeiten gut integriert zu beobachten ist. Ich glaube nicht, daß es Etikettenschwindel ist, daß man heute meint, eine narzißtische Persönlichkeitsstruktur als ernsthaftes Hindernis in der Bewerbung anzusehen, aber eigentlich die Homosexualität meint«; bei einem sich eindeutig als Homosexuellen bezeichnenden Kandidaten sei im tiefenpsychologischen Bewerbungsgespräch zu klären, »ob er seine Homosexualität im psychoanalytischen Prozeß auch in Frage stellen wolle oder nicht. Würde er dies verneinen ..., würde ich dies als einen so großen Widerstand betrachten, daß ich ihn nicht zur Ausbildung empfehlen würde. Ich würde es so betrachten, wie wenn ein Bewerber etwa nicht über den Vater oder über die Mutter oder über wichtige lebenssituative Geschehnisse sprechen wollte und mir dies schon im Erstinterview ausdrücklich erklärte«; und Hinweise darauf, daß sich die von mir gestellte Frage »nicht einfach beantworten (läßt), (sie) braucht differenzierte Erwägungen, Beobachtungen des Entwicklungsverlaufs des Kandidaten während seiner Ausbildung« (private, ausdrücklich nicht-offizielle Mitteilung aus einem Institut).

Einerseits sind die in diesen hier nur paradigmatisch zitierten Stellungnahmen verwendeten Argumente (z.B. Würdigung der Gesamtpersönlichkeit, Beziehungsfähigkeit, Flexibilität etc.) selbstverständlich und bedürfen keiner weiteren Diskussion. Natürlich (hoffentlich!) kann keine Entscheidung über die Eignung einer Kandidatin oder eines Kandidaten allein von der Tatsache der Hetero- oder Homosexualität her gefällt werden. Andererseits enthalten die zitierten Antworten aber eine tiefere Dimension, wenn wir berücksichtigen, daß etliche dieser Stellungnahmen weiter ausführen, was sie unter der erwähnten »Flexibilität« und dem »Offen-Sein für Veränderungen« verstehen. In der privaten Mitteilung heißt es – ganz ähnlich wie in manchen anderen Stellungnahmen – unter anderem: »Man kann als Analytiker allerdings ... argumentieren, daß ein Mensch, der auch *nach der Ausbildung noch ausschließlich* homosexuell empfindet, damit eine starre Einseitigkeit offenbart und mangelnde Einsicht in die für die Psychoanalyse grundsätzlich angenommene bisexuelle Anlage des Menschen, was ihn als Analytiker ungeeignet machen könnte, ebenso wie ich das einem Kandidaten gegenüber sehen würde, der in seiner eigenen Analyse nie zu seinen homosexuellen Tendenzen Zugang gefunden hat«. Ähnliches klingt in den oben zitierten Stellungnahmen an, wenn etwa darauf verwiesen wird, »daß einer Psychoanalyse (und damit auch einer Lehranalyse) die Möglichkeit eingeräumt werden muß, Einstellungen jeglicher Art in Frage zu stellen«.

So selbstverständlich diese Argumente auf den ersten Blick auch erscheinen mögen, so problematisch werden sie jedoch bei einer genaueren Betrachtung. Um es pointiert auszudrükken: Die lesbische und schwule Orientierung soll »in Frage gestellt werden« können. Doch in welcher Analyse wird die Heterosexualität in dieser gleichen radikalen Form »in Frage« gestellt? Angesichts dieser Haltung ist es nur konsequent, daß in den Stellungnahmen von den lesbischen Kandidatinnen und schwulen Kandidaten erwartet wird, sie müßten ihre sexuelle Orientierung (die zentrale Aspekte ihres Selbsterlebens und ihrer Beziehungen betrifft) »in Frage stellen«, während die heterosexuellen Kandidaten lediglich einen »Zugang zu den eigenen homosexuellen Tendenzen« finden sollen. Es sei an dieser Stelle daran erinnert (vgl. Kapitel III und VII), daß nichts darauf hinweist, die sexuelle Orientierung könnte in Analysen im Kern verändert werden. Keiner der oben zitierten Analytiker wird auch ernsthaft das Ziel seiner Behandlung darin sehen, bei einem heterosexuellen Kandidaten die den Lesben und Schwulen attestierte »starre Einseitigkeit« auflösen und dem Kandidaten den Weg zu manifesten homosexuellen Beziehungserfahrungen öffnen zu wollen.

Es ist in diesem Zusammenhang noch auf eine Besonderheit bei etlichen Stellungnahmen hinzuweisen: Neun Institute haben hervorgehoben, daß sie »bisher keine Erfahrungen« mit homosexuellen Kandidaten besäßen beziehungsweise bisher »keinen Bewerber (gehabt hätten), der sich explizit als Homosexueller bezeichnet« habe. In anderen Stellungnahmen heißt es, die Antwortenden könnten sich »an keinen Fall erinnern, wo über einen homosexuellen Ausbildungsbewerber diskutiert worden wäre«, oder es wird auf nur »eine einzige Ausnahme« verwiesen und betont, die Frage einer Auswahl von homosexuellen Bewerbern habe das Institut »bislang nur peripher« betroffen. Die Interpretation dieser an sich erstaunlichen Tatsache lieferte der Verfasser der Stellungnahme des Innsbrucker Arbeitskreises für Psychoanalyse: Speziell in Tirol herrsche eine Atmosphäre starker Homophobie, und dies habe in der Wahrnehmung der Institutsmitglieder offensichtlich dazu geführt, »daß es keinen homosexuellen Bewerber geben konnte und durfte«. Hier wie anderenorts sind offensichtlich Verleugnungsmechanismen am Werk, auf die bereits MOOR (1990) mit seiner Kritik an der »psychoanalytischen Heuchelei« hingewiesen hat.

Außerdem ist unter den potentiellen Ausbildungskandidaten die ablehnende Haltung vieler Institute bestens bekannt. Deshalb ist es verständlich, daß sich viele Kandidaten der demütigenden Erfahrung von Bewerbung und Ablehnung nicht aussetzen und keine Aufnahme beantragen. KÜNZLER (1992b) hat darüber berichtet, in welcher Art in einigen Instituten derartige Entscheidungen getroffen worden sind: Das Spektrum reicht von einem abrupten Gefühlsumschlag zu »Kühle und Distanziertheit, ja zu schneidender Unfreundlichkeit«, sobald ein Kandidat von seinem schwulen Leben sprach, und der Sofortreaktion: »Junger Mann, dann sind Sie sicher ganz ungeeignet«, bis hin zu dem öffentlich bekannt gewordenen Skandalon eines Instituts (s. den Bericht der BASG, 1985), dessen drei autorisierte Lehranalytiker einen schwulen Kandidaten aufgrund der vorgeschriebenen Interviews für geeignet hielten und seine Aufnahme dem Gesamtausbildungsausschuß empfahlen; dieser wies den Antrag jedoch zurück. Auf seine Frage nach den Gründen für die Ablehnung erhielt der Kandidat die Antwort, man würde auch andere »Bewerber mit einem Stigma wie zum Beispiel Rollstuhlfahrer« nicht zur Ausbildung zulassen; denn es sei als sicher anzunehmen, daß ein solches Stigma die Analyse der Patienten beeinflusse und mit ihnen nicht hinreichend bearbeitet werden könne.

Wenn bei meiner Umfrage 5 Institute angaben, sie nähmen lesbische und schwule Ausbildungskandidaten wie jeden anderen Bewerber an, kann man in diesem Resultat einen gewissen Fortschritt gegenüber der Situation vor 10 Jahren sehen (bei der 1983er BASG-Erhebung war nur ein Institut dazu bereit). Dennoch muß man sagen, daß diesbezüglich insgesamt nach wie vor eine erschreckend geringe Offenheit besteht, sind es doch lediglich 5 von 41 angefragten Instituten. Immerhin geht aus den Stellungnahmen von 6 weiteren Instituten hervor, daß die Frage der Aufnahme oder Ablehnung von Lesben und Schwulen in den Ausbildungsausschüssen kontrovers diskutiert worden ist und daß diese Institute offensichtlich dabei sind, die bisherige restriktive Praxis kritisch zu überdenken. Von einigen Instituten ist auch darauf verwiesen worden, daß die in meiner Umfrage angeschnittenen Fragen derzeit in verschiedenen Gremien der DPV diskutiert würden.

158

Die geschilderte Einstellung der institutionalisierten Psychoanalyse (die wenigen Ausnahmen habe ich in Kapitel III erwähnt) hat nicht nur insofern fatale Konsequenzen, als sie die Fülle von Vorurteilen und Pauschalisierungen weiter verfestigt und eben nicht zu dem anregt, was dringend notwendig wäre, nämlich zu einer grundsätzlichen Revision der psychoanalytischen Theorie über die Entwicklung der verschiedenen sexuellen Orientierungen. Das Unheilvolle liegt vielmehr auch darin, daß weiterhin Therapeutinnen und Therapeuten ausgebildet werden, die vom Konzept »Homosexualität = Krankheit« ausgehen und dementsprechend das Ziel von Beratungen und Behandlungen darin sehen, die lesbische, schwule und bisexuelle Orientierung möglichst zu beseitigen und den »Kranken« den Weg zur »reifen« Heterosexualität zu eröffnen.

Alle unsere Erfahrungen sprechen jedoch gegen die Möglichkeit einer solchen Veränderung, es sei denn um den Preis einer mit viel persönlichem Leid erkauften vordergründigen Anpassung an einen heterosexuellen Lebensstil. Selbst dezidierte Verfechter der Ansicht, die lesbische und schwule Orientierung sei ein krankhafter Zustand und bedürfe aus diesem Grund einer sie verändernden Therapie, räumen den von ihnen propagierten Änderungsversuchen nur geringe Chancen ein. So berichtet beispielsweise BIEBER (1962) zwar, von den 72 angeblich exklusiv schwulen Männern seiner Studie seien 14 (19%) durch eine intensive Psychotherapie exklusiv heterosexuell geworden. Eine genauere Analyse seiner Daten zeigt aber, daß lediglich 28 der 72 Schwulen sich vor der Behandlung ausschließlich homosexuell im Sinne der KINSEY-Skalen verhielten, während die anderen heterosexuelle Tendenzen bis hin zu heterosexuellem Verhalten aufwiesen. Offen bleibt auch die Frage, ob sich unter den 28 exklusiv Schwulen Probanden finden, die zur Gruppe der 14 nach der Behandlung angeblich exklusiv heterosexuell gewordenen Männer gehören. ISAY berichtet ferner, daß POMEROY, ein Co-Autor des KINSEY-Reports, BIEBER das Angebot gemacht habe, die KINSEY-Fragebögen jedem der angeblich »geheilten« Patienten vorzulegen. Daraufhin habe BIEBER eingestanden, er habe nur *einen* geeigneten Patienten; aber die Beziehung zu ihm sei so schwierig, daß er ihn nicht kontaktieren könne (vgl. auch TRIPP, 1975).

Die Nicht-Veränderbarkeit der sexuellen Orientierung von Lesben, Schwulen und Bisexuellen wird von vielen Psychotherapeuten – im besten Falle – damit kommentiert, daß sich das Idealziel der Heterosexualität trotz großer Bemühungen leider nicht habe erreichen lassen. Gar nicht selten jedoch kommt es zum Abbruch der Behandlung, sogar von seiten der Therapeuten, welche ihre Patienten in diesem Falle als »unbehandelbar« bezeichnen. Als in den Klientinnen und Klienten liegende Gründe werden vor allem genannt: die »Widerstände« gegen das Durcharbeiten der angeblich der Homosexualität zugrundeliegenden Konflikte seien zu stark gewesen, und die ausgeprägte »negative Übertragung« habe eine produktive Zusammenarbeit verunmöglicht.

Es mag unglaublich erscheinen, daß Vertreterinnen und Vertreter der Psychoanalyse, die doch immer wieder ihre nichtwertende, alles menschliche Erleben gleichermaßen akzeptierende Haltung betont, zu solchen Wertungen gelangen. Als Beleg seien beispielhaft einige mehr oder weniger wahllos aus verschiedenen Publikationen herausgegriffene Zitate angeführt: So stellt McDougall (1964) im Hinblick auf eine lesbische Patientin das die lesbische Beziehung angeblich auszeichnende »Zwanghafte« und die Unfähigkeit dieser Frau, »wirklich zu lieben«, der »reifen« und »wirklichen« »reziproken« heterosexuellen Beziehung gegenüber: »Die destruktiven Aspekte oralen oder analen Anspruchs und die zwanghaften Elemente in ihren (der Patientin) früheren Liebesbeziehungen zu Frauen bringen sie auf den Gedanken, daß sie niemals irgend etwas wirklich geliebt hat. Aber indem ihr das klar wird, verbessert sich ihre Fähigkeit zu reiferen Beziehungen, die auf einer festen Identität, mit dem Gefühl ihrer Komplementarität zum Manne und dem Wunsche nach einer wirklichen reziproken Beziehung basieren« (1964, S. 273f.).

Auch Siegel (1992) führt aufgrund ihrer psychoanalytischen Erfahrung mit 8 Lesben einen ganzen Katalog von psychopathologischen Merkmalen an, die von einem »unvollständigen Körperbild, insbesondere mangelnde Schematisierung des Genitalbereichs« und damit einhergehendem »Mangel an stabilen Objektbeziehungen« über »narzißtische Verletzungen« und »kognitive Entwicklungshemmungen« bis zum »unbewußten Verleugnen der Geschlechtsunterschiede« reichen (S. 29). Triebkontrolle und Triebregulation seien »unausgewogen; auch war die Fähigkeit, Angst und Depression zu widerstehen, nur schwach ausgeprägt. Die Frustrationsschwelle war niedrig, und die schwachen Selbstrepräsentationen mußten durch wiederholte, zeitweise promiskuöse, sexuelle Aktivitäten gestützt werden« (S. 50). Die Autorin hält sich zwar ausdrücklich zugute, daß es ihr bei der Arbeit mit ihren Patientinnen »primär nicht darum (ging), sie zu ›heilen‹ oder ihnen von ihrem Lebensstil abzuraten« (S. 21). Doch habe sie vor »dem Hintergrund psychoanalytischer Theorie und Praxis« bald erkannt, »daß ich mich nicht verführen lassen durfte, weibliche Homosexualität als normalen Lebensstil zu empfinden« (S. 22). Den Eltern ihrer lesbischen Patientinnen attestiert SIEGEL »Unbarmherzigkeit, Kälte und narzißtische Beeinträchtigungen« – kurz: sie litten zumindest »in einigen Fällen (unter) narzißtischen Persönlichkeitsstörungen und möglichen Borderline-Syndromen« (S. 238). Voller Zufriedenheit vermerkt SIEGEL: »Die Analysen ergaben insgesamt zufriedenstellende Ergebnisse. ... Obwohl ich Homosexualität nie als Krankheit interpretierte, wurden mehr als die Hälfte der Frauen völlig heterosexuell« (S. 21).

Oft werden die von den Therapeutinnen und Therapeuten angestrebten Ziele allerdings weniger deutlich beim Namen genannt und schimmern gleichsam nur zwischen den Zeilen auf, sei es in Form einer freudigen, stolzen Genugtuung über die durch die Behandlung endlich erzielte Heterosexualität, sei es im enttäuschten Eingeständnis, daß dieses hohe Ziel (natürlich wegen der mangelnden Einsicht der Patienten und wegen ihres unnachgiebigen Festhaltens an ihren »perversen Ersatzbefriedigungen«!) leider nicht erreicht werden konnte. Einige Beispiele mögen diese Haltung veranschaulichen:

QUINODOZ (1989) stellt als Ziel einer erfolgreichen Therapie lesbischer Frauen ausdrücklich die Stärkung der heterosexuellen Tendenzen (»strengthening of heterosexual tendencies«) in den Vordergrund und zitiert – selber sichtlich stolz über den »Erfolg« ihrer Therapie – die Aussage einer lesbischen Patientin in einer »gut laufenden Analyse«: »Ich habe sehr viel verstanden, und ich frage mich, ob ich meine Freundin nicht verlassen sollte. Ich habe realisiert, daß ich Frauen liebe, weil ich wütend auf meine Eltern bin. Mein Interesse an Frauen ist eine Reaktion gegen meine Eltern und resultiert aus meinem Wunsch, mich an ihnen zu rächen. Insofern ist es nicht diese Frau, die ich liebe, sondern ich bleibe, wenn ich mit ihr zusammen bin, ... an diesen Punkt fixiert und damit blockiert ... ich kann in Realität und in meinen Träumen Schmerz und Unzufriedenheit in bezug auf meine Freundin verspüren, und ich fühle mich nicht länger glücklich in dieser Wahl – Frauen zu lieben, weil ich meine Eltern hasse ...« (S. 62).

Ganz ähnlich berichtet GUTTIERES-GREEN (1991) von einem schwulen Patienten, dessen sexuelle Orientierung von der Autorin als Abwehr gegen massive Kastrationsängste verstanden wird. Als Leser spürt man die Freude der Analytikerin, als sie über den »Erfolg« der Behandlung berichten kann: »Er brachte schließlich den Mut auf, das Risiko einer heterosexuellen Liebesbeziehung, Heirat und Vaterschaft einzugehen« (»He succeeded in finding the courage to risk the investment of a heterosexual love relationship, marriage and fatherhood«, S. 72). Auch KERNBERG (1985) sieht den therapeutischen »Erfolg« einer Psychotherapie eng gebunden an die Beseitigung der schwulen Orientierung. »Während nicht alle männlichen Patienten mit neurotischer Persönlichkeitsorganisation ihre homosexuelle Orientierung im Laufe der psychoanalytischen Behandlung lösen, sind jene Patienten, die ihre homosexuelle Orientierung doch lösen, gewöhnlich auch diejenigen, die auch eine wesentliche Auflösung neurotischer Charakterstörungen erkennen lassen« (S. 184).

Einen wichtigen Schritt in der Behandlung eines schwulen Studenten sieht DYER (1986) erreicht, als dem jungen Mann klargeworden sei, daß seine schwule Orientierung das Hauptproblem, die Wurzel aller seiner Schwierigkeiten sei, während der Patient ursprünglich seine schwule Orientierung nicht als Problem empfunden habe. Jetzt wurde ihm vom Therapeuten nahegelegt, die Homosexualität sei ein Symptom seiner Probleme, und der Patient spürte zunehmend, »daß die Homosexualität selbst eine Lüge war, die seine ödipalen Wünsche verhüllte und ihm Schutz bot vor der Wahrnehmung von Urszenen-Phantasien und vor der Einsicht, daß er nicht der einzige Mann war, an dem seine Mutter Interesse hatte«. Als die Charakterwiderstände in der Analyse durchgearbeitet waren, entwickelte er Interesse für Rendezvous. Er wurde sich der Tatsache bewußt, daß er seinen Freund verlassen und die Homosexualität aufgeben müßte, wenn er sich selber achten wolle (S. 40).

Auch SCHELLENBAUM (1980) berichtet mehrfach mit spürbarem Stolz von »gelungenen« Therapien, in denen schwule Männer zunehmend Interesse an Frauen bekundeten und später eine Ehe eingingen: »Zur gleichen Zeit verliebte sich M. zum ersten Mal in seinem Leben in eine Frau: Katharina. Der Zusammenhang zwischen M.s ganzheitlicher Wahrnehmung des heterosexuellen Freundes und seiner wachsenden Liebesfähigkeit zur Frau war unübersehbar. In der Analyse wurde er bestätigt und geklärt« (S. 94). An anderer Stelle berichtet SCHELLENBAUM von einem schwulen jungen Mann, der aufgrund einer mehrjährigen intensiven Psychotherapie seine Fähigkeit, in schwulen Beziehungen der Gefahr einer Verschmelzung standzuhalten, zu stärken vermochte. »B. versuchte immer entschiedener, mit D. in eine partnerschaftliche Beziehung ohne Verschmelzung oder Abwehr zu gelangen. Da D. sich dazu als unfähig erwies, wurde die Beziehung aufgelöst. B. ist seit zwei Jahren verheiratet und hat einen kleinen Sohn«.

Kritisch setzt sich KOTIN (1986) mit solchen unreflektierten Zielvorstellungen der Therapeuten auseinander und berichtet von der Analyse eines schwulen jungen Mannes, bei dem der Therapeut das Ziel verfolgte, die Heterosexualität zu erreichen. Der Therapeut mußte schließlich akzeptieren, daß er lediglich das »tiefere« Ziel der Homosexualität anstelle des heterosexuellen Verhaltens bei diesem Patienten erreichen könnte, wobei er sich allerdings damit tröstete, daß der Patient wenigstens deutliche Fortschritte in der Realitätsanpassung und in seiner Befriedigung gefunden hatte (S. 65).

Bestehen bei Therapeutinnen und Therapeuten oder Beraterinnen und Beratern derartige unreflektierte Vorstellungen, so resultieren daraus schwerwiegende Probleme: Die lesbischen, schwulen und bisexuellen Klienten, die Rat und Hilfe suchen, treffen in den Kliniken, Beratungsstellen und Praxen vielfach auf Professionelle, die ihnen nicht weiterhelfen, sondern sie im

Gegenteil noch zusätzlich traumatisieren (DE CRESCENZO, 1983/ 84; HANLEY-HACKENBRUCK, 1988; HOCHSTEIN, 1986; TRÈVSKY, 1988; WISNIEWSKI et al., 1987). Es müssen nicht unbedingt so offensichtliche Diskriminierungen sein wie bei VAN DEN AARDWEG (1985), der unter Mißbrauch psychologischer Konzepte im Stil fundamentalistischer Gruppierungen (etwa wie ADAMS, vgl. Kapitel VIII) argumentiert und von Lesben und Schwulen als von Menschen mit »neurotischem Selbstmitleid« spricht, denen er seine »Anti-Selbstmitleid-Therapie« angedeihen lassen möchte. Oft sind es, wie die oben zitierten Aussagen verschiedener Autoren zeigen, viel subtilere Formen der Verletzung und Ausgrenzung, denen Lesben, Schwule und Bisexuelle im Umgang mit Therapeuten und Beratern ausgesetzt sind. Die Tatsache, sich in einer so zentralen Dimension, wie die sexuelle Orientierung sie darstellt, letztlich nicht akzeptiert und nicht verstanden zu wissen, ist an sich schon eine schwerwiegende Kränkung. Der Konflikt wird um so brisanter, je mehr die Therapie den Klienten bedeutet und je wichtiger die Behandlung für sie wird. Die Klienten geraten zunehmend tiefer in das Dilemma hinein, einerseits zu spüren, daß ihr eigentliches Wesen das einer schwulen, lesbischen oder bisexuellen Identität ist, andererseits aber in der Behandlung immer wieder – und zwar gerade auch nonverbal, durch die gesamte Haltung der Therapeuten – vermittelt zu bekommen, das Ziel stelle die »reife Heterosexualität« dar. In einer solchen Behandlung wird nicht dem »wahren Selbst« im Sinne WINNICOTTS (1965) zur Entfaltung verholfen, sondern es wird vielmehr ein »falsches Selbst« etabliert und damit gerade die Reifung der Persönlichkeit verhindert. Außerdem führen solche Behandlungskonzepte zur Verstärkung von Scham-, Schuld- und Insuffizienzgefühlen und lassen die am Ende der Therapie – vielleicht – vordergründig an die gesellschaftlich propagierte heterosexuelle Norm angepaßten Klienten als gebrochene Menschen zurück, die tragischerweise in der Behandlung gelernt haben, sich in ihrem innersten Wesen zu verleugnen.

Treffen Lesben, Schwule und Bisexuelle in Beratungsstellen und Therapieeinrichtungen hingegen auf Professionelle, die ihnen unvoreingenommen begegnen, so zeigt sich, wie fruchtbar und im wahrsten Sinne »therapeutisch« die Auseinandersetzung der Klientinnen und Klienten mit ihrer sexuellen Orientierung und Lebensweise sein kann. Unversehens wird dann offenkundig, daß die in der Literatur immer wieder genannten »Widerstände« und »negativen Übertragungen«, die angeblich typische, aus der Psychopathologie von Lesben und Schwulen herrührende Merkmale sein sollen, letztlich nichts mit der sexuellen Orientierung zu tun haben. Sie erweisen sich vielmehr als verständliche und sinnvolle Reaktionen, als Schutzmaßnahmen gegen die Erfahrung, von der Umgebung – und dazu gehören auch voreingenommene Therapeuten – in ihrer spezifischen Eigenart nicht verstanden und nicht respektiert zu werden.

Ursachen der Diskriminierungen

Es mag verblüffend klingen und wie eine unzulässige Vereinfachung der komplizierten Verhältnisse erscheinen, wenn ich als Hauptmotor für Gewalt und Diskriminierungen die *Angst* nenne. Wir haben nicht zuletzt wohl auch deshalb Mühe, eine solche These zu akzeptieren, weil die Angst bei den Menschen, die sich diskriminierend verhalten, nirgends direkt spürbar wird. Wenn jemand Angst erlebt, so sind es höchstens die Lesben, Schwulen und Bisexuellen selbst, wenn sie sich vor Beschämungen, Ausgrenzungen und Verletzungen durch ihre Mitmenschen und vor den konkreten sozialen Benachteiligungen fürchten. Die Diskriminierenden hingegen zeigen alles andere als Angst. Sie demonstrieren im allgemeinen gerade das Gegenteil, nämlich eine unerschütterliche Gewißheit, daß lesbische und schwule Orientierungen und Lebensweisen »pervers« und »abnorm« seien, und pochen unbeirrt auf ihr Recht, Lesben und Schwule auszugrenzen, zu ändern oder ihnen auf andere Art Gewalt anzutun. Gerade diese forciert zur Schau getragene Sicherheit und Selbstgefälligkeit ist es indes, die uns als Psychoanalytiker hellhörig werden läßt und uns anregt, die psychodynamischen Hintergründe genauer zu erforschen. Ist es doch eine bekannte Tatsache, daß sich hinter Einstellungen, die mit einem geradezu fanatischen Impetus vertreten werden, nicht selten ganz andere Gefühle verbergen, die dem bewußten Erleben jedoch nicht zugänglich sind und durch ein bestimmtes Verhalten (in diesem Falle durch die Diskriminierung) gerade vom Bewußtsein ferngehalten werden sollen.

Welche Inhalte könnte nun aber die Angst haben, die am Ursprung von Diskriminierungen und Gewalt gegen Lesben, Schwule und Bisexuelle steht? Die Antwort muß nach meiner Ansicht eine dreifache sein: Es ist zum einen die Angst vor eigenen, bei sich selbst aber abgelehnten lesbischen und schwulen Seiten, zum zweiten die Angst vor sozialer Verunsicherung mit dem daraus resultierenden Streben nach sozialkonformem Verhalten und dem Wunsch, Macht über andere auszuüben, und drittens Angst davor, daß Lesben, Schwule und Bisexuelle durch ihre Orientierung und Lebensweise zentrale, als gültig erachtete Normvorstellungen in Frage stellen.

Angst vor eigenen lesbischen und schwulen Zügen

Vor allem von psychoanalytischen Autoren, von FREUD angefangen bis zur Gegenwart, ist wiederholt auf die bisexuelle Anlage des Menschen und auf eine bei jedem bestehende »latente Homosexualität« verwiesen worden. Diese stelle normalerweise kein Problem dar, zumal sie in den verschiedenen Männer- und Frauengruppen unserer Gesellschaft in sublimierter Form gelebt werden könne und damit ein Ventil finde. Je mehr die eigene lesbische oder schwule Seite jedoch aufgrund individueller Ängste und gesamtgesellschaftlicher Normvorstellungen unterdrückt werde (in der Sprache C. G. JUNGS: dem Schatten zugeschlagen werde), desto stärker drängten diese Impulse, die nun keine Realisierung mehr finden könnten, aus dem Unbewußten an und führten zu einer ängstlichen Vermeidungshaltung und zu Kontaktängsten im Umgang mit Lesben und Schwulen (Homophobie).

Wir müssen heute die Theorie der zur Grundausstattung des Menschen gehörenden Bisexualität dahingehend modifizieren, daß es eine solche prinzipielle Offenheit vielleicht in der frühesten Kindheit gibt. Nach der Etablierung der Geschlechtsidentität mit ihren verschiedenen Anteilen und der Ausdifferenzierung einer lesbischen, schwulen, bisexuellen oder

heterosexuellen Orientierung mit den daran gebundenen erotisch-sexuellen Phantasien und Gefühlen hat die Wahlfreiheit
des Menschen im Hinblick auf seine sexuellen Präferenzen
jedoch mehr oder weniger ein Ende gefunden. Mit diesen
Überlegungen wird auch das Konzept der »latenten Homosexualität« fragwürdig. Wir können es allerdings insofern noch
zur Erklärung homophober Tendenzen heranziehen, als es
Menschen gibt, die ihre schwule oder lesbische Orientierung
verdrängen und voller Angst reagieren, wenn sie derartige
Gefühle in sich wahrnehmen.

So hält CREMERIUS (1992) die Angst vor der eigenen latenten
Homosexualität für eines der Motive, die in psychoanalytischen
Kreisen zur Diskriminierung von Lesben und Schwulen geführt haben. Der Autor verweist darauf, daß die Psychoanalyse
von Anfang an ein »Männerbund« gewesen sei und daß Beziehungen im psychoanalytischen Kreis früher wie heute ausgesprochen intime Züge von großer Nähe aufweisen. Dies führe
zu intensiven Zuneigungen, aber auch zu ebenso intensiven
Feindschaften. CREMERIUS vermutet, daß die emotional dichten
Beziehungen im psychoanalytischen Kreis vielfach unbewußte
homosexuelle Tendenzen enthalten, welche die Psychoanalytiker jedoch dadurch abwehren, daß sie diese Impulse bei
anderen Menschen als »Pathologie« entwerten.

Anwendbar ist das Konzept der latenten, bei der eigenen
Person abgelehnten Homosexualität auch bei einer Reihe von
Tätern, die mit größter Gewalttätigkeit gegen Schwule vorgehen. So fällt bei jugendlichen Skinheads auf, daß sie in ihrer
paramilitärischen Aufmachung ein Gemisch aus betonter
Männlichkeit, Härte und Brutalität präsentieren (WIRTH, 1989).
Auf diese Weise suchen sie ihre (vor allem in der Adoleszenz
noch zusätzlich) labilisierte männliche Identität zu kompensie-
ren und durch ihren »Phalluskult« ein Gegengewicht gegen
tiefgreifende Minderwertigkeits-, Selbstauflösungs- und Kastrationsängste zu setzen (MITSCHERLICH-NIELSEN, 1983; STREECK-
FISCHER, 1992). So weist STREECK-FISCHER darauf hin, daß rechts-
extreme Jugendgruppen Züge von Männerbünden tragen und
hier homoerotische Beziehungen gesucht werden, die jedoch
bei den jugendlichen Skinheads eine »weit überdurchschnitt-
liche Angst vor der eigenen Homosexualität« (CHAUSSY, 1989)

hervorrufen und deshalb besonders massiv abgewehrt werden müssen. Ein von Streeck-Fischer behandelter Jugendlicher hat dies in die Worte gefaßt: »Ich brauche die Frauen, weil ich sonst Angst hätte, homosexuell zu sein«. Die Angst vor der »Beschmutzung« durch die aus dem eigenen Innern andrängenden aggressiven und sexuellen Gefühle spricht auch aus einem Slogan Jugendlicher aus Dresden: »Macht Dresdens Straßen vom Dreck sauber!«, wobei mit »Dreck« in erster Linie Ausländer, dann aber auch Juden, Alternative, Schwule und überhaupt alle Andersdenkenden gemeint sind.

Es scheint mir indes, daß derartige Jugendliche (gleiches gilt aber auch für Erwachsene) ihre Wünsche nach Abhängigkeit, Passivität und Rezeptivität fälschlicherweise als Ausdruck von »Weiblichkeit« und dies wiederum als Hinweis auf »Homosexualität« verstehen. So weist auch Isay (1990) darauf hin, daß »der Haß auf Homosexuelle eine besonders bösartige Manifestation des Versuchs von Jugendlichen (ist), regressive Wünsche nach Abhängigkeit durch aggressives Verhalten zu leugnen, das mit Männlichkeit gleichgesetzt wird« (S. 87/88). Diese Dynamik stellt jedoch nicht nur einen innerpsychischen Prozeß dar, sondern wird in der sozialen Realität auf vielfältige Weise bestätigt und verstärkt. Besonders deutlich wird dies an den Bildern von Frauen und Männern, wie sie in vielen Trivialromanen und Filmen vermittelt werden (vgl. S. 134ff.). Auch dort werden alle »weichen« Seiten (und dazu gehört vor allem der Gefühlsbereich) als »weiblich« und damit angeblich die männliche Identität gefährdend dargestellt.

Offensichtlich ist die *Angst vor der eigenen Homosexualität* häufig die sichtbare Oberfläche, der eine noch viel tiefere Angst, nämlich die, emotional berührt zu werden, zugrundeliegt. Speziell Schwule stellen mit ihrer Lebensweise für Männer deshalb eine so große Provokation dar, weil sie gerade das in unserer Gesellschaft weithin propagierte Macho-Ideal vom emotional unberührbaren Mann total in Frage stellen. Gehen wir von einer solchen Überlegung aus, so wird verständlich, daß nicht nur Schwule, sondern auch Frauen, und zwar lesbische wie heterosexuelle, Ziel der Angriffe und Entwertungen werden. Jeder Mensch, der nicht das narzißtische Ideal von Kälte, Menschenverachtung und Brutalität aufgebaut hat, muß von solchen Aggressoren verachtet und bekämpft werden, weil er durch seine bloße Existenz die Gewalttäter verunsichert und das von ihnen mühsam aufgebaute Weltbild ins Wanken bringt.

Angst vor sozialer Unsicherheit und Streben nach Macht

Dieses Motivbündel scheint mir vor allem bei den Diskriminierungen durch die institutionalisierte Psychoanalyse von Bedeutung zu sein. Ich habe bereits bei dem Briefwechsel zwischen FREUD, RANK, JONES und FERENCZI (1921/22), bei ANNA FREUDS Stellungnahmen zur Aufnahme von Lesben und Schwulen in die psychoanalytischen Ausbildungsinstitute und bei dem Bericht über die Resultate meiner Befragung der psychoanalytischen Institute auf den starken Wunsch vieler Psychoanalytiker nach sozialer Konformität hingewiesen. Auch CREMERIUS (1992) sieht in dem Wunsch, sich möglichst nicht in Widerspruch zu den gesellschaftlichen Normvorstellungen zu bringen, eines der zentralen Motive für die Ausgrenzung von Lesben und Schwulen. Weitere Beispiele für dieses Streben nach Gesellschaftskonformität sind nach CREMERIUS: der Ausschluß WILHELM REICHS in der Befürchtung, sein Eintreten für den Marxismus könne die psychoanalytische Bewegung gefährden; die in den 20er Jahren erfolgte Unterdrückung der Kolleginnen und Kollegen, die zum »sozialistischen Ärztebund« gehörten; das Schweigen der psychoanalytischen Gesellschaften zu den Greueln des Vietnamkrieges; sowie die Tatsache, daß außer FREUD selbst die Psychoanalytiker sich nicht für die Rechte homosexueller Personen eingesetzt haben.

Wie können wir es uns erklären, daß gerade die Psychoanalyse als eine in ihren Grundgedanken gesellschaftskritische Theorie, welche sich ursprünglich doch bewußt in Gegensatz zu den herrschenden gesellschaftlichen Normen gestellt hatte, zu einer so stark auf Konformität bedachten Haltung gelangte? Diese Veränderung scheint mir vor allem durch die folgenden vier Ursachen bedingt zu sein: durch die spezifische Situation der in die USA emigrierten Psychoanalytiker, durch die Medizinalisierung der Psychoanalyse, durch den Einfluß der in der Gesamtgesellschaft akzeptierten Norm- und Wertvorstellungen auf die Psychoanalytiker sowie durch die hierarchische Struktur der Ausbildungsinstitute.

Die während der NS-Zeit in die USA *emigrierten Psychoanalytiker* sahen sich dort vor einer ganz *spezifischen, für sie sehr schwierigen Situation* (Isay, 1990; Lewes, 1989). Sie kamen als in ihrer Heimat Verfolgte in ein weitgehend fremdes Land und befanden sich dort in sozialer, ökonomischer und politischer Hinsicht in einer unsicheren Position (vgl. Briegel et al., 1988; Peters, 1988). Verständlicherweise waren die Emigranten darauf bedacht, in ihrer neuen Umgebung akzeptiert zu werden und ihre berufliche und finanzielle Zukunft zu sichern. Viele von ihnen waren aus diesem Grund nicht daran interessiert, sich gegen die etablierten gesellschaftlichen Normen des Gastlandes zu stellen und ihren in der alten Heimat vertretenen progressiven intellektuellen und gesellschaftlichen Vorstellungen weiter zu folgen. Die Konformität mit den politischen Zeitströmungen führte in der McCarthy-Ära, als in den 40er und frühen 50er Jahren Schwule aus Regierungsämtern entfernt wurden, auch innerhalb der Psychoanalyse zu einer zunehmend intoleranten, lesbische und schwule Kolleginnen und Kollegen diskriminierenden Haltung mit dem Resultat, daß die meisten von ihnen aus den psychoanalytischen Instituten ausgeschlossen wurden (Isay, 1990; Lewes, 1988).

In engem Zusammenhang mit dieser durch die politischen Ereignisse bedingten Entwicklung steht ein weiterer Umstand, der zur Konformität der Psychoanalyse mit den gesellschaftlichen Normvorstellungen und damit zur Pathologisierung der Homosexualität führte: In den USA kam es in den 30er und 40er Jahren zu einer *engen Bindung der offiziellen Psychoanalyse an die Medizin und die Universitäten.* Diese fand ihren deutlichsten Ausdruck darin, daß die Mitgliedschaft in der psychoanalytischen Vereinigung an die medizinische Approbation gebunden wurde. Dadurch kam es zu einer starken Einengung des Kreises von Menschen, die als Psychoanalytikerinnen und Psychoanalatiker tätig sein konnten. Eine solche Haltung stand in völligem Gegensatz zu Freuds Forderung, auch »Laien« zum Beruf des Psychoanalytikers zuzulassen.

Die Medizinalisierung der Psychoanalyse hatte jedoch noch eine weitere – für die Einstellung zur lesbischen, schwulen und bisexuellen Orientierung fatale – Konsequenz: Verfolgte FREUD selber mit der Diagnostik das Ziel, die Psychodynamik der zukünftigen Analysanden herauszuarbeiten und die Analysierbarkeit zu evaluieren, so verschob sich im Prozeß der Medizinalisierung der Psychoanalyse das Schwergewicht mehr und mehr in Richtung auf eine *Diagnostik,* der es um die *Abgrenzung zwischen »gesund«* (= »normal«) und *»krank«* (= »Abweichung«) ging, eine Dichotomie, die dem psychoanalytischen Denken im Grunde völlig widerspricht (vgl. CORNETT et al., 1985). Es mutet angesichts dieser Entwicklung allerdings mehr als befremdlich an, daß die Amerikanische Psychiatrische Vereinigung und der Verband Amerikanischer Psychologen bereits Mitte der 70er Jahre die Diagnose »Homosexualität« aus ihren Diagnosenschlüsseln gestrichen haben, während die Amerikanische Psychoanalytische Vereinigung sich erst 1991 dazu durchringen konnte, der öffentlichen und privaten Diskriminierung von Lesben und Schwulen entgegenzutreten und offiziell zu erklären, daß sie nicht von der psychoanalytischen Ausbildung ausgeschlossen werden sollen – was de facto allerdings immer noch geschieht, wie die oben zitierten Resultate meiner Umfrage zeigen.

Die dritte Ursache für die starke soziale Konformität der Psychoanalyse ist im Grunde eine Selbstverständlichkeit, wird aber nach meiner Beobachtung gerade in psychoanalytischen Kreisen immer wieder vergessen: Es ist der *Einfluß der uns umgebenden Sozietät mit ihren Norm- und Wertvorstellungen auch auf uns Psychoanalytiker.* Diese Tatsache wird vielleicht gerade deshalb im psychoanalytischen Diskurs so leicht übersehen, weil wir wie selbstverständlich davon ausgehen, durch die psychoanalytische Theorie und unsere persönliche Analyse in besonderem Maße dafür sensibilisiert zu sein, soziale Strukturen und unser Verhalten darin kritisch zu reflektieren. Dies ist tatsächlich eine Chance, die wir als Psychoanalytiker besitzen. Aber gerade die Auseinandersetzung mit dem Thema Homosexualität läßt erkennen, daß auch wir den vom »gesellschaftlichen Unbewußten« (ERDHEIM, 1982) ausgehenden Kräften kollektiver Verdrängungen (die sich u.a. in institutionalisierten Abwehr- und Anpassungsmechanismen zeigen) ausgesetzt sind (ZEILLINGER, 1989), und daß das der Psychoanalyse immanente

171

emanzipatorische Potential auf unser Alltagsleben oft eine nur begrenzte Wirkung ausübt. So trivial es erscheinen mag: In unserer Einstellung zur lesbischen, schwulen und bisexuellen Orientierung und Lebensweise werden die gleichen Vorurteile sichtbar, wie wir sie in der Gesamtgesellschaft antreffen. Der einzige Unterschied liegt darin, daß wir für unsere angeblich »logischen Begründungen« auf psychoanalytische Konzepte zurückgreifen, wobei, wie STOLLER (vgl. S. 123) es ausgedrückt hat, unversehens aus »Diagnosen« »Anklagen« werden.

Der vierte Grund für die starke Neigung der Psychoanalyse zur Gesellschaftskonformität liegt in der *Struktur der psychoanalytischen Ausbildung*. Bedenken wir, daß die Lehranalysen heute nicht mehr wie zu FREUDS Zeiten nur wenige Monate, sondern etliche Jahre dauern (wodurch es zu starken emotionalen Bindungen an die Lehranalytiker kommt), daß die ganze Institutsausbildung sich über 6, 8 und mehr Jahre erstreckt und daß gerade die psychoanalytischen Ausbildungsstätten zumeist eine streng hierarchische Gliederung aufweisen, so scheint es mir eine naheliegende Konsequenz zu sein, daß durch diese Strukturen starke Konformitätstendenzen entstehen und gefördert werden. Hinzu kommt, daß unser Berufsstand, gemessen an der großen Zahl von Fachleuten anderer therapeutischer Richtungen, vergleichsweise klein ist und die Mitglieder der Psychoanalytischen Gesellschaften sich deshalb eng zusammenschließen. Dies vermittelt einerseits Sicherheit, wird andererseits aber mit einer gewissen Abhängigkeit von der Meinung der Kolleginnen und Kollegen bezahlt. Resultat dieser Art von beruflicher Sozialisation ist dann vielfach eine Haltung, welche die in den Therapiestunden sinnvolle »technische Neutralität« zur allgemeingültigen Lebensform erhebt und die bestrebt ist, sich auch im Alltagsleben möglichst nicht zu exponieren und weder politisch noch sonst gesellschaftlich mit den geltenden Norm- und Wertvorstellungen in Konflikt zu geraten (Ausnahmen bestätigen auch hier lediglich die Regel).

Angst vor der Infragestellung zentraler Normvorstellungen

Wenn es um Gewalt und Diskriminierungen gegenüber Lesben, Schwulen und Bisexuellen geht, scheint mir die Tatsache von großer Bedeutung zu sein, daß die lesbische, schwule und bisexuelle Orientierung und erst recht die daraus resultierende Lebensweise die sonst gültigen gesellschaftlichen Normvorstellungen radikal in Frage stellen. Charakterisierungen wie »unnatürlich«, »widernatürlich« und »pervers« lassen deutlich erkennen, daß die Beurteilenden von der als einzig gültige Lebensform angesehenen »normalen« Heterosexualität ausgehen und jede Abweichung davon geradezu als Affront erleben. Aus sozialpsychologischen Untersuchungen (ADORNO et al., 1950; RAUCHFLEISCH, 1990, 1992) ist bekannt, daß wir alle, wenn immer wir mit fremden Verhaltensweisen konfrontiert sind, mit Verunsicherung, Angst und häufig auch mit erheblicher Aggressivität reagieren. Das Neue wird als Bedrohung des Althergebrachten, Selbstverständlichen erlebt, als Infragestellung der bisher verbindlichen, als allgemeingültig empfundenen Normen. Die daraus resultierende Beunruhigung steigert sich gerade bei Menschen, die sich aufgrund eigener Unsicherheit stark an äußeren Regeln und Autoritäten orientieren, zu großer Angst und schlägt nicht selten in eine massive Aggressivität denen gegenüber um, die sie mit der ihnen fremden Lebensart konfrontieren. Die »Abweichenden« werden zu Repräsentanten des Bösen schlechthin und damit zum Ziel von Haß und Wut.

Häufig tritt zu dieser Dynamik noch ein spezieller Aspekt hinzu: Die von den herkömmlichen Regeln Abweichenden werden nicht nur gehaßt und verachtet, sondern zumindest heimlich auch ein stückweit bewundert und neidvoll betrachtet. Nehmen sie sich doch einen Freiraum, den die anderen eigentlich auch gerne besäßen, sich jedoch nicht zugestehen. Oft spüren die stark an äußere Normen gebundenen Menschen untergründig, auf wieviel an Lebensmöglichkeiten sie verzichten, in welch starkem Maße sie sich einengen, nur um die Sicherheit und den Schutz genießen zu können, die ihnen das Schwimmen im breiten Strom der Majorität bietet. Haß, Wut

173

und Vernichtungswünsche gegenüber denen, die sich – weshalb auch immer – nicht an die »ehernen Gesetze« der Mehrheit halten, sind unter diesem Aspekt Ausdruck der Angst, daß das bisher für selbstverständlich und für nicht weiter hinterfragbar Gehaltene offensichtlich doch nicht die einzig mögliche Lebensform ist. Die aus solcher Angst und Spannung entstehende Aggression hat nicht selten die Vernichtung des »Abweichenden« zum Ziel, in der allerdings irrigen Vorstellung, durch die Ausrottung des Menschen, der das bisherige Weltbild so radikal in Frage stellt, den ganzen Konflikt »gelöst« zu haben. Mit der Vernichtung des anderen – so die Hoffnung des verunsicherten Menschen – sollen zugleich auch die so schwer erträglichen eigenen Gefühle von Angst und Neid beseitig werden.

Der grundlegende Irrtum einer solcher Haltung liegt darin, daß die gegen den Vertreter einer anderen Denkrichtung oder einer alternativen Lebensform gerichtete Aggression keine Lösung ist. *Niemals läßt sich ein innerer Konflikt durch Aktionen in der Außenwelt bewältigen.* Er kann höchstens für eine kurze Zeit entschärft werden. Doch die Angst wird weiterhin aktiv bleiben und dazu führen, daß der betreffende Mensch sich immer stärker an die als allgemeinverbindlich empfundenen Normen anpaßt, sich ihnen geradezu sklavisch zu unterwerfen sucht und sich damit fatalerweise immer weiter in seinen Lebensmöglichkeiten beschneidet. Es entsteht auf diese Weise ein Teufelskreis durch eine immer weiter gehende Einschränkung, dadurch größer werdende Neid- und Wutgefühle gegenüber allen, die auch nur vermeintlich größere Freiheiten besitzen, was wiederum zu noch stärkerer Unterwerfung unter die Norm der Majorität führt.

Von der Analytischen Psychologie C. G. JUNGs ausgehend sehen BRINTON-PERERA (1986), WALKER (1976) und WALSH (1978) in ähnlicher Weise am Ursprung der Homophobie die Verdrängung der Sexualität und den Haß gegen den Körper. Diese gefürchteten Schattenseiten der eigenen Persönlichkeit werden dann auf Menschen, die »anders« sind, projiziert und an ihnen bekämpft. Als archetypische Konfiguration, die homophoben Tendenzen zugrundeliegt, postuliert WALKER eine gleichgeschlechtliche »Doppelgestalt« (»the Double«), die bei homophoben Menschen nicht integriert ist, damit unbewußt bleibt und dem Schatten zugeschlagen wird.

Diese Überlegungen sind keineswegs »graue Theorie«. Die Weltgeschichte ist voll von Beispielen für Haß und Vernichtungswünsche gegenüber Menschen, die durch ihre Glaubensüberzeugungen und ihre Lebensweise an den Grundfesten der für die Majorität gültigen Normen rüttelten. Die Vernichtung von Millionen von Juden wärend der NS-Zeit ist nur die Spitze des Eisbergs. Die Ausländerfeindlichkeit, die wir mit zum Teil erschreckenden aggressiven Ausbrüchen gerade in der Gegenwart in unseren Ländern erleben, stellt ein weiteres Beispiel dar (RAUCHFLEISCH, 1992) – und schließlich gehört auch die Diskriminierung lesbischer, schwuler und bisexueller Menschen in dieses traurige Kapitel der Weltgeschichte (vgl. den historischen Abriß bei DONATE, 1993; in die gleiche Richtung weisen auch die Befunde der Untersuchung von HORNUNG 1993 an AIDS-Kranken, vgl. S. 126).

Hier drängt sich die Frage auf, was denn die lesbische, schwule und bisexuelle Orientierung und Lebensweise zu einem solchen Skandalon macht. Warum fühlen sich Menschen durch das Phänomen Homosexualität in so starkem Maße verunsichert und betroffen? Die Antwort auf diese Frage ist eine dreifache: 1) Die lesbische, schwule und bisexuelle Lebensweise stellt die als »normal« (das heißt als allein möglich empfundene) Mann-Frau-Beziehung in Frage und rüttelt damit zugleich an unserer ebenfalls für selbstverständlich gehaltenen Struktur der traditionellen Familie. 2) Der schwule Mann stellt in besonderer Weise eine »Gefahr« für den heterosexuellen, sich stark an gesellschaftliche Normvorstellungen bindenden Mann dar, weil er emotionale Seiten lebt, welche in einem diametralen Gegensatz zum traditionellen Männerbild unserer Zeit stehen. 3) Lesben, Schwule und Bisexuelle werden durch ihre alternative Lebensweise und als Mitglieder einer Minorität zu Prototypen der »Abweichenden«, an denen in ihrer Funktion als »Sündenböcke« alle sonst unterdrückten Aggressionen ausgelebt werden können.

»Angriff« auf die traditionelle Familie

Allein die Tatsache, daß es möglich und legitim ist, wenn zwei
Frauen oder zwei Männer in intimer Partnerschaft miteinander
leben, stellt einen Affront für die Vorstellung dar, die einzig
denkbare Form des Zusammenlebens sei die von Mann und
Frau. Allenfalls wird noch das Zusammenleben mehrerer Menschen gleichen oder verschiedenen Geschlechts in einer Wohn-
gemeinschaft akzeptiert. Allerdings ist auch in dieser Hinsicht
die Toleranz begrenzt, da eine solche Lebensform im allgemeinen nur jüngeren Menschen zugestanden wird, während nach
gängigen Klischees der »Erwachsene« eigentlich in einer Fa-
milienstruktur zu leben hat. Geradezu als Verletzung der als
allgemeingültig erachteten Norm wird jedoch die intime Beziehung zwischen zwei Menschen des gleichen Geschlechts empfunden. Die oft spontan geäußerte Bewertung »das gehört sich
nicht«, weist deutlich auf die Irritiertheit hin, welche die Konfrontation mit einem solchen alternativen Lebensstil im Gegenüber auslöst.

Die Situation wird insbesondere auch deshalb als Angriff auf
die Kleinfamilie mit ihrer traditionellen Rollenverteilung (an
der Spitze der Vater, ihm unterstellt die für das Wohlergehen
der Familie im Innern besorgte Mutter und »ganz unten« die
Kinder) empfunden, weil das Zusammenleben zweier gleich-
berechtigter Partnerinnen oder Partner diese herkömmliche
Rollenhierarchie total in Frage stellt. Dies ist offensichtlich
auch eine Befürchtung der Verfasser des »Schreibens der Kongregation für die Glaubenslehre an die Bischöfe der Katholischen Kirche über die Seelsorge für homosexuelle Personen«,
wenn es dort unter anderem heißt, daß die Akzeptanz gegenüber einer homosexuellen Lebensweise sich »direkt auf die
Auffassung auswirkt, welche die Gesellschaft von Natur und
Rechten der Familie hat und diese ernsthaft in Gefahr bringt«
(30. Oktober 1986, Nr. 9; vgl. Kapitel VIII). Das Beispiel einer
gleichgeschlechtlichen Partnerschaft läßt im Betrachter mit
Recht den Eindruck entstehen, es sei offensichtlich doch möglich, die nach wie vor als gültige Richtschnur angesehene
Hierarchie in der Familie mit ihrem Machtgefälle zu durchbre-
chen. In der Beziehung eines lesbischen oder schwulen Paares

176

lassen sich die Rollen eines dominierenden und eines submissiven Partners nicht mehr wie in der traditionellen Familie am Geschlecht festmachen und damit *scheinbar* logisch begründen. Es wird vielmehr offensichtlich, daß die Rechte und Pflichten der Partner individuell ausgehandelt und immer wieder neu miteinander definiert werden müssen. Die Infragestellung der Machtstrukturen ist verständlicherweise für die Männer, die eine liebgewonnene Machtposition zu verlieren haben, im allgemeinen die viel bedrohlichere Situation als für Frauen. Dadurch erklärt sich auch der in etlichen Untersuchungen immer wieder bestätigte Befund, daß vor allem Männer starke homophobe Tendenzen erkennen lassen, während Frauen diesbezüglich im allgemeinen toleranter sind (AGUERO et al., 1984; D'AUGELLI, 1989; D'AUGELLI et al., 1990; HANSEN, 1982).

Die durch diese Infragestellung der traditionellen Familie mit ihrer Machthierarchie ausgelöste Angst wird insbesondere von Menschen aus konservativen Kreisen als großer Affront erlebt. Je größer ihre Verunsicherung wird, desto verzweifelter klammern sie sich an die traditionellen Rollenverteilungen und Machthierarchien und desto vehementer bekämpfen sie lesbische, schwule und bisexuelle Lebensweisen. Auf solche Menschen üben nicht zuletzt deshalb die erwähnten Trivialromane und Filme eine starke Wirkung aus, verhelfen sie ihnen doch zu einer Beruhigung dergestalt, daß die in Polaritäten aufgespaltene Welt von Frau und Mann, von Gut und Böse, von mächtig und ohnmächtig »richtig« und alles davon Abweichende »abnorm« sei.

Infragestellung des gängigen Männlichkeitsideals

Der schwule Mann wird in einer ganz spezifischen Weise zu einem »Stein des Anstoßes«, indem er ein Bild von Männlichkeit präsentiert und lebt, das in einem diametralen Gegensatz zu den gesellschaftlich allgemein akzeptierten und geförderten Männlichkeitsidealen steht. Gewiß sehen heterosexuelle Männer sich nicht alle in der Rolle eines Macho, und auch heterosexuelle Frauen empfinden das überkompensierende Imponiergehabe und die Machtdemonstrationen von Männern nicht als Zeichen »echter Männlichkeit«. Doch heißt dies noch lange nicht, daß sich Knaben nicht von Kindheit an ganz anderen Erwartungen und Ansprüchen gegenübersehen als Mädchen. Die Erziehungsmaximen für Knaben zentrieren sich auch heute noch um die weitgehende Unterdrückung von Gefühlen, um die Demonstration von Härte und um die Beseitigung aller »weichen« (weil als weiblich empfundenen) Seiten (vgl. CHODOROW, 1985; HEREK, 1986; MACDONALD, 1976).

Dies ist zweifellos ein stark vereinfachtes Bild, das in einer pluralistischen Gesellschaft wie der unseren selbstverständlich nicht allen Männern gerecht wird, zumal als Gegenbewegung gegen ein solches Macho-Ideal von verschiedenen Seiten her eine »neue«, auch weichere Seiten zulassende Männlichkeit propagiert wird. Doch zeigt eine genauere Untersuchung der Leitbilder, die den Männern in Familie, Schule und an anderen Orten der Sozialisation als erstrebenswert vor Augen gestellt werden, daß sie »hart« zu sein haben, und daß Gefühle »Frauensache« seien. Es läßt sich zu dieser Haltung kaum eine extremere Gegenposition finden als die Lebensweise des schwulen Mannes, der sich gerade nicht in einem Rivalitätsverhältnis mit anderen Männern befindet, sondern einem Mann emotional und intim eng verbunden ist.

Solche Abweichungen von dem weithin propagierten Männlichkeitsideal wirken auf die heterosexuellen Männer im allgemeinen provokativ und angsterregend. Leben doch die Schwulen eine Seite, die sich viele heterosexuelle Männer nicht zugestehen, weil sie sich geradezu krampfhaft an das Leitbild des harten, von Gefühlen nicht berührten Mannes klammern. Je stärker sie dies tun und je mehr sie sich in ihrem sozialen Leben den traditionellen patriarchalischen Rollenmustern anzupassen versuchen, desto größer ist logischerweise ihre Homophobie – dies ist auch ein Ergebnis verschiedener sozialpsychologischer Untersuchungen (HEREK; MACDONALD). In dieser Hinsicht besteht tatsächlich eine von Schwulen ausgehende »Verführungsgefahr«, wie sie völlig unsinnigerweise in bezug auf Kinder und Jugendliche immer wieder ins Feld geführt wird. In dem oben erwähnten Sinne besteht die Angst vor der Verführung zu Recht: Es geht nämlich um die Angst vieler heterosexueller Männer, zu einer kritischen Reflexion des traditionellen Männlichkeitsbildes und damit zum Erleben von Gefühlen

»verführt« zu werden. Wie schon erwähnt (s. S. 135ff.), ist dies wohl die tiefste Angst vieler Männer; und die Befürchtung, es könnten eigene schwule Seiten angesprochen werden, dürfte oft nur die Oberfläche sein, hinter der sich die Angst vor dem emotionalen Berührtwerden verbirgt.

Die Leitbilder davon, wie ein »richtiger« Mann und eine »richtige« Frau zu sein haben, werden nicht nur direkt in Familie, Schule und anderen sozialen Institutionen vermittelt, sondern werden uns auch indirekt – deshalb aber nicht weniger wirksam – durch Werbung, Trivialromane und Filme vor Augen gestellt (vgl. S. 133ff.). Eine auf solche Weise in Weiß und Schwarz aufgeteilte Welt verringert Verunsicherung und Angst und vermittelt den Eindruck, es sei klar, wie »man« zu sein habe – mit der fatalen Konsequenz, daß dadurch Lesben, Schwule und Bisexuelle Opfer von Diskriminierungen und Gewalt werden.

Das »Abweichende« schlechthin

Durch ihre sexuelle Orientierung und Lebensweise stellen Lesben, Schwule und Bisexuelle Normen und Verhaltensweisen radikal in Frage, die vielen Heterosexuellen als unumstößliche und nicht hinterfragbare Koordinaten erscheinen. Auf diese Weise geraten sie in eine Außenseiterposition, mit der Konsequenz, daß sich gegen sie Haß und Ablehnung richten, die mit ihnen im Grunde gar nichts zu tun haben. Wie viele andere Mitglieder von Minoritätsgruppen sind auch Lesben, Schwule und Bisexuelle Ziel von Aggressionen, die an ihnen als »Sündenböcken« abgehandelt werden, obwohl diese Impulse eigentlich aus ganz anderen Quellen stammen und ganz andere Ziele haben.

Sozialpsychologisch ist es ein bekannter Mechanismus, daß von jeher Aggressionen, die eigentlich gefürchteten Autoritäten gelten, auf Außenseiter umgelenkt und an ihnen ausgelebt werden. Schwächere, Verachtete, die nicht im Schutz der Majorität leben, lassen sich leicht zu Opfern von Gewalt machen, zumal die Täter darauf zählen können, die Öffentlichkeit (zumindest was die Gefühle und die unausgesprochenen Gedanken der Majorität angeht) auf ihrer Seite zu haben. So ist offenbar – so furchtbar es auch ist – das »Schwule klopfen« und »Neger klatschen« salonfähig geworden, und die Mitglieder gewalttätiger Randgruppen brüsten sich offen ihrer Taten, die unausgesprochen von der schweigenden Mehrheit gutgeheißen werden (RAUCHFLEISCH, 1992).

Auch dies ist nicht »graue Theorie«, sondern entspricht der Alltagsrealität, wie Untersuchungen über den engen Zusammenhang zwischen Gewalttätigkeit, Homophobie und Rassismus (KANUHA, 1990) sowie Studien über die Aktivitäten aggressiver Randgruppen belegen (BIEMANN et al., 1986; BOSSE, 1989; WIRTH, 1989). In diesem Sinn ist auch ein von DONATE (1993) zitierter Spruch, der auf einer öffentlichen Toilette zu lesen war, zu verstehen: »Frage: Was ist der Unterschied zwischen Juden und Schwulen? Antwort: Die Juden haben es schon hinter sich«. Jemand hatte das Wort »Schwule« durchgestrichen und durch »Ausländer« ersetzt. Neben der Gewalttätigkeit, die aus solchen Worten spricht, ist auch an diesem Beispiel zu erkennen, wie willkürlich die Definition von Sündenböcken ist und wie schnell es zum Umschlag der Meinung und zum Auswechseln der »Feinde« kommen kann. Wie die Trivialromane und Filme zeigen, bedarf es keiner logischen Begründung dafür, daß der eine »gut« und der andere »böse« ist. Es werden aber seit jeher diejenigen zu bevorzugten Opfern, welche die Majorität in irgendeiner Weise verunsichern, zum Beispiel indem sie der Umgebung alternative Erlebensweisen und Lebensformen vor Augen führen.

Was können wir tun?

Auch wenn ich ein eher düsteres Bild vom Leben von Lesben, Schwulen und Bisexuellen in unserer Gesellschaft gezeichnet habe, heißt das keineswegs, daß wir die gegenwärtige Situation resigniert hinnehmen müßten und nichts tun könnten. Gerade die psychoanalytische Theorie, aber auch die Lerntheorie und andere psychologische Konzepte bieten uns ein hervorragendes Instrumentarium, das wir nicht nur bei der Erforschung der Motive, die an der Wurzel der gegen

Lesben, Schwule und Bisexuelle sich richtenden Gewalt liegen, verwenden können. Die psychologischen Modellvorstellungen vermögen uns vielmehr auch wirkungsvolle Hilfe zu leisten bei der Suche nach Maßnahmen, die wir im Kampf gegen Ausgrenzungen und Diskriminierungen einsetzen können.

Gewiß reichen *theoretische Informationen und Aufklärungskampagnen* allein nicht aus. Doch sollten wir ihre Bedeutung nicht unterschätzen. Die Öffentlichkeitsarbeit kann über ganz verschiedene Kanäle erfolgen: in Schulen und Universitäten, in öffentlichen Vorträgen, durch Diskussionen in Kirchgemeinden, durch Veröffentlichungen in Tages- und Wochenzeitschriften, in Form von Büchern für ein breites Publikum ebenso wie durch Publikationen und Diskussionen im Kreis der Fachleute der verschiedenen humanwissenschaftlichen Disziplinen. Gerade Menschen, die nicht schon festgefügte Vorurteile ausgebildet haben und noch bereit sind, sich ernsthaft mit dem Thema der sexuellen Orientierung auseinanderzusetzen, brauchen fundierte Informationen über die Entwicklung und Lebensweise von Lesben, Schwulen und Bisexuellen, über die Probleme, die sie im Alltag zu bewältigen haben, sowie über die Diskriminierungen, denen sie in unserer Gesellschaft ausgesetzt sind.

Auf diesem Wege können manchen Ängste und Fehleinschätzungen abgebaut werden, und es können sich die Bereitschaft und Fähigkeit entwickeln, sich unvoreingenommener als bisher auf Lesben, Schwule und Bisexuelle einzulassen und auf diese Weise zu erfahren, wie sie wirklich sind. So können auch ein stückweit das Fremdheitsgefühl und die Befangenheit abgebaut werden, die nicht wenige heterosexuelle Menschen beim Zusammentreffen mit ihnen empfinden. Die Verminderung der Unsicherheit und Angst kann dann einen positiven Effekt dergestalt ausüben, daß auch die Aggressionsbereitschaft abgebaut wird, die ja vor allem aus der Angst gespeist ist. So hat sich beispielsweise in Untersuchungen gezeigt, daß antihomosexuelle Tendenzen deutlich geringer sind bei Menschen, welche die schwule und lesbische Orientierung als angeboren oder sehr früh erworben, auf jeden Fall aber als nicht veränderbar betrachten, während die irrige Vorstellung, es sei ein bewußt »gewähltes« Verhalten, das ebenso gut unterlassen werden könne, zu stärkerer Ablehnung führt (AGUERO et al., 1984; ERNULF et al., 1989).

Zu einer kompetenten Information sind wir gerade als Fachleute aufgerufen, um die Mitarbeiterinnen und Mitarbeiter der verschiedenen Beratungsstellen und Therapieeinrichtungen sowie die Vertreter der Kirchen auf die Befunde der Humanwissenschaften hinzuweisen. Eine umfassende Information unvoreingenommener Art müßten auch Lehrerinnen und Lehrer, und zwar bereits in ihrer Ausbildung, erhalten, damit sie lesbischen und schwulen Kindern und Jugendlichen als kompetente Dialogpartner zur Verfügung stünden. Es ist eine grobe Unterlassung, wenn wir die erwähnten Berufsgruppen nicht über unseren aktuellen humanwissenschaftlichen Kenntnisstand informieren und damit versäumen, auf eine Revision der längst überholten psychologischen und somatischen Konzepte hinzuwirken. Wir sollten es bei derartigen Diskussionen den Vertretern der Auffassung, die lesbische, schwule und bisexuelle Orientierung und Lebensweise habe etwas mit »Krankheit« oder »Sünde« zu tun, allerdings nicht zu leicht machen, sondern sie mit Nachdruck auf den heutigen Kenntnisstand hinweisen und ihre – sich oft hinter medizinischen, psychologischen und theologischen Argumenten verbergenden – Vorurteile aufdecken und als das entlarven, was sie tatsächlich sind: Gewaltanwendungen gegen Menschen.

Außerdem können durch eine kompetente Information der Öffentlichkeit Lesben, Schwule und Bisexuelle selber im coming out-Prozeß gestützt werden. So erfahren sie beispielsweise, daß die von ihnen unreflektiert übernommenen negativen Bilder, ihre eigenen homophoben Tendenzen, nicht gerechtfertigt sind und deshalb von ihnen verändert und aufgelöst werden müssen. Oder sie fühlen sich in ihrem coming out bestätigt und finden Mut, auf diesem Wege weiter voranzuschreiten. Wieder andere Lesben und Schwule können Eltern, Bekannte und andere ihnen nahestehende Menschen auf die Informationsquellen aufmerksam machen und auf diese Weise dazu beitragen, daß ihre Umgebung ein realistischeres Bild von ihnen entwickelt und größeres Verständnis für sie aufbringt.

Ein wichtiges Ziel der Öffentlichkeitsarbeit ist auch die *Entlastung von Eltern lesbischer und schwuler Kinder*. Unendlich viel an Leid, Scham und Schuldgefühlen kann ihnen erspart werden, wenn sie von kompetenter Seite darüber aufgeklärt werden, daß sie als Eltern nichts »falsch« gemacht haben und daß die Orientierung ihrer Kinder nichts mit Krankheit oder Sünde zu tun hat, sondern eine der heterosexuellen Orientierung gleichwertige Ausrichtung ist. Auch Eltern und andere nahe Bezugspersonen müssen ja, ähnlich wie die Lesben und Schwulen selbst, einen dem coming out analogen Entwicklungsprozeß durchlaufen, der sie schließlich dazu führt, die Töchter und Söhne in ihrer lesbischen beziehungsweise schwulen Identität zu akzeptieren und auch in der Öffentlichkeit zur Orientierung ihrer Kinder zu stehen. In diesem Prozeß, der für alle Beteiligten oft schwierig ist, aber auch die Chance einer ganz neuen Art der Begegnung und einer besonders intensiven gefühlsmäßigen Auseinandersetzung in sich birgt, können sachliche Informationen eine große Hilfe bedeuten.

Neben der Information stellt das *persönliche Kennenlernen* ein wirksames Mittel gegen Vorurteile und Diskriminierungen dar. Es ist eine bekannte Tatsache, daß Ausgrenzungen vor allem dort erfolgen, wo sie eine anonyme Gruppe betreffen (s. die Befunde der Untersuchung von HORNUNG, 1993, über die Diskriminierung von AIDS-Kranken). »*Die* Homosexuellen« im allgemeinen zu entwerten und zu diskriminieren, ist relativ einfach. Sobald man jedoch konkret Frau X oder Herrn Y, die man persönlich gut kennt, vor Augen hat, wird die Beurteilung zwangsläufig differenzierter, weil man hier das Individuum mit seinen je eigenen Persönlichkeitszügen und Verhaltensweisen erkennt und sich nicht einer amorphen Masse gegenübersieht.

Ein persönliches Kennenlernen kann auf ganz verschiedene Art erfolgen. Selbstverständlich hat jeder Mensch die Möglichkeit, im Kreis der Berufskolleginnen und -kollegen, in Vereinen, in Sport- und anderen Interessengruppen Lesben, Schwule und Bisexuelle zu treffen – vorausgesetzt man blendet ihre Existenz nicht aus und tut nicht so, als ob es sie gar nicht gäbe. Mitunter kann es im beruflichen und privaten Kreis aber auch deshalb schwierig sein, lesbische und schwule Menschen als solche wahrzunehmen, weil sie sich aus Angst vor Diskriminierungen nicht selten scheuen, sich mit ihrer sexuellen Orientierung zu erkennen zu geben. Dies gilt in ganz besonderer Weise für Bisexuelle, vor allem wenn sie in einer ehelichen Verbindung leben.

Aus diesen Gründen sind öffentliche Veranstaltungen zum Thema »Homosexualität« in den verschiedensten Bereichen unserer Gesellschaft (in öffentlichen Vorträgen und Diskussionen, in Seminaren der protestantischen und katholischen Akademien, in Volkshochschulveranstaltungen etc.) sehr sinnvoll, bieten sie doch die Möglichkeit zum persönlichen Kennenlernen und zum Gedankenaustausch und können dadurch wesentlich zum Abbau von Vorurteilen beitragen.

Mitunter hört man in diesem Zusammenhang die resignierte Klage, zu derartigen Anlässen kämen ja doch nur die Menschen, die ohnehin schon für die zu behandelnden Probleme sensibilisiert und mehr oder weniger frei von Vorurteilen seien. So laufe man immer nur »offene Türen« ein. Diejenigen hingegen, die eine sachliche Information dringend benötigten und sich bisher geweigert hätten, Lesben und Schwule persönlich kennenzulernen und deren Existenz im nächsten Umkreis einfach leugneten, würden durch solche Veranstaltungen gerade nicht erreicht. Dieser Einwand ist tatsächlich berechtigt. Dennoch sollten wir die Bedeutung von öffentlichen Tagungen, Vorträgen und Seminaren nicht unterschätzen. Zum einen gibt es doch eine nicht geringe Zahl von Menschen, die es erstmals im »neutralen« Rahmen einer solchen Veranstaltung wagen, sich vorsichtig dem Thema der Homosexualität anzunähern. Sie können bei solchen Anlässen kompetent informiert werden und erste Erfahrungen im persönlichen Umgang mit Lesben und Schwulen sammeln. Zum anderen ist es auch wichtig, die Menschen, die bereits weitgehend frei sind von Vorurteilen, in ihrer Haltung zu bestätigen, ihre Solidarität untereinander zu stärken und ihnen die intellektuelle und emotionale Sicherheit zu geben, die sie im Alltag brauchen, um Diskriminierungen und Ausgrenzungen wirkungsvoll entgegentreten zu können. In dieser Hinsicht bieten öffentliche Veranstaltungen auch für die bereits Aufgeklärten eine wichtige Hilfe und Unterstützung.

Die theoretische Information und das gegenseitige Kennenlernen bei Vorträgen und Seminaren sind allerdings nur erste
Schritte auf dem Weg zu gegenseitigem Verständnis und zu
echter Akzeptanz. Wesentlich erscheint mir, daß es nicht bei
solchen vorsichtigen Annäherungen stehen bleibt, sondern daß
es zu einem regen Austausch miteinander kommt und es nicht
hier den Kreis der Lesben, dort den Kreis der Heterosexuellen
und an wieder einem anderen Ort den Kreis der Schwulen und
völlig im Dunkel den der Bisexuellen gibt. So wie es sinnvoll
und für alle Beteiligten fruchtbar ist, wenn jüngere und ältere
Menschen miteinander Kontakt pflegen, so dürfte es auch ein
Gewinn für alle sein, wenn Menschen mit den verschiedenen
sexuellen Orientierungen und Lebensweisen sich privat begegnen und ihren beruflichen und persönlichen Alltag miteinander gestalten.

Bei allen Aktivitäten, insbesondere aber auch wenn es um
politische Vorstöße und den Versuch geht, rechtliche Änderungen herbeizuführen, sind neben den sozialen, pädagogischen und kirchlichen Stellen *die verschiedenen von Lesben und
Schwulen gegründeten Berufs- und Interessengruppen* von großer
Bedeutung. Es seien hier nur beispielhaft einige Aktivitäten
dieser Art genannt, die stellvertretend für die Fülle anderer
Angebote stehen. Zu erwähnen ist die große Zahl von Beratungsstellen, die von den *Homosexuellen Arbeitsgruppen* in den
verschiedenen Städten geführt werden. Sie leisten wichtige
Arbeit in der Beratung von jugendlichen und erwachsenen
Lesben und Schwulen und ihren Eltern, informieren über ge-
sellige Anlässe und Informationsveranstaltungen, organisieren selbst Vortragsreihen und sind politisch aktiv. Im kirchlichen Bereich ist die Organisation »*Homosexuelle und Kirche*«
(HuK) von großer Bedeutung, bietet sie doch den Lesben und
Schwulen, denen ihre Kirche wichtig ist, die aber gerade hier
zum Teil massive Diskriminierungen erfahren, die Möglichkeit, sich zusammenzufinden, ihr spirituelles Leben miteinander zu gestalten und ihre Anliegen in den Kirchen zu vertreten
(vgl. Kapitel VIII). Zu nennen ist ferner die »*Bundesarbeitsgemeinschaft Schwule im Gesundheitswesen*« *(BASG)*, ein Zu-
sammenschluß von Schwulen, die in ärztlichen und anderen
therapeutischen Berufen tätig sind. Diese Gruppe veranstaltet

regelmäßig Tagungen, deren Vorträge in verschiedenen Publikationen auch einem breiteren Publikum zugänglich sind (zum Beispiel der Sammelband von Gooss und Gschwind zum Thema »Homosexualität und Gesundheit«, 1989). Schließlich sind noch der *Verein homosexueller Erzieher und Lehrer der Schweiz* (VHELS) sowie eine große Zahl von *Interessen-, Freizeit- und politisch aktiven Gruppen* zu nennen. Sie dienen der Gestaltung der Freizeit in einem Raum, in dem Lesben und Schwule sich offen als die zeigen können, die sie sind. Außerdem verfolgen etliche dieser Zusammenschlüsse aber auch das Ziel, das coming out zu erleichtern, die Öffentlichkeit auf ihre Probleme aufmerksam zu machen, Vorurteile abzubauen und – in einem mehr oder weniger weiten Sinn – sich auch politisch zu artikulieren (so wäre es beispielsweise ohne die Lesben- und Schwulenbewegung der 60er und 70er Jahre nicht möglich gewesen, die American Psychiatric Association dazu zu bringen, die Diagnose »Homosexualität« aus ihrem Diagnosenschlüssel herauszunehmen).

Eine Organisation besonderer Art ist das »*Referat für gleichgeschlechtliche Lebensweisen*«, Teil der Senatsverwaltung für Frauen, Jugend und Familie in Berlin. Diese im November 1989 gegründete Stelle geht von dem Grundgedanken aus, »daß die zuständige Senatsverwaltung mit der Einrichtung des Referats für gleichgeschlechtliche Lebensweisen dazu beiträgt, dem Anspruch auf Gleichbehandlung aller Menschen Rechnung zu tragen. Homosexuelle haben einen Anspruch darauf, ihrer Lebensweise gemäß zu leben, ohne Diskriminierung zu wohnen, zu arbeiten, sich auf der Straße zu bewegen, etc. Sie haben das Recht, sich sozial, kulturell und politisch zu organisieren, ohne dabei irgendeiner Gefahr ausgesetzt zu sein. Diesen Rechten für Lesben und Schwule zur Verwirklichung zu verhelfen, ist Aufgabe des Referats für gleichgeschlechtliche Lebensweisen. Ziel seiner Arbeit ist es, die Akzeptanz von lesbischen/schwulen Lebensweisen in allen gesellschaftlichen Bereichen zu fördern« (Bericht 1991). Dementsprechend breit ist der Aufgabenkatalog. Er reicht von der Wahrnehmung ministerieller Aufgaben (zum Beispiel Mitwirkung bei und Einwirkung auf Gesetze, Vorschriften und Richtlinien zur Beseitigung von Diskriminierungen gegenüber Lesben und

Schwulen, ihrer Lebensweise und ihren Gesellungsformen) über Aufklärung der Bevölkerung und Förderung der gesellschaftlichen Akzeptanz durch Veranstaltungen, Publikationen und Fortbildungsangebote für Multiplikatorinnen und Multiplikatoren (zum Beispiel im pädagogischen Bereich und bei der Polizei) und für Mitarbeiterinnen und Mitarbeiter in sozialen und erzieherischen Berufen bis hin zur finanziellen Unterstützung von Lesben- und Schwulenprojekten, um das Sichtbarwerden von Lesben und Schwulen zu fördern und damit die gesellschaftliche Akzeptanz zu verbessern, sowie die Beratung und Betreuung von Menschen zu gewährleisten, die Schwierigkeiten haben, sich selbst und andere als lesbisch und schwul zu akzeptieren.

Das Besondere dieser im deutschsprachigen Bereich einzigartigen Stelle ist, daß sie eine staatliche Institution ist und dadurch in mancherlei Hinsicht eine größere Durchschlagskraft besitzt als private Zusammenschlüsse. Es ist für eine solche Organisation auch leichter, Kontakte zu anderen staatlichen Stellen herzustellen und eine fruchtbare Zusammenarbeit zu initiieren.

Dies hat sich nicht zuletzt an einem so brisanten Thema wie der Gewalt gegen Lesben und Schwule gezeigt. Das Referat für gleichgeschlechtliche Lebensweisen fördert seit 1990 ein entsprechendes Projekt, betreut Opfer, dokumentiert Daten von Gewalttaten und hat insbesondere die Zusammenarbeit mit den Polizeibehörden wesentlich verbessert (zum Beispiel über Aus- und Fortbildungsveranstaltungen innerhalb der Polizei und Supervisionsangebote bei Bewährungshelfern von Delinquenten, die Gewalt gegen Schwule und Lesben ausgeübt haben). Das Referat hat seit seiner Gründung allein fünf Publikationen in der Reihe »Dokumente lesbisch-schwuler Emanzipation« herausgegeben, in denen die Referate und Diskussionen von Fachtagungen zusammengestellt sind: »Information, Integration, Konfrontation. Homosexuelle Aufklärung in Jugendfreizeitheimen und Schulklassen«, »Aspekte lesbischer und schwuler Emanzipation in Kommunalverwaltungen«, »Gewalt gegen Schwule – Die Opfer schweigen. Perspektiven für vertrauensbildende Maßnahmen zwischen Schwulen und Polizei«, »Geschichte und Perspektiven von Lesben und

Schwulen in den neuen Bundesländern« und »Gründung gemeinnütziger Vereine«.

Wie bei den Aktivitäten der verschiedenen Berufs- und Interessenverbände und des Berliner Referats liegen weitere Möglichkeiten, den Diskriminierungen von Lesben und Schwulen entgegenzuwirken, darin, ihre *rechtliche Situation zu verbessern*. So käme es darauf an, ihre Partnerschaften zu legalisieren. Dies würde ihren Verbindungen nicht nur rechtlichen Schutz und größere materielle Sicherheit (etwa beim Tod eines Partners) bringen, sondern würde für die lesbischen und schwulen Partnerschaften auch öffentliche Anerkennung bedeuten und ihnen damit einen höheren Grad von Verbindlichkeit verleihen. Ferner würde die Verbesserung der rechtlichen Situation generell die Gleichstellung der Lesben und Schwulen mit den Heterosexuellen vorantreiben, so wie es das Berliner Referat versucht, zum Beispiel im Bereich von Wohnen und Arbeit, im Hinblick auf das Ausländerrecht (Aufenthaltsrecht, Asylrecht), das Familienrecht (Pflegschaften, Sorgerecht) und in Krisensituationen (Krankhaus, Tod etc.). Diese stichwortartigen Hinweise lassen bereits erkennen, daß Verbesserungen in rechtlicher Hinsicht eine Fülle von direkten und indirekten positiven Änderungen nach sich zögen, so daß Anstrengungen auf diesem Gebiet, wie sie in verschiedenen Ländern immer wieder unternommen werden, von großer Dringlichkeit sind.

Eine andere Gruppe von Maßnahmen, die nicht mit umfassenden Gesetzesrevisionen oder mit grundsätzlichen gesellschaftspolitischen Änderungen verbunden sind, sondern im ganz persönlichen Bereich beginnen können und müssen, zielen darauf, die vielfältigen *Ausgrenzungs- und Diskriminierungsmechanismen aufzudecken und abzubauen*. Erst wenn jede und jeder Einzelne sich darüber klar wird, daß letztlich kein Mensch von Vorurteilen und der Neigung, bestimmte andere Menschen auszugrenzen und zu entwerten, frei ist, sind die Voraussetzungen für eine selbstkritische Reflexion und für den Abbau von Ressentiments und Gewaltanwendungen geschaffen (RAUCHFLEISCH, 1992). Eine solche Einsicht betrifft jeden Menschen gleichermaßen, Lesben, Schwule, Bisexuelle und Heterosexuelle, und insofern kann keiner von uns der Aufgabe ausweichen, sich selbstkritisch mit den eigenen Meinungen und

Verhaltensweisen auseinanderzusetzen. In besonderer Weise sind aber die Fachleute aus den Bereichen der Psychologie, Psychiatrie, Soziologie, Pädagogik, Politologie, den historischen Wissenschaften sowie der Theologie und der Philosophie, um nur einige der wichtigsten Disziplinen zu nennen, aufgerufen, die individuellen und kollektiven Formen von Diskriminierungen, wie sie sich gestern und heute gegenüber Lesben, Schwulen und Bisexuellen, aber auch gegenüber anderen Minoritäten finden, aufzudecken und die Öffentlichkeit auf den irrationalen Charakter der so weit verbreiteten Vorurteile aufmerksam zu machen.

Dazu würde beispielsweise auch gehören, die in den lesbischen, schwulen und bisexuellen Lebensformen liegende Herausforderung anzunehmen und produktiv damit umzugehen, das heißt, die traditionellen Rollen von Mann und Frau kritisch zu reflektieren und die auch heute noch in den Familien bestehende Machthierarchie sichtbar zu machen.

Gerade den Psychoanalytikerinnen und Psychoanalytikern steht ein hervorragendes Instrumentarium zur Verfügung, eignen sich die psychoanalytischen Konzepte doch in besonderer Weise zur Aufdeckung hintergründig wirksamer Motive. Es gilt, eine im Grunde alte psychoanalytische Tradition, die psychoanalytische Sozialpsychologie, wieder zu beleben (FREUD, 1913, 1921, 1930) und sich mit DAHMER (1975) darauf zu besinnen, daß die Psychoanalyse eine kritische Kulturtheorie ist, welche »die kulturellen Institutionen an dem von ihnen bedingten Leiden der Individuen mißt. Der perennierende Konflikt zwischen der Menschennatur (Libido) und den Formen der Vergesellschaftung wird von ihr nicht soziologistisch ... unterschlagen, sie wiederholt nicht ideologisch die Vergewaltigung der Individuen und heiligt nicht die Kultur, an der sie zerbrechen, sondern nimmt für die unfrei Vergesellschafteten Partei. Deren Unglück, das ›Unbehagen in der Kultur‹, will die psychoanalytische Theorie begreifen« (S. 944).

Ich stimme deshalb ZEILLINGER (1987, 1989) zu, der die Psychoanalytiker auffordert, sich des Potentials der Psychoanalyse bewußt zu werden und es kulturkritisch einzusetzen: »Psychoanalytiker müßten sich mit allen Formen der Macht innerhalb der Gesellschaft anlegen und sich mit ihrer Kompetenz auf die Seite der Ohnmächtigen schlagen, seien es die psychisch Geschädigten und Unterdrückten, seien es die Minderheiten, die Randgruppen, die Desavouierten und die Diskriminierten. Konkret übersetzt heißt das, daß wir als Psychoanalytiker nicht apolitisch bleiben dürfen, sondern politisch, das heißt, *öffentlich* werden und handeln sollen« (ZEILLINGER, 1989, S. 171). So ist es etwa möglich, die Ursachen homophober Tendenzen in der Allgemeinbevölkerung, aber auch in bestimmten Gruppierungen wie in manchen kirchlichen Kreisen, nicht zuletzt auch unter Psychoanalytikern selbst, herauszuarbeiten und auf diese Weise zum Abbau von Vorurteilen und Ressentiments beizutragen. Ausgehend von der psychoanalytischen Theorie können auch Modelle für Beratungen und Therapien lesbischer, schwuler und bisexueller Menschen entwickelt werden, wobei das Ziel ausdrücklich nicht die »Um-Orientierung« sein darf. Es geht vielmehr um die Identitätsfindung und eine stützende Begleitung im Prozeß des coming out.

In einem nochmals weiteren Sinne können und müssen wir als Bürgerinnen und Bürger und als Fachleute in den verschiedensten Bereichen aktiv werden, um in unserer Gesellschaft *Lebensbedingungen zu schaffen, die verhindern, daß gewalttätiges Verhalten weiter zunimmt und in brutaler Weise an »Sündenböcken« ausgelebt wird.* Ich bin zwar der Ansicht, daß wir eine gewaltfreie Welt nie werden schaffen können; doch enthebt uns die Einsicht in die Tatsache, daß jeder Mensch ein mehr oder weniger großes Gewaltpotential in sich trägt, keinesfalls der Aufgabe, alles in unseren Kräften Stehende dafür zu tun, daß die Gewalt nicht weiter eskaliert. Aus der Fülle von Untersuchungen, die uns über Entwicklung, Ursachen und Formen von Gewalt vorliegen, wissen wir, worauf es in dieser Hinsicht vor allem ankommt: Wir müssen Kindern in Elternhaus, Schule und Öffentlichkeit physische und psychische Verletzungen und Ohnmachtserfahrungen ersparen, müssen ihnen durch Achtung und Wertschätzung ein stabiles Selbstwertgefühl vermitteln und sie in einer Art erziehen, daß sie eine kritische Distanz Autoritäten gegenüber einnehmen (RAUCHFLEISCH, 1992). Auf diese Weise lassen sich am ehesten Bedingungen schaffen, die Kindern und Erwachsenen wenigstens einen einigermaßen wirksamen Schutz dafür bieten, nicht unreflektiert in irrationale Vorurteile und Sündenbock-Zuschreibungen zu verfallen.

Für uns Erwachsene resultiert aus diesen Überlegungen die Notwendigkeit, uns selbst gegenüber stets kritisch zu bleiben. Wir müssen dann besonders hellhörig werden, wenn wir bei uns feststellen, daß wir die Angehörigen der einen oder anderen Gruppierung mit bestimmten »Etiketten« im Sinne von Stigmatisierungen versehen und uns innerlich oder auch äußerlich darauf berufen, diese Charakterisierungen seien doch »selbstverständlich«. Auch wenn wir es letztlich wohl nie werden vermeiden können, andere Menschen auszugrenzen, können wir uns gerade im Wissen um diese dem Menschen eigene Dynamik doch bemühen, dieser Gefahr so weit wie möglich entgegenzuwirken. Hilfreich können dabei die genannten Schritte sein: uns möglichst umfassend sachlich zu informieren, die von uns abgelehnten Menschen persönlich kennenzulernen und unsere eigenen Gefühle auf ihre wahren Quellen hin selbstkritisch zu erforschen.

VII

Psychotherapie und Beratung

»Wir haben es entschieden abgelehnt, den Patienten, der sich
Hilfe suchend in unsere Hand begibt, zu unserem Leibgut zu
machen, sein Schicksal für ihn zu formen, ihm unsere Ideale
aufzudrängen und ihn im Hochmut des Schöpfers zu unserem
Ebenbild, an dem wir Wohlgefallen haben sollen, zu gestalten.
... Der Kranke soll nicht zur Ähnlichkeit mit uns, sondern zur
Befreiung und Vollendung seines eigenen Wesens erzogen werden«
(FREUD, 1919, S. 190).

Es gehört in psychoanalytischen Diskussionen fast zum guten Ton, sich zunächst auf SIGMUND FREUD, den Begründer der
Psychoanalyse, zu berufen, um, davon ausgehend, dann die
eigenen Vorstellungen zu entwickeln. Interessanterweise findet eine solche Rückbesinnung auf FREUD jedoch bei der Auseinandersetzung mit lesbischen, schwulen und bisexuellen
Orientierungen und Lebensweisen nicht statt. Hier aber täten
wir gerade gut daran, uns an FREUDS Ausführungen zu erinnern, nicht aus Pietät oder um die eigenen Argumente durch
Berufung auf den »Vater« bestätigen zu können, sondern weil
FREUD für uns ein hilfsreiches Vorbild an Unvoreingenommenheit und Selbstkritik sein könnte.

Voraussetzungen

Das an den Beginn dieses Kapitels gestellte FREUD-Zitat legt ein
eindrückliches Zeugnis von einer Haltung ab, die nach wie vor
Grundlage unseres therapeutischen Handelns sein muß. Untersuchen wir, wie es in dieser Hinsicht in Therapien und

Beratungen von Lesben, Schwulen und Bisexuellen aussieht, so müssen wir feststellen, daß hier vielfach ganz und gar nicht die Rede sein kann von »technischer Neutralität«, »Wertfreiheit« und vom hohen Ziel, dem Klienten zur »Befreiung und Vollendung seines eigenen Wesens« zu verhelfen. Im Gegenteil! Es wird Therapeuten sogar expressis verbis empfohlen, bei Lesben und Schwulen die analytische Technik zu modifizieren (man ist hier versucht, eine Parallele zu den Verlautbarungen der Kongregation für die Glaubenslehre der Katholischen Kirche zu ziehen, die davon spricht, daß bei Lesben und Schwulen die Menschenrechte unter Umständen eingeschränkt werden müßten, ähnlich wie es bei Menschen der Fall sei, »die ansteckende Krankheiten haben oder geistig krank sind«, wo es darum gehe, »das Allgemeinwohl zu schützen«). In der psychoanalytischen Literatur heißt es etwa: Die analytische Neutralität sei aufzugeben, und unter bestimmten Umständen, wenn das schwule oder lesbische Verhalten nicht verschwinde, sei es sogar indiziert, die Behandlung abzubrechen (KOLB et al., 1955); man solle ein Ultimatum stellen, wenn die Patienten sich nicht ausreichend um heterosexuelles Verhalten bemühten (OVESEY, 1969); der Lesbe und dem Schwulen müsse die Befriedigung verdorben werden, indem der Therapeut die Bedeutung dieses »perversen Aktes« interpretiere, und die Patienten müßten beraten werden, wie sie zur Heterosexualität finden könnten (SOCARIDES, 1971). Auch die in Kapitel VI zitierten Beispiele stolzer Genugtuung über die durch die Therapie angeblich erreichte Heterosexualität und des verschämten Eingeständnisses, daß dieses hohe Ziel leider nicht erreicht werden konnte, lassen nichts mehr vom freien Geist der Psychoanalyse spüren, die doch gerade nicht zu vordergründiger Anpassung führen will, sondern sich als Hilfe auf dem Weg zur Selbstfindung versteht.

Gehen wir von den Voraussetzungen aus, die bei *anderen* Patienten auch nach wie vor ohne Einschränkung als gültig angesehen werden, so kann man sagen, daß die Beratung und Behandlung von Lesben und Schwulen eigentlich keinerlei Modifikationen im Hinblick auf das Vorgehen erfordert. Wie in jeder anderen Therapie werden Abweichungen von der Standardtechnik einzig und allein durch das Funktionsniveau der

Persönlichkeit bestimmt (das heißt ob es Gesunde, neurotische oder Borderline-Patienten oder Psychotiker sind). *Doch hat das Funktionsniveau einer Persönlichkeit nichts mit der sexuellen Orientierung zu tun.* Obwohl dies selbstverständlich ist, erscheint es mir wichtig, hier noch einmal ausdrücklich darauf hinzuweisen, da dies eine der Grundvoraussetzungen für jede Therapie oder Beratung von Lesben, Schwulen und Bisexuellen ist. Insofern stimme ich ISAY (1990) ohne Einschränkung zu, wenn er der Ansicht ist, der Therapeut einer lesbischen Frau beziehungsweise eines schwulen Mannes müsse sich in der Arbeit davon leiten lassen, »daß die Homosexualität für seinen Patienten normal und natürlich ist. Diese Haltung kann nur dann überzeugend eingenommen werden, wenn die theoretische Position eingenommen werden kann, daß für manche Männer die Homosexualität der normale Endpunkt ihrer Entwicklung ist« (ISAY, 1990, S. 137).

Neben der Anerkennung der Tatsache, daß die *lesbische und schwule Orientierung eine der Heterosexualität gleichwertige, gesunde Variante der menschlichen Entwicklung ist,* liegt die zweite für die Beratung und Therapie von Lesben, Schwulen und Bisexuellen wichtige Voraussetzung darin, von der *prinzipiellen Unveränderbarkeit der sexuellen Orientierung* auszugehen. FREUD selber hat bereits darauf verwiesen, daß der Versuch »einen vollentwickelten Homosexuellen in einen Heterosexuellen zu verwandeln, nicht aussichtsreicher (ist) als das umgekehrte, nur daß man dies letztere aus guten praktischen Gründen niemals versucht« (FREUD, 1920, S. 276). Letztlich gehe es bei der psychoanalytischen Behandlung auch gar nicht um die Frage der Homo- oder Heterosexualität – so FREUD in seinem Brief an eine amerikanische Mutter, die sich wegen ihres schwulen Sohnes an ihn gewendet hatte –, sondern darum, daß die Therapie dem Klienten »Harmonie, Seelenfrieden und volle Leistungsfähigkeit bringe, unabhängig davon, ob er homosexuell bleibt oder sich ändert« (1935/1951).

Selbst ein Autor wie VAN DEN AARDWEG (1985), der die Patienten offenbar außerordentlich bedrängt und geradezu unerbittlich gegen ihre schwule Orientierung vorgeht, räumt ein, daß seine »Therapie«-Versuche letztlich nur geringe Chancen haben: »Im allgemeinen kann man nicht sagen, daß der Optimismus hinsichtlich der Möglichkeiten zu einer grundlegenden Änderung einer homosexuellen Orientierung groß ist« (S. 353).

Bei allen Berichten über derartige Behandlungen muß man indes noch ein prinzipielles Problem berücksichtigen: Wenn dort auf Veränderungen hingewiesen wird, so betreffen diese im allgemeinen das *manifeste Verhalten* (s. die Befunde von MASTERS und JOHNSON, 1981). Der »Erfolg« der Therapie wird daran gemessen, ob die lesbische Frau oder der schwule Mann ihre Beziehungen zu gleichgeschlechtlichen Partnern aufgeben und sexuelle Kontakte mit gegengeschlechtlichen Partnern eingehen. Von einer tiefgreifenden Änderung können wir aber erst dann sprechen, wenn diese auch die sexuelle Orientierung mit ihren innerpsychischen Bildern und Phantasien und den an sie gebundenen Gefühlen betrifft. Legt man der Beurteilung der Veränderbarkeit von Lesben und Schwulen ein solches Kriterium zugrunde, so stellt man schnell fest, daß die Zahl der »erfolgreichen« Behandlungen noch wesentlich niedriger ist als die angegebenen Zahlen. So bemühten sich KINSEY und seine Mitarbeiter über Jahre hin vergeblich, auch nur einen Patienten zu finden, der in der Therapie seine sexuelle Orientierung geändert hätte. Alle von ihnen befragten Männer, die angaben, früher schwul gewesen zu sein und sich jetzt ausschließlich heterosexuell zu betätigen, hatten lediglich ihr Verhalten verändert, während in ihrem Phantasieleben nach wie vor Männer eine zentrale Rolle spielten (TRIPP, 1975).

Fassen wir die Befunde zusammen, so können wir das folgende Fazit ziehen: Wir müssen bei Therapien und Beratungen davon ausgehen, daß lesbische, schwule und bisexuelle Entwicklungen gesunde Varianten der sexuellen Orientierung darstellen, die nichts mit einer wie auch immer gearteten Pathologie zu tun haben. Wenn psychische Störungen bestehen, so lassen sie sich – wie bei heterosexuellen Menschen – nicht aus der sexuellen Orientierung herleiten, sondern haben ihre spezifische, durch andere Faktoren bedingte Geschichte. Außerdem müssen wir berücksichtigen, daß die sexuelle Orientierung als eine früh im Verlaufe des Lebens sich ausbildende Struktur eine relative Stabilität besitzt und nicht willentlich veränderbar ist. Durch Therapien kann lediglich das manifeste Verhalten beeinflußt werden. Das Selbstverständnis, die erotischen Phantasien und die mit ihnen verbundenen Gefühle lassen sich nicht grundlegend verändern.

Klärung der sexuellen Orientierung

Es ist eine gerade unter »Fachleuten« weit verbreitete, aber irrige Vorstellung, die überwiegende Mehrheit von Lesben und Schwulen suchten professionelle Hilfe, um sich darüber klar zu werden, *ob* sie lesbisch beziehungsweise schwul seien. Im Grunde hegen nur die allerwenigsten von ihnen Zweifel an ihrer sexuellen Orientierung, spüren sie doch von Kindheit an die Attraktion, die für sie von Personen des gleichen Geschlechts ausgeht, und erleben sie doch ihre von homoerotischen Inhalten geprägten Phantasien. Was ihnen jedoch Probleme bereitet und worauf sich ihre Zweifel richten, ist die Frage, ob sie sich *vor sich selbst als lesbisch beziehungsweise schwul definieren* wollen, und vor allem, ob sie *mit dieser Identität auch den Schritt in die Öffentlichkeit wagen wollen.* Insofern steht in der Regel hinter der – tatsächlich als Einstieg in die Beratung oft gewählten – Frage »Bin ich lesbisch?« oder »Bin ich schwul?« die Frage nach dem coming out und den daraus sich ergebenden Konsequenzen.

Daß dies die häufigste Situation ist, schließt selbstverständlich nicht aus, daß es auch Frauen und Männer gibt, die bei sich homoerotische Gefühle und eine von Partnern des gleichen Geschlechts ausgehende sexuelle Attraktion wahrnehmen, dadurch sehr verunsichert sind und sich deshalb mit der Frage, ob sie lesbisch oder schwul seien, an einen Therapeuten wenden. Dies ist allerdings erfahrungsgemäß nur eine relativ kleine Zahl von Ratsuchenden. Den größeren Teil unter diesen Klienten dürften *bisexuelle Menschen* ausmachen, die dadurch besonders irritiert sind, daß sie sich zu Männern ebenso wie zu Frauen hingezogen fühlen. Ihre Situation ist auch deshalb besonders schwierig, weil sie sich weder der Gruppe der Heterosexuellen noch der der Lesben und Schwulen ganz zugehörig fühlen und in keiner dieser Gruppen eine eindeutige soziale Identität finden können. Für die Bisexuellen ist deshalb die Frage »Bin ich lesbisch?« beziehungsweise »Bin ich schwul?«

tatsächlich eine »echte« Frage in dem Sinn, daß sie in Beratung und Therapie klären müssen, welche Bedeutung einerseits die lesbische oder schwule und andererseits die heterosexuelle Orientierung für ihr Selbstverständnis und für ihre soziale Situation besitzt.

Eine zweite – eher kleinere – Untergruppe unter den Klientinnen und Klienten, die voller Verunsicherung therapeutische Hilfe suchen, stellen *Menschen mit neurotischen Fehlentwicklungen* dar, deren Probleme sich im Umgang mit Partnern des gleichen und des anderen Geschlechts äußern. Wie sich in Gesprächen mit ihnen relativ schnell zeigt, hegen sie im Grunde keinerlei Zweifel an ihrer (zumeist heterosexuellen) Orientierung. Ihre erotischen Phantasien und Gefühle sind in der Regel eindeutig. Aufgrund emotionaler Konflikte fürchten sie jedoch die Konfrontation mit realen heterosexuellen Partnerinnen und Partnern und *meinen* in der – bezeichnenderweise in der Regel nie praktizierten – Homosexualität eine ihnen entsprechende Lebensform zu finden. Wie sich in Beratung und Therapie herausstellt, ist dies allerdings ein Irrtum, da die dieser Vorstellung zugrundeliegenden Konflikte nicht durch eine Flucht in die Homosexualität gelöst werden können, zumal auch gar keine dementsprechende lesbische oder schwule Orientierung bei diesen Klienten besteht.

Aus der eigenen therapeutischen Praxis kenne ich einige wenige Klienten dieser Art, die sich allerdings – wohl typischerweise – nur in bestimmten Phasen ihres Lebens, bei der Konfrontation mit für sie spezifischen Konflikten, mit der dann ausgesprochen ängstlich getönten Frage beschäftigten, ob sie wohl schwul seien. Auch in der Behandlung tauchten diese Vorstellungen immer nur dann auf, wenn die betreffenden Konflikte berührt wurden. Das Eingehen einer manifesten sexuellen Beziehung und das Leben als Schwuler standen jedoch für keinen dieser Klienten je ernsthaft zur Diskussion.

Auch Isay berichtet von solchen Klienten, deren Befürchtung, schwul zu sein, im Dienste der Abwehr gefürchteter Aggressions- und Konkurrenzgefühle dem Vater gegenüber stand. Er bezeichnet diese Manifestation deshalb als »defensive Homosexualität«, die jedoch nichts mit der gesunden schwulen Orientierung zu tun hat. Wesentliche Unterscheidungsmerkmale sind nach ISAY: Die homoerotischen Phantasien treten bei Menschen mit schwuler Orientierung bereits in der Kindheit auf und werden von ihnen als etwas »Selbstverständliches«, »Normales« erlebt, erst im Verlauf der Sozialisation wird ihnen von außen vermittelt, es sei etwas »Unnatürliches«; Menschen mit schwuler Orientierung lassen bereits in der Kindheit die in Kapitel I. beschriebene Abneigung gegen aggressive Aktivitäten erkennen; bei Heterosexuellen besteht charakteristischerweise ein Desinteresse an realen Beziehungen zu einem gleichgeschlechtlichen Partner; im nicht-manipulativen, die Klienten akzeptierenden Raum der Therapie verschwinden bei heterosexuellen Männern die Ängste, schwul zu sein, relativ bald und treten nur dann auf, wenn das Konfliktpotential berührt wird.

Wenig hilfreich hingegen erscheint mir die Unterscheidung zwischen einer sogenannten »Oberflächen«- und einer »Tiefen«-Homosexualität, wie sie unter anderem MÜLLER (1988) vornimmt. Unter der »Tiefen«-Homosexualität versteht der Autor die von mir als lesbische und schwule Orientierung mit den für sie charakteristischen erotischen Phantasien bezeichnete Identität. Die »Oberflächen«-Homosexualität sei hingegen »ein vorübergehendes entwicklungs- beziehungsweise situationsbedingtes homosexuelles Verhalten, das entweder nicht oder nur geringfügig von der Psyche gestützt wird oder einen Ausdruck von ihr darstellt« (S. 23). Wie meist bei solchen Diskussionen wird auch von MÜLLER in diesem Zusammenhang auf die sogenannte »homosexuelle Phase bei Jugendlichen«, auf die immer wieder beschworene »Nothomosexualität« in Gefängnissen und in anderen Situationen verwiesen, in denen die sexuellen Bedürfnisse nicht auf die eigentlich gewünschte Weise mit gegengeschlechtlichen Partnern, sondern »auf homosexuelle Weise« befriedigt werden, und es wird »homosexuelles Verhalten« erwähnt, das von eigentlich heterosexuellen Menschen »aus Gründen der Abwechslung« oder »als Ausdruck der Emanzipation« praktiziert werde. Alle diese Verhaltensweisen haben meines Erachtens nichts mit einer schwulen oder lesbischen Orientierung zu tun: Bei Jugendlichen sind es homoerotisch getönte Anlehnungsbedürfnisse, die der Stärkung ihrer männlichen beziehungsweise weiblichen – heterosexuellen – Identität dienen. In Gefängnissen und in anderen Situationen, in denen sexuelle Kontakte zu gegengeschlechtlichen Partnerinnen und Partnern nicht möglich sind, ist nach meiner Erfahrung die Situation wesentlich komplexer, als es nach derartigen Aussagen den Anschein hat: Zum einen dürften die Zahlen der dort praktizierten gleichgeschlechtlichen Kontakte weit überschätzt werden; zum anderen wäre es, ehe wir verbindliche Aussagen machen können, notwendig zu klären, von welcher Art die Persönlichkeiten sind, die solche Kontakte eingehen (sind es psychisch Gesunde mit heterosexuellen oder schwulen beziehungsweise lesbischen Orientierungen? Sind es Menschen mit psychischen Störungen und einer »defensiven Homosexualität« im Sinne ISAYS?, etc.).

Völlig unsinnig erscheint mir schließlich das – selbst in Fachkreisen, zum Beispiel bei meiner Umfrage an den psychoanalytischen Instituten geäußerte – Argument, es gebe auch eine »Oberflächen«-Homosexualität im Sinne MÜLLERs bei Menschen, die Abwechslung suchten oder gleichgeschlechtliche Beziehungen eingingen, weil ihnen dies »modern« erscheine und von ihnen als Ausdruck von Emanzipation verstanden werde. Gewiß mag es Frauen wie Männer geben, die gleichgeschlechtliche sexuelle Kontakte suchen und als Begründung dafür die zitierten Argumente anführen. Dies dürfte jedoch eine verschwindend kleine Zahl sein, und es bliebe dann immer noch zu prüfen, ob die angegebenen Gründe wirklich die ausschlaggebenden sind, oder ob ganz andere Motive ihr Verhalten determinieren. Solche Menschen würden indes wohl keine Beratung oder Therapie suchen, es sei denn, sie wären – angeblich aus »Experimentiergründen«, tatsächlich aber weil sie ihre lesbische, schwule oder bisexuelle Orientierung längst gespürt haben – eine gleichgeschlechtliche sexuelle Beziehung eingegangen und wollten nun im Beratungsgespräch ihre innere und äußere Situation weiter klären. Dann läge aber keineswegs eine »Oberflächen«-Homosexualität vor, sondern es ginge um die Auseinandersetzung mit der lesbischen, schwulen oder bisexuellen Orientierung und den sozialen Konsequenzen eines coming out.

Therapeutische Arbeit an den erlittenen Verletzungen

Ein wesentlicher Teil der therapeutischen Arbeit, die bei Schwulen, Lesben und Bisexuellen zu leisten ist, betrifft die große Zahl von Verletzungen, die sie im Verlauf ihres Lebens in einer an heterosexuellen Standards orientierten Gesellschaft erlitten haben. Von Kindheit an sind ihnen Modelle für »typisch männliches« und »typisch weibliches« Fühlen und Verhalten vermittelt worden, die ihrem eigenen Wesen jedoch nicht entsprechen. Schon früh haben diese Kinder schmerzlich gespürt, »anders« zu sein als die Gleichaltrigen. Immer wieder hat die Umgebung ihnen signalisiert, daß sie die Normen des »richtigen Jungen« und des »richtigen Mädchens« nicht erfüllen, und hat ihr Anders-Sein durch mehr oder weniger offene Sanktionen zu unterbinden versucht. Selbst wenn es im günstigen Falle dabei nicht zu massiven Strafen und empfindlichen Kränkungen kam, haben sie doch wohl fast ausnahmslos in ihrer Kindheit Verletzungen erlitten, weil sie sich in einem zentralen Gefühlsbereich von ihren nächsten Bezugspersonen nicht verstanden sahen.

Folgt man den Entwicklungstheorien, wie sie von Gissrau (1989, 1993) und Isay (1990) formuliert worden sind, so gehen die Hauptkränkungen für schwule Knaben wie für lesbische Mädchen vom *Vater* aus. Er ist es, bei dem das lesbische Mädchen nach der Enttäuschung an der Mutter vergeblich Zuwendung sucht und dessen Zurückweisung es deshalb doppelt schmerzlich erlebt. Von ihm gehen aber auch für den schwulen Knaben die zentralen Verletzungen aus, weil der Sohn sich häufig gerade von ihm, dessen Nähe er sucht, zurückgestoßen und entwertet fühlt. Je stärker der schwule Knabe seine Wünsche nach erotischer Nähe und Anlehnung an den Vater zu erkennen gibt, desto mehr muß er mit dessen Ablehnung rechnen, sei es, weil dadurch im Vater selbst homoerotische Impulse angesprochen werden, die er bei sich jedoch ablehnt, sei es, weil das Verhalten des Sohnes so gar nicht den Idealvorstellungen des Vaters von dem, wie ein »richtiger Junge« zu sein habe, entspricht.

Derartige Traumatisierungen werden in der Kindheit fast zwangsläufig erfahren, da Eltern im allgemeinen nicht auf die spezifischen Entwicklungsprobleme lesbischer, schwuler und bisexueller Kinder vorbereitet sind. Sie gehen aufgrund ihrer eigenen Entwicklung und aufgrund der in unserer Gesellschaft üblichen Vorstellungen von Mann und Frau in der Erziehung in der Regel von Idealbildern aus, die sich an der Situation heterosexueller Kinder orientieren und damit den lesbischen Mädchen und den schwulen Knaben nicht gerecht werden können. Die Entwicklung wird umso ungestörter verlaufen, je mehr es den Eltern gelingt, sich von den gesellschaftlichen Normvorstellungen zu befreien und ihren Kindern eine ihnen entsprechende Entwicklung zuzugestehen.

Je konfliktloser die innerfamiliäre Situation sich gestaltet, desto leichter wird es den Kindern fallen, sich dann auch in der *weiteren Umgebung* zurechtzufinden. Doch wird es in Kindergarten und Schule, bei der Berufsausbildung und allgemein im Kreise der Gleichaltrigen angesichts deren Orientierung an heterosexuellen Normvorstellungen nie ohne Traumatisierungen abgehen. Dafür sind zumindest zwei Gründe verantwortlich: Zum einen besteht nach wie vor auch unter Kindern und Jugendlichen ein erschreckendes Ausmaß an Intoleranz gegenüber allen, die in irgendeiner Hinsicht »anders« sind. Zum anderen haben gerade Jugendliche die starke Neigung, sich beim Hineinwachsen in die sie umgebende Sozietät gegenseitig zu stärken, indem sie von denen, die zur gleichen Bezugsgruppe gehören wollen, unbedingte Befolgung der in ihrer Gruppe geltenden Verhaltensregeln erwarten. Die eigene Identität wird so immer auch ein stückweit erreicht durch die Abgrenzung von Menschen, die in irgendeiner Hinsicht vom eigenen Wesen und Verhalten abweichen. Dies ist für die Mitglieder der heterosexuellen Majorität ein entwicklungsfördernder Prozeß. Verhängnisvoll ist er jedoch für die lesbischen und schwulen Kinder, die als anders Empfindende und Sich-Verhaltende ausgeschlossen sind und nicht selten zu Opfern von Spott und Ablehnung werden.

Hinzu kommt, daß die lesbischen, schwulen und bisexuellen Heranwachsenden schon früh spüren, daß sie mit ihren erotischen und sexuellen Gefühlen und Phantasien allein sind. Gefühle der schwärmerischen Verliebtheit, die aufkeimende Sexualität, erste Annäherungen an Partnerinnen und Partner –

alle diese Erfahrungen können sie nicht als etwas erleben, das sie, ob ausgesprochen oder nicht, mit ihren Altersgenossinnen und -genossen teilen. Spätestens in dieser Entwicklungsphase, in der sie gerade in besonderer Weise auf die Gemeinschaft mit Gleichaltrigen angewiesen wären, erleben die lesbischen Mädchen und die schwulen Knaben besonders schmerzlich ihr Anderssein und die daraus resultierende soziale Isolation.

Schon diese wenigen Hinweise lassen erkennen, daß sich in der Lebensgeschichte jeder Lesbe, jedes Schwulen und jedes bisexuellen Menschen vielfältige Quellen von Verletzungen finden lassen. Diese Traumatisierungen sind nicht durch die sexuelle Orientierung bedingt, sondern stellen Folgen der Erfahrungen dar, welche diese Kinder in ihren Herkunftsfamilien und in der weiteren Sozietät gemacht haben. In Beratungen und Therapien kommt es in erster Linie darauf an, diese Verletzungen und Kränkungen zu bearbeiten. Dies kann – wie in jeder Therapie – natürlich nicht heißen, die Traumatisierungen ungeschehen zu machen. Doch geht es für die Klienten in der Behandlung darum, in der Beziehung zu einer Therapeutin oder einem Therapeuten sich mit den schmerzenden Wunden zu konfrontieren, sie in realistischer Weise anzuschauen und eine neue Einstellung zu der Erfahrungen der Vergangenheit zu gewinnen. Daraus erwachsen dann Kräfte, das Leben in einer Art zu gestalten, die dem eigenen Wesen gerecht wird, und Strategien zu entwickeln, die es ermöglichen, selbst schwierigen Lebenssituationen gewachsen zu sein.

Gerade wenn es sehr schmerzhafte Verletzungen und Enttäuschungen waren, die Lesben, Schwule und Bisexuelle in Kindheit und Jugend erlitten haben, müssen die Klienten in der Beziehung zu einem empathisch sich auf sie einstellenden, vorurteilsfreien Therapeuten zunächst emotionale Sicherheit gewinnen. Erst dann vermögen sie sich mit den Wunden zu konfrontieren, welche die bisherigen Beziehungserfahrungen in ihnen zurückgelassen haben.

Nach Isays Entwicklungstheorie gehört es zu diesem Prozeß auch, daß sich die schwulen Männer ihrer frühen – aber im allgemeinen der Verdrängung anheimgefallenen – erotischen Wünsche ihren Vätern gegenüber bewußt werden. Isay ist der Ansicht, daß schwule Knaben diese ursprünglich intensiven

Gefühle schon früh verdrängt haben, da sie sie damals für verwerflich hielten und dies auch heute noch oft tun. Im Bewußtsein sei dann nur noch der Eindruck des »Anders-Seins« zurückgeblieben. Erst die intensive therapeutische Arbeit (vor allem anhand der Übertragung in psychoanalytischen Behandlungen) ermögliche es, die diesem »Anders-Sein« eigentlich zugrundeliegenden erotischen Gefühle dem Vater gegenüber und die Enttäuschung durch die von ihm erfahrene Zurückweisung wieder bewußt zu machen. Wenn diese Wünsche und Enttäuschungen in der Therapie durchgearbeitet worden sind, ist der Weg frei für befriedigende gleichgeschlechtliche Beziehungen.

Die Verletzungen, die in Beratungen und Therapien bearbeitet werden müssen, leiten sich indes nicht nur von den Erfahrungen aus Kindheit und Jugend her. Es sind auch nicht nur Wunden, die Lesben, Schwulen und Bisexuellen von Eltern, Kameraden und der weiteren Gesellschaft mit ihren Diskriminierungen zugefügt worden sind. Nicht selten haben wir es mit den *Folgen von sogenannten* »*therapeutischen*« *Interventionen* zu tun. Hier sei beispielhaft für andere auf den holländischen Psychologen GERARD J.M. VAN DEN AARDWEG (1985) hingewiesen, der sich nicht von ungefähr auf SOCARIDES (1971, 1978), einen der prominenten Vertreter der These »Homosexualität = Krankheit« beruft (SOCARIDES hat denn auch das Vorwort zu diesem Buch verfaßt). VAN DEN AARDWEG vertritt vehement die Ansicht: »Homosexualität ist Krankheit aus Selbstmitleid«. Die »Schuld« an diesem »neurotischen Selbstmitleid« weist der Autor in erster Linien den Eltern zu, denen er »schwerwiegende Erziehungsfehler« (S. 491) attestiert: Er wirft ihnen ein »selbstsüchtiges« oder auch »mangelndes« Interesse an den Kindern vor (S. 494), ist der Ansicht, daß die Eltern selber vielfach »unter neurotischen Persönlichkeitsstörungen« leiden (S. 491), und reitet in diesem Zusammenhang insbesondere eine Attacke gegen »viele unsinnige, sogenannte ›progressive‹ Vorstellungen«, die »zum Beispiel das Recht auf ›Selbstverwirklichung‹ propagieren« (hier wendet sich der Autor gegen die Selbstverwirklichung der Frauen und Mütter) und damit zu einem »Zerfall des Ideals eines glücklichen und gesunden Familienlebens in unserer Kultur« führen (S. 493); ferner geißelt er mit scharfen Worten eine allzu large Erziehung in bezug auf »die traditionelle Trennung von Aktivitäten, die nur Männern, und solchen, die nur Frauen vorbehalten sind« (S. 496).

Das Unheilvolle solcher, all die alten Vorurteile und Schuldzuweisungen wieder aufrührenden Äußerungen liegt darin, daß sie sich angeblich auf »wissenschaftlich fundierte« Befunde stützen (wie es auch im Klappentext des Buches von VAN DEN AARDWEG heißt) und dadurch den Anschein erwecken, hier würden unumstößliche letzte Wahrheiten vermittelt, was solchen Konzepten in der Öffentlichkeit – so ist zu befürchten – ein großes Gewicht verleiht. Außerdem werden durch derartige Äußerungen Schwule, Lesben und Bisexuelle selbst ebenso wie ihre Eltern auf schlimmste Weise mit Scham- und Schuldgefühlen belastet und unter Umständen in Entwicklungen hineingetrieben, die zu schweren – durch die angeblichen »Therapeuten« ausgelösten – psychischen und sozialen Störungen führen. Schließlich sind die Maßnahmen, die Autoren wie VAN DEN AARDWEG aus ihren Theorien ableiten, nicht lediglich ineffizient. Sie sind für die Ratsuchenden vielmehr auch verhängnisvoll, da sie die sozialen Repressionen noch verstärken und zu einer weiteren Verfestigung der negativen Selbstbilder führen (eine solche Wirkung übt schon allein die Bezeichnung der von VAN DEN AARDWEG vorgeschlagenen »Therapie« aus: »Anti-SelbstmitleidTherapie«!). Es ist zu befürchten, daß solche Maßnahmen Eltern und Kinder so verzweifelt werden lassen, daß sie einen Ausweg schließlich nur noch im Suizid sehen. Insofern sind derartige Konzepte keineswegs harmlos, sondern im Gegenteil gefährlich und trotz ihrer angeblich »therapeutischen« Ziele im Grunde menschenverachtend (vgl. die ganz ähnliche in Kap. VIII dargestellte Auffassung von ADAMS).

Viele Therapeutinnen und Therapeuten gehen wie VAN DEN AARDWEG nach wie vor davon aus, die lesbische, schwule und bisexuelle Orientierung sei Ausdruck einer psychischen Fehlentwicklung. Ziel der Behandlung ist für sie dann, die Klientinnen und Klienten zur Heterosexualität zu bringen. Da die sexuelle Orientierung aber nicht veränderbar ist, bedeutet ein derartiger Therapie-»Erfolg«, daß Lesben, Schwule und Bisexuelle in einer solchen Behandlung gelernt haben, sich an einen heterosexuellen Lebensstil anzupassen, der ihnen im Innersten aber in keiner Weise entspricht. Es ist eine im Grunde tragische Situation, daß gerade in Therapien, in denen die Klienten empathisches Eingehen auf ihre Probleme erleben, ihre Wünsche nach Zuwendung und Akzeptanz insofern mißbraucht werden, als diese Gefühle von den Therapeuten vielfach dazu benutzt werden, die Klienten zu einer Änderung ihres Verhaltens zu bewegen. Dies führt jedoch zwangsläufig zu erneuten Enttäuschungen und zu mitunter gravierenden psychischen Störungen, da es eine Wiederholung der in der Kindheit erlittenen Verletzungen ist. In der Beziehung zu einer ihnen wichtigen Person erleben sie nochmals, daß sie in ihrer wahren Identität nicht akzepiert werden. Um Anerkennung von seiten der Therapeuten zu finden, müssen sie – wie schon so oft in ihrem bisherigen Leben – ein (heterosexuelles) Verhalten zeigen, das dem Kern ihres Wesens aber nicht entspricht.

Suchen uns Klientinnen und Klienten auf, die durch solche »therapeutischen« Maßnahmen erneut traumatisiert worden sind, so besteht die Hauptaufgabe darin, die ihnen in der Behandlung zugefügten Verletzung zu bearbeiten und sie in der Beziehung zu uns mit ihrer sexuellen Orientierung uneingeschränkte Wertschätzung erleben zu lassen. Das ist ohnehin eine Grundvoraussetzung für jede Beratung und Therapie. Wenn wir es jedoch mit Menschen zu tun haben, die in einer vorangehenden Behandlung eine Wiederholung ihrer früheren Traumata erlebt haben, so kommt der Akzeptanz ihrer sexuellen Orientierung eine besonders zentrale Bedeutung zu. Sie müssen sich ja nicht nur mit den Enttäuschungen und Kränkungen auseinandersetzen, die aus den frühen Beziehungen zu Eltern und anderen ihnen nahestehenden Personen herrühren, sondern sind fatalerweise gerade durch Therapeuten in ihrer negativen Erwartung, in ihrer Orientierung nicht akzeptiert zu werden, bestärkt worden. Dies ist vor allem dann eine tiefe neue Verwundung, wenn es therapeutische Beziehungen waren, die den Klientinnen und Klienten emotional viel bedeutet haben. Dann muß sich in der zweiten Behandlung ein großer Teil der therapeutischen Arbeit auf die Klärung der Gefühle des Klienten dem ersten Therapeuten gegenüber richten und auf die Auswirkungen, welche die Vorurteile des Therapeuten auf das Erleben und das Selbstverständnis des Klienten ausgeübt haben.

Ein weiteres Problem von Behandlungen, die vor allem eine Änderung der sexuellen Orientierung anstreben, liegt darin, daß in diesen Therapien eine Reihe von Konflikten nicht in angemessener Weise erforscht und bearbeitet werden kann. Isay weist darauf hin, daß insbesondere die Liebenswünsche dem Vater gegenüber und die aus der Zurückweisung durch ihn resultierende Enttäuschung nur dann Gegenstand der Therapie werden können, *wenn diese Dynamik von den Therapeuten im Rahmen einer gesunden lesbischen oder schwulen Orientierung anerkannt wird.* Die Pathologisierung der Homosexualität verstellt den Zugang zu diesen Problemen und verunmöglicht damit die Durcharbeitung dieser für Lesben und Schwule zentralen Thematik.

Abbau der verinnerlichten homophoben Tendenzen

Die Entwicklung der Identität des Menschen ist nie ein ausschließlich innerseelischer Prozeß, sondern stellt das Resultat einer Wechselwirkung zwischen der individuellen Persönlichkeit mit ihrer je eigenen Lebensgeschichte und den sozialen Einflüssen dar, unter denen das Individuum lebt. So wird verständlich, daß Menschen in ihr Selbstbild auch Wertungen aufnehmen, die sich im ungünstigsten Falle sogar gegen ihr eigenes Wesen richten. Dies ist eine Dynamik, die wir bei vielen Angehörigen von Minoritäten finden: Sie erfahren von seiten der Majorität vielfältige Ausgrenzungen und Ablehnungen und verinnerlichen schließlich die ursprünglich von außen an sie herangetragenen negativen Bilder ihrer selbst. Selbstverachtung, Insuffizienzgefühle und Selbsthaß sind die Folgen dieses unheilvollen Prozesses, dem auch viele Lesben, Schwule und Bisexuelle im Verlaufe ihres Lebens ausgesetzt sind.

Das Fatale dabei ist, daß die negative Bewertung der eigenen Art (in diesem Falle: der sexuellen Orientierung) schließlich nicht mehr als etwas erlebt wird, was einem von anderen angetan wird, sondern zu einer in die eigene Persönlichkeit übernommenen Diskriminierung wird. Es ist deshalb auch wesentlich schwieriger, sich gegen diese aus dem eigenen Innern stammenden entwertenden Stimmen zur Wehr zu setzen, da es nicht mehr um die Verteidigung gegenüber einem Angreifer in der Außenwelt geht. Der Kampf tobt vielmehr im eigenen Innern, und die entwertenden Stimmen sind Teil der eigenen Person.

Eine solche Verinnerlichung der homophoben Tendenzen, auf die Lesben, Schwule und Bisexuelle in unserer Gesellschaft immer wieder treffen, liegt vielfach an der Wurzel von Selbstverachtung, Insuffizienzgefühlen und Selbsthaß, von denen wir in Beratungen und Therapien erfahren. Es wäre indes ein gravierender Irrtum, diese Gefühle als Ausdruck innerpsychischer neurotischer Konflikte zu verstehen, wie SOCARIDES und andere Autoren es tun, welche von der durch nichts zu rechtfertigenden Annahme ausgehen, die lesbische, schwule und bisexuelle Orientierung stelle eine psychopathologische Entwicklung dar. Die Selbstentwertung dieser Menschen ist vielmehr das Resultat der Verinnerlichung der Diskriminierungen, die sie im Verlaufe ihres Lebens erfahren haben.

Es ist deshalb eine zentrale Aufgabe von Beratungen und Therapien, mit den Klientinnen und Klienten die wahren (in der *Außenwelt* liegenden) Quellen der Selbstverachtung zu erforschen und ihnen Einsicht in die Dynamik dieses unheilvollen Verinnerlichungsprozesses zu vermitteln. Von besonderer Bedeutung ist es dabei, daß diese Probleme nun mit einem Therapeuten durchgearbeitet werden, der die sexuelle Orientierung seines Klienten uneingeschränkt akzeptiert. Auf diese Weise machen die Klienten neue, für ihre weitere emotionale Entwicklung wichtige Erfahrungen, indem sie gerade dort Wertschätzung erleben, wo sie bisher vor allem Ablehnung erfahren haben. Außerdem ist es nur bei einer vorurteilsfreien Haltung des Therapeuten möglich, die selbstverständlich auch in der therapeutischen Beziehung (in der Übertragung) auftauchenden Ängste der Klienten, der Therapeut lehne sie im Grunde doch ab und verachte sie, als Ausdruck der verinnerlichten homophoben Tendenzen der Klienten zu deuten und Schritt um Schritt abzubauen.

Ein wesentlicher therapeutischer Faktor liegt schließlich auch darin, daß sie in der Auseinandersetzung mit den Therapeuten Modelle für einen positiven Umgang mit ihrer sexuellen Orientierung und den daraus resultierenden Lebensstilen finden. Dies ist bei Lesben, Schwulen und Bisexuellen deshalb von größerer Bedeutung als bei anderen Klienten, weil ihnen in ihren Herkunftsfamilien ebenso wie in der weiteren Gesellschaft in der Regel keine positiven Leitbilder zur Verfügung gestanden haben und sie sich daher oft nicht an Modellen für einen konstruktiven Umgang mit lesbischen, schwulen und bisexuellen Lebensweisen orientieren konnten. Um so wichtiger ist es, daß sie dann in Beratungen und Behandlungen, in denen sie ihre eigenen homophoben Tendenzen erkennen und abbauen, die positive Haltung ihrer Therapeutinnen und Therapeuten verinnerlichen und damit den Grund zu einem stabilen positiven Selbstwertgefühl legen.

Die Auseinandersetzung mit den verinnerlichten homosexualitätsfeindlichen Tendenzen ist von besonderer Bedeutung auch in Beratungen und Therapien lesbischer und schwuler Paare. Nicht selten findet in der Paarbeziehung die Projektion der negativen Selbstbilder auf die Partnerin bzw. den Partner statt, und diese negativen Selbstaspekte werden dann an den Partnern bekämpft. Hier kommt es darauf an, den projektiven Prozeß zu deuten und miteinander, unter Umständen in einer Paartherapie, die je eigenen Anteile der Partner herauszuarbeiten.

Therapeutische Begleitung des coming out

Wie in Kapitel IV geschildert, stellt der Prozeß des coming out eine wichtige Phase im Leben von Lesben, Schwulen und Bisexuellen dar. Es ist zum einen ein innerpsychischer Vorgang, bei dem es um das bewußte Wahrnehmen und die Akzeptanz der eigenen sexuellen Orientierung geht. Zum anderen ist es ein sozialer Prozeß, bei dem Lesben, Schwule und Bisexuelle sich der Umgebung zunehmend mit ihrer spezifischen sexuellen Orientierung und dem daraus resultierenden Lebensstil zu erkennen geben. Wie bei der Verarbeitung der erlittenen Verletzungen und beim Abbau der verinnerlichten homophoben Tendenzen ist auch beim coming out nicht unbedingt eine Behandlung oder Beratung notwendig. Die meisten Lesben, Schwulen und Bisexuellen durchlaufen diesen Prozeß erfolgreich ohne professionelle Hilfe, vielfach im Dialog mit anderen, die diese Entwicklungsphase schon mehr oder weniger weit durchlaufen haben. Doch kann es mitunter gerade beim coming out zu krisenhaften Lebenssituationen kommen, die eine Therapie nahelegen. Außerdem ist es angesichts des Fehlens positiver Leitbilder oft sinnvoll, in dieser Entwicklungsphase eine therapeutische Begleitung in Anspruch zu nehmen, um einen Raum zu haben, in dem Selbstreflexion und innere Klärung im Dialog mit einem die sexuelle Orientierung akzeptierenden Therapeuten erfolgen können.

Eine therapeutische oder beraterische Begleitung kann auch bei Coming-out-Prozessen von Adoleszenten und ihren Eltern eine große Hilfe sein. Dabei ist es nach meiner Erfahrung wichtig, neben der sachlichen Information drei Problembereich gesondert zu betrachten und in der Therapie zu bearbeiten: zum einen die altersspezifischen Ablösungstendenzen der Adoleszenten und die elterlichen Reaktionen darauf, zum zweiten die Frage der elterlichen Akzeptanz der homosexuellen Orientierung ihres Kindes und zum dritten die mit dem Coming-out-Prozeß, den die gesamte Familie durchläuft, zusammenhängenden Probleme (RAUCHFLEISCH, 1996a).

Gerade für bisexuelle Frauen und Männer kann es bereits im Vorfeld eines eigentlichen coming out wichtig sein, professionelle Beratung und Möglichkeiten zur Klärung ihrer innerpsychischen wie auch ihrer sozialen Situation in Anspruch zu nehmen (Informationen über Veranstaltungen und Möglichkeiten eines Erfahrungsaustauschs zwischen Bisexuellen sind über das »Bisexuelle Netzwerk«, BINE, Berlin, erhältlich; zu Selbsthilfegruppen für Bisexuelle s. GLEITZ, 1987). Dies gilt insbesondere auch für verheiratete Bisexuelle (LOUREA, 1985).

Letztlich unterscheiden sich Behandlungen, die im Zusammenhang mit dem coming out aufgenommen werden, nicht grundsätzlich von den mit anderen Klienten durchgeführten Therapien. Immer geht es in der Psychotherapie um die Schaffung günstiger Bedinungen, um weitere Reifungsschritte der

Klienten einzuleiten und mit ihnen Strategien zur Bewältigung kritischer Lebenssituationen zu erarbeiten. Der einzige – allerdings nicht unwesentliche – Unterschied zwischen der Begleitung von Lesben, Schwulen und Bisexuellen beim Prozeß des coming out und anderen Ratsuchenden liegt darin, daß die letzteren in ihrer Umgebung bereits soziale Rollen und Verhaltensweisen vorfinden, in die sie hineinwachsen können, während Lesben, Schwule und Bisexuelle sich weitgehend unabhängig von Vorbildern eigene Lebensstile schaffen und sich dabei gegenüber einer sie vielfach diskriminierenden Gesellschaft behaupten müssen. Gerade weil aus diesen Gründen ihr coming out ein ungleich schwierigerer Prozeß ist als das Hineinwachsen heterosexueller Menschen in die sie umgebende Gesellschaft, ist es oftmals sinnvoll, wenn diese Schritte durch professionelle Unterstützung begleitet werden.

Spezifische Übertragungs- und Gegenübertragungskonstellationen

In der psychoanalytischen Therapie spielt die *Übertragung* eine zentrale Rolle. Wir verstehen darunter die Entwicklung von Gefühlen, die in der Behandlung dem Therapeuten gegenüber erlebt werden, aber eigentlich nicht ihm als Individuum gelten, sondern eine Wiederbelebung von Gefühlen darstellen, die aus den Beziehungen zu wichtigen Personen der Kindheit herrühren. Indem sie sich nun in der Beziehung zum Therapeuten neu artikulieren, können sie Gegenstand der Reflexion werden, und es können die Quellen dieser Gefühle erforscht und neue Einstellungen zu ihnen gefunden werden. Unter der *Gegenübertragung* verstehen wir die Gefühlsreaktionen, welche die Therapeutinnen und Therapeuten in der Begegnung mit ihren Klienten bei sich wahrnehmen. Sie sind zum Teil durch eigene »blinde Flecke«, das heißt noch nicht aufgearbeitete Konflikte, der Therapeuten bedingt. Zum Teil sind es aber auch diagnostisch und therapeutisch wichtige Gefühlsreaktionen, mit deren Hilfe die Behandelnden etwas von dem wahrnehmen, was ihre Klienten erleben, aber nicht verbal vermitteln können.

In Beratungen und Psychotherapien von Lesben, Schwulen und Bisexuellen sehen wir uns insofern mit einer besonderen Situation konfrontiert, als wir bereits vor dem Zusammentreffen mit einer Klientin und einem Klienten eine Grundsatzentscheidung treffen müssen: Wir müssen uns darüber klar sein, ob wir die schwule, lesbische und bisexuelle Orientierung als gesunde Variante der menschlichen Entwicklung akzeptieren, oder ob wir der Ansicht sind, sie sei per definitionem Ausdruck einer seelischen Krankheit. Um es zu präzisieren: Die Behandlung steht und fällt mit der Gegenübertragungs-Antwort auf die Frage nach Gesundheit oder Krankheit der Homosexualität (damit ist die *prinzipielle* Auffassung gemeint, was selbstverständlich nicht besagt, daß es bei Lesben, Schwulen und Bisexuellen nicht auch – wie bei Heterosexuellen – psychische Erkrankungen gibt).

Eine solche Feststellung mag befremdlich klingen, wenn wir an die Wertfreiheit denken, welche die Psychoanalyse, aber auch andere Therapierichtungen, als zentrale Voraussetzung ihres Handelns postulieren. Tatsächlich kommt mit einem solchen Vorentscheid ein subjektiver Faktor ins Spiel – nur ist diese Subjektivität in keinem Falle zu vermeiden, völlig unabhängig davon, ob wir aufgrund theoretischer Modellvorstellungen die lesbische, schwule und bisexuelle Orientierung als psychopathologisches Phänomen interpretieren, oder ob wir sie als der Heterosexualität gleichwertige gesunde Variante betrachten. Es wäre ohnehin ein Irrtum anzunehmen, die Psychoanalyse zeichne sich in Theorie und Praxis durch völlige Wertfreiheit aus. Schon FREUDS »klassische« Trias der durch die Psychotherapie zu erreichenden Ziele der Liebes-, Arbeits- und Gemeinschaftsfähigkeit läßt erkennen, daß hier a priori bestimmte Werte definiert werden, die es in der Behandlung zu erreichen gilt. Auch die in der weiteren Geschichte der Psychoanalyse postulierten Ziele der Autonomieförderung, der Erweiterung der Beziehungsfähigkeit sowie die Verbesserung der Konfliktfähigkeit und des adäquaten Umgehens mit Schulderfahrungen sind keineswegs wertneutral, sondern reflektieren eine eindeutige Werthierarchie der Psychoanalyse (vgl. RAUCHFLEISCH, 1986b). Schließlich stehen auch hinter vielen der »technischen« Richtlinien der Psychoanalyse (so der

Abstinenzhaltung sowie der Forderung nach »gleichschwebender Aufmerksamkeit« des Psychoanalytikers, der alle Äußerungen des Analysanden gleich ernst nimmt) ethische Wertvorstellungen, die sich vor allem um das Prinzip der Verantwortung gruppieren (LAUBSCHER, 1984).

Abgesehen von der erwähnten Vorentscheidung, welche von den Therapeutinnen und Therapeuten in jedem Fall zu treffen ist und damit ihre Gegenübertragung wesentlich bestimmt, bestehen eigentlich keine prinzipiellen Unterschiede zwischen den Übertragungs- und Gegenübertragungskonstellationen in den Behandlung von Lesben, Schwulen und Bisexuellen und den Übertragungen und Gegenübertragungen, wie sie sich in Psychotherapien mit anderen Klienten finden. Hier wie dort geht es um die Klärung der in der Behandlung auftauchenden Gefühle, um die Erforschung ihrer ursprünglichen Quellen und um die Auseinandersetzung mit diesen Gefühlen und den ihnen zugrundeliegenden Konflikten unter Berücksichtigung der heutigen Situation der Klienten.

Eine besondere Situation, die sich zwangsläufig auch auf Psychotherapien auswirkt, ist allerdings durch die Gefahr der AIDS-Erkrankung entstanden. Ich meine damit nicht nur die Begleitung und Therapie von HIV-Infizierten und manifest AIDS-Kranken, sondern auch die Behandlungen von Klienten, die sich mit der Angst vor einer Infizierung auseinandersetzen (müssen). Wir befinden uns als Therapeutinnen und Therapeuten in dieser Hinsicht immer in einem gewissen Dilemma, denn wir wollen einerseits, daß sich niemand infiziert, und anderseits wollen wir, daß unsere Klienten ihre Sexualität in einem weitgehend von Ängsten freien Klima leben können.

Gerade aus diesem Grunde halte ich es aber für eine mißverstandene – in ihren Konsequenzen gefährliche – therapeutische »Neutralität«, wenn wir uns beim Thema AIDS weitgehend zurückhalten und es unseren Klienten überlassen, wie sie ihre sexuellen Beziehungen gestalten. Selbstverständlich darf es niemals zu einer Bevormundung der Klienten kommen. Auch muß es in der Therapie unbedingt vermieden werden (bzw. diese Gefühle müssen, wenn sie auftreten, bearbeitet werden), daß die Klienten durch vielleicht gut gemeinte, sie aber letztlich doch verletzende Reglementierungen oder gar Strafandrohungen zusätzlich traumatisiert werden. Doch stimme ich ISAY (1990, S. 82) völlig zu, wenn er der Ansicht ist, daß wir selbst als Psychoanalytiker oder analytisch orientierte Therapeuten im Hinblick auf die AIDS-Erkrankung eine für uns sonst ungewöhnliche »didaktische Haltung« einnehmen müssen. Eine solche Modifikation des therapeutischen Vorgehen drängt sich geradezu auf, und mit Recht führt ISAY aus: » ... ich warte nicht darauf, mir von Patienten erzählen zu lassen, daß sie ungeschützten Sexualverkehr haben, bevor ich diese erzieherische Aufgabe übernehme; schließlich besteht die Gefahr, daß sie sich mit einer tödlichen Krankheit anstecken. Patienten erst dabei zu unterstützen, ihre Konflikte zu klären, und dann auf Gefahren hinzuweisen, kann natürlich zu weiteren Konflikten bei den Phantasien und Wünschen führen. Diese müssen dann weiter analysiert werden. Aber in der Praxis scheinen meine erzieherischen Bemühungen keine weiteren Konflikte im sexuellen Bereich oder während einer negativen Übertragung ein selbstzerstörerisches Verhalten hervorgerufen zu haben. Angesichts des schweren Risikos wurden meine Interventionen im allgemeinen als Zeichen von Umsicht und Besorgtheit betrachtet. Wenn das Risiko nicht so groß wäre, könnten viele Patienten solche Bemühungen natürlich als moralistisch und kontrollierend werten und in einem Zustand von Ärger gegen sich selbst wenden« (ISAY, S. 82).

Außer dieser Änderung im therapeutischen Vorgehen ergeben sich einige Besonderheiten bei Therapien mit schwulen Männern auch durch die – an sich realistische – Angst vor einer Infizierung. Wie ich in Kapitel V dargestellt habe, erreicht die Angst nicht selten ein solches Ausmaß, daß dadurch nicht nur das sexuelle Verhalten, sondern auch die erotischen Phantasien und die Beziehungsfähigkeit aufs Schwerste beeinträchtigt werden. Außerdem können sich hinter der Angst verschiedene andere Gefühle und Impulse verbergen, die in der Therapie bewußt gemacht und durchgearbeitet werden müssen. So zeigt ISAY (S. 84) an einigen Fallberichten, daß hinter der Angst vor einer möglichen oder bereits erfolgten Ansteckung Schuldgefühle oder Ängste wegen eigener – unbewußter – feindseliger Impulse und Phantasien stehen können. Erst als die Gefühle von Wut und Ärger (die sich ursprünglich auf die Eltern oder andere den Klienten nahestehende Personen und dann in der Übertragung auch auf den Therapeuten richteten) bewußt erlebt und bearbeitet werden konnten, ließ auch die massive Angst nach, die ISAY als Ausdruck einer masochistischen Selbstbestrafungstendenz versteht. Umgekehrt können hinter unrealistischen Ängsten, Partner zu infizieren, verdrängte sadistische Phantasien stehen.

Selbstverständlich kommt es in jedem Falle darauf an, in der Therapie die unbewußten Mechanismen und Impulse zu klären und mit den Klienten der Frage nachzugehen, welche Auswirkungen die Veränderung ihres Sexualverhaltens auf ihre inneren Bilder, ihre Gefühle und ihre Partnerbeziehungen haben. Ebenso wichtig ist es jedoch, auch die äußere Realität (d.h., die tatsächliche Gefahr und die Möglichkeiten, eine Infizierung zu vermeiden) im Auge zu behalten und in der Behandlung zu diskutieren. Erst dadurch wird der Weg frei zu einer konstruktiven Auseinandersetzung mit der schwierigen Situation, mit der uns die AIDS-Erkrankung in der Gegenwart konfrontiert.

Es ist schließlich noch zu berücksichtigen, daß wir bei der Begleitung und Therapie HIV-Infizierter und manifest AIDS-Kranker mit Gegenübertragungsreaktionen rechnen müssen, die aus der spezifischen Situation resultieren, mit der diese Klienten uns konfrontieren. Man könnte einer solchen Feststellung entgegenhalten, es seien doch letztlich die gleichen Gefühle, die wir auch in Behandlungen von Menschen mit anderen chronischen und lebensbedrohenden Erkrankungen bei uns wahrnehmen. Dieses Argument trifft jedoch nur bedingt zu. Gewiß erleben wir auch in Therapien mit anderen Schwerkranken (und zwar bei körperlich wie psychisch Leidenden) Gefühle der Hilflosigkeit und Verzweiflung, wir nehmen im empathischen Austausch mit unseren Klienten an ihrer Trauer, ihrer Wut und anderen sie bewegenden intensiven Gefühlen teil. Zwangsläufig auch aktivieren Klienten mit lebensbedrohenden Krankheiten in uns eigene Todesängste und Schuldgefühle und zwingen uns, uns damit auseinanderzustzen.

Es bestehen jedoch in der Gegenübertragung bei AIDS-Kranken einige gravierende Unterschiede: Im allgemeinen gehen wir – zumindest in unserer subjektiven Einschätzung der uns selber drohenden Gefahren – davon aus, uns werde eine solche schwere körperliche oder seelische Erkrankung, wie wir sie bei anderen erleben, wohl nicht treffen, und zwar unabhängig davon, ob dies eine realistische oder unrealistische Beurteilung der Situation ist. Im Hinblick auf die AIDS-Erkrankung fallen uns diese Verleugnungs- und Verdrängungsversuche jedoch viel schwerer. Wir kennen die Möglichkeiten der Infizierung und wissen darum, daß sich die Erkrankung nicht nur auf einige wenige »Außenseiter« beschränkt. Aus diesem Grunde sind das Gefühl der Bedrohung und die Angst Reaktionen, die in unserem Erleben einen viel größeren Realitätsgrad besitzen als die Gefühle, die wir im Umgang mit anderen Schwerkranken bei uns wahrnehmen.

Mit solchen Gegenübertragungsgefühlen sehen sich insbesondere schwule Therapeuten konfrontiert, da AIDS in ihrem Leben – und zwar im Hinblick auf die eigene Person ebenso wie auf Freunde und Klienten – eine ungleich größere Realität darstellt als bei Therapeutinnen und heterosexuellen Therapeuten. Wie ISAY (1991, S. 213ff.) ausführt, ist deshalb der schwule Therapeut in dieser Hinsicht in seiner Gegenübertragung wesentlich verletzbarer. Doch muß man zugleich berücksichtigen, daß eine stärkere Mit-Betroffenheit auch zu größerer Sensibilität und Solidarität mit seinen Klienten führen kann.

Eine weitere Frage, die sich bei Beratungen und Behandlungen von Lesben und Schwulen stellen kann, ist die, ob die Therapeutin lesbischer Frauen selbst lesbisch, beziehungsweise der Therapeut schwuler Männer selbst schwul sein und die eigene sexuelle Orientierung den Klienten auch mitteilen solle. ISAY (1991) hat die Ansicht vertreten, dies sei eine wesentlich günstigere Voraussetzung für Behandlungen, da in diesem Falle für die Klienten eindeutig klar sei, daß sie in der Therapie auf einen Menschen träfen, der ihre Situation aus eigener Erfahrung kenne und bei dem sie sicher nicht mit homophoben Gegenübertragungsgefühlen rechnen müßten.

Auch wenn diese Argumentation durchaus einleuchtend erscheint, möchte ich ihr doch nur bedingt zustimmen. Zweifellos ist es ein Vorteil, wenn wir als Therapeuten die innere und äußere Welt, in der unsere Klienten leben, gut kennen.

Selbstverständlich müssen lesbische, schwule und bisexuelle Klienten sich auch auf unsere absolute Unvoreingenommenheit für ihre sexuelle Orientierung verlassen können. Diese beiden Voraussetzungen sind zugegebenermaßen bei lesbischen Therapeutinnen und schwulen Therapeuten eher gegeben als bei Behandelnden mit heterosexueller Orientierung.

Diesen Überlegungen ist indes zweierlei entgegenzuhalten: Zum einen finden wir auch bei heterosexuellen Therapeutinnen und Therapeuten sehr wohl eine unvoreingenommene Haltung für Lesben und Schwule – und es ist sehr zu hoffen, daß im Verlauf der Zeit ihre Zahl größer wird. Außerdem verhindert, wie Isay selbst anhand der von ihm berichteten Fallbeispiele zeigt, die schwule Orientierung des Therapeuten noch längst nicht die Bildung von Übertragungsgefühlen, aufgrund derer der Klient sich wegen seiner schwulen Orientierung vom Therapeuten verachtet und abgelehnt fühlt (das Auftauchen solcher Gefühle ist ja auch wichtig, damit sie vom Klienten als eigene homophobe Tendenzen erkannt werden können). Gewiß ist es in einer solchen Situation für einen Therapeuten einfacher, diese Übertragungsmanifestationen als subjektive Wahrnehmungsverzerrungen des Klienten zu deuten, wenn er selbst schwul ist und seine sexuelle Orientierung dem Klienten bekannt ist. Doch könnte ein Klient auch dann darauf beharren, daß die von ihm erlebte Ablehnung Realität sei, könnten sich hier doch unter Umständen tatsächlich unbearbeitete Reste eigener homophober Tendenzen des schwulen Therapeuten artikulieren. Umgekehrt spüren Klienten sehr bald, ob Therapeutinnen und Therapeuten ihrer sexuellen Orientierung unvoreingenommen gegenüberstehen, und es ist deshalb auch Behandelnden mit heterosexueller Orientierung möglich, die Übertragungsmanifestationen und die ihnen zugrundeliegenden Konflikte ebenso zu bearbeiten wie lesbische und schwule Therapeuten.

Das zweite Argument, das mir Isays Forderung nach lesbischen und schwulen Therapeuten einzuschränken scheint, betrifft die Kenntnis der inneren und äußeren Welt, in der unsere Klienten leben. Hier sind zwei Aspekte zu beachten: Zum einen müssen wir uns bei jedem Menschen von neuem in seine spezifische Art des Erlebens und in seine soziale Welt hineinfinden, das heißt, wir müssen von unseren Klienten lernen, wie sie fühlen und leben, und können nicht von unseren eigenen – zwangsläufig subjektiven – Erfahrungen ausgehen. Dies fällt uns zweifellos leichter, wenn wir eine ähnliche Sozialisation wie sie durchlaufen haben. Doch ist dies, wie wir aus Therapien mit vielen anderen Klientengruppen wissen, nicht unbedingt Voraussetzung für eine erfolgreiche Behandlung. Zum anderen werden sich nur solche Therapeutinnen und Therapeuten auf eine Therapie mit Lesben, Schwulen oder Bisexuellen einlassen, die – aus welchen Gründen und auf welche Weise auch immer – Zugang zu der Welt haben, in der ihre Klienten leben. Mir ist klar, daß diese Feststellung nicht immer der Realität entspricht (die zum Teil abstrusen Aussagen etlicher Autoren über die angeblich per definitionem psychisch schwerstkranken Lesben und Schwulen strafen meine Worte sogar Lügen). Ich muß deshalb vorsichtiger formulieren: Es *sollten* nur solche Therapeutinnen und Therapeuten Lesben und Schwule beraten und behandeln, die entweder die Welt ihrer Klienten bereits gut kennen oder wenigstens bereit sind, sich unvoreingenommen in sie hineinzufinden.

In einem anderen Punkt stimme ich ISAY indes zu: Der Autor hat darauf hingewiesen (und die Bedeutung seiner Überlegungen auch an Fallbeispielen demonstriert), wie wichtig es ist, daß der schwule Therapeut (das gleiche gilt natürlich auch für lesbische Therpeutinnen) seinem Klienten offen antwortet, wenn er von ihm nach seiner eigenen sexuellen Orientierung gefragt wird. Die unumwundene Antwort schließt selbstverständlich nicht aus, daß der psychodynamische Hintergrund einer solche Frage eingehend erforscht wird, wie wir es üblicherweise in Therapien tun.

Man könnte einer solchen Offenheit entgegenhalten, wir gäben als Therapeuten in Behandlungen anderer Klienten ja auch nicht ohne weiteres Auskunft auf Fragen nach Details aus unserem Privatleben. Dies stimmt zwar durchaus, auch wenn wir heute im allgemeinen nicht mehr so ängstlich auf unsere »Neutralität« bedacht sind, wie es noch frühere Generationen von Psychoanalytikern tun zu müssen glaubten (wie wir Bildern von FREUDS Behandlungszimmer und vor allem Berichten seiner Analysanden entnehmen können, war er selbst interessanterweise längst nicht so stark darauf bedacht, völlig anonym zu bleiben, wie viele seiner Schüler). Wir würden uns jedoch täuschen, wenn wir annähmen, wir seien für unsere Klienten wie eine tabula rasa. Sie wissen zumeist wesentlich mehr von unseren privaten und beruflichen Lebensumständen sowie von unseren politischen und weltanschaulichen Einstellungen, als wir uns träumen lassen. Insofern ist die strikte Verweigerung der Antwort auf eine unser Privatleben betreffende Frage oft im Grunde unsinnig. Die Erfahrung zeigt, daß es den meisten Klienten in einem solchen Fall nicht in erster Linie um den Inhalt der Antwort geht; vielmehr hat die von den Klienten gestellte Frage und unsere offene Beantwortung oder die Verweigerung der Antwort für unsere Beziehung eine psychodynamische Bedeutung. Deshalb ist es nach gründlicher Bearbeitung der psychodynamischen Hintergründe im allgemeinen auch bei anderen Klienten ohne weiteres möglich und sinnvoll, auf persönliche Fragen zu antworten.

Bei Lesben und Schwulen besitzt die offene Antwort auf die an die lesbische Therapeutin und den schwulen Therapeuten gerichtete Frage nach ihrer sexuellen Orientierung indes noch eine ganz andere Dimension: Würden sie sich weigern, eine offene Antwort zu geben, so müßte dies angesichts der bisherigen Lebenserfahrungen lesbischer und schwuler Menschen bei ihnen zwangsläufig den Eindruck erwecken, ihre sexuelle Orientierung sei – trotz aller angeblichen Akzeptanz und trotz des Hinweises, es sei eine der Heterosexualität gleichwertige, gesunde Variante – eben doch etwas, dessen sie sich schämen müßten. Gerade weil die Klienten im allgemeinen um die sexuelle Orientierung ihrer Therapeutinnen und Therapeuten wissen oder sie zumindest vermuten, würden die Behandelnden durch die Verweigerung ihrer Antwort ein negatives Verhaltensmodell liefern. Sie würden letztlich unglaubwürdig und würden so ungewollt dazu beitragen, daß die Selbstverachtung und die Insuffizienzgefühle ihrer lesbischen und schwulen Klienten nicht abgebaut werden, sondern sich sogar noch verstärken.

Selbstverständlich ist es neben der Klärung der psychodynamischen Hintergründe, welche der Frage der Klienten zugrunde liegen, für die Therapeutinnen und Therapeuten wichtig, in dieser Situation auch ihre Gegenübertragung sorgfältig zu reflektieren. Gewisse Gefahren könnten beispielsweise in einer unkritischen Solidarisierung mit dem von der sonstigen Umgebung diskriminierten Klienten liegen, oder es könnte der Frage des Klienten der Versuch zugrundeliegen, eine – vor allem der Abwehr dienende – Erotisierung der therapeutischen Beziehung herbeizuführen, etc. (einen Überblick über einige häufig anzutreffende Übertragungs- und Gegenübertragungsreaktionen geben Junkert-Tress et al., 1995, und Frei, 1995). Dies sind indes keine Übertragungs-/Gegenübertragungskonstellationen, die für die Behandlungen von Lesben und Schwulen spezifisch wären. Wir finden die gleiche Dynamik auch in Psychotherapien mit heterosexuellen Klienten, bei denen wir unsere Gegenübertragung in gleicher Weise kritisch reflektieren müssen. Je mehr Erfahrungen wir aus Behandlungen, die von einer gesunden lesbischen und schwulen Orientierung ausgehen, sammeln können, desto mehr werden wir über die Übertragungs- und Gegenübertragungsprozesse in solchen Behandlungen wissen und desto besser werden wir mit unter Umständen auftauchenden Schwierigkeiten umgehen können. Voraussetzung dafür ist jedoch, daß vermehrt lesbische und schwule Kandidaten zur Ausbildung an den psychoanalytischen Instituten zugelassen werden und dann ihre eigenen Erfahrungen in Theorie und Praxis sammeln und formulieren können.

VIII

Heimat in der Kirche?

»Die Hoffnung homotroper Menschen (das sind Lesben und Schwule, d. Verf.), daß sie in kirchlichen Kreisen bei den Hausgenossen ihres Glaubens Geborgenheit finden dürfen, daß wenigstens dort ihre Menschenwürde anerkannt wird, dort nicht nur die Absolution, sondern ebenfalls der Segen über ihr Leben ausgesprochen wird, bietet einer Glaubensgemeinschaft eine große Chance« (VAN DE SPIJKER, 1989, S. 119). Erfüllt sich diese Hoffnung lesbischer, schwuler und bisexueller Menschen in unseren Kirchen? Haben sie dort eine Heimat, einen Ort, an dem Christinnen und Christen, ungeachtet ihrer sexuellen Orientierung, einander beistehen, Solidarität beweisen und miteinander beten: »Orna me, Spiritus sancte, tunica polymita donorum tuorum, ut in oculis tuis gratiam inveniam. Amen« – »Schmücke mich, Heiliger Geist, mit dem vielfarbigen Gewand Deiner Gaben, damit ich in Deinen Augen Gnade finde. Amen« (VAN DE SPIJKER S. 119)?

Die Realität sieht wesentlich anders aus. Wollte ich auch nur annähernd all das schildern, was Lesben, Schwule und Bisexuelle in und mit unseren kirchlichen Institutionen erleben, so würde dieses Kapitel ein Buch wie das vorliegende sprengen. Außerdem würde es zweifellos ein außerordentlich deprimierendes Kapitel werden, da Lesben und Schwule gerade im Raum der Kirche auf massive Diskriminierungen treffen, die – wie der autobiographische Bericht von MANFRED BRUNS (s. S. 101) zeigt – bis zum Ausschluß aus der Kirche führen (vgl. RAUCHFLEISCH 1994, 1995; HAUSER, 1993). Beschäftigen wir uns mit der Haltung und dem Verhalten der christlichen Kirche (und nur um diese wird es hier gehen), so treffen wir in zweierlei Hinsicht auf eine merkwürdige Diskrepanz:

Zum einen muß man feststellen, daß die Kirchen sich lange Zeit offenbar keine Gedanken darüber gemacht haben (bzw. darüber keine Diskussion in der Öffentlichkeit geführt haben), wie Lesben und Schwule als Priester, Pastorinnen, Pastoren und Ordensmitglieder leben und mit welchen Problemen sie angesichts der dezidierten negativen Stellungnahmen der Kirchen zur Homosexualität zu kämpfen haben. Die Zahl der lesbischen, schwulen und bisexuellen Mitarbeiterinnen und Mitarbeiter in den kirchlichen Institutionen ist zwar nicht bekannt. Aber es gibt keinen Grund anzunehmen, ihr Anteil sei geringer als in der Gesamtbevölkerung (d.h. nach den Zahlen von KINSEY und Mitarbeitern, 1948, 1953: exklusiv lesbisch = 1-3%, exklusiv schwul = 3-16%; Heterosexualität und Homosexualität zu gleichen Teilen Frauen = 4-11%, Männer = 9-32%). Möglicherweise liegt der Prozentsatz aber gerade bei kirchlichen Mitarbeiterinnen und Mitarbeitern wesentlich höher. Schätzungen sprechen sogar von 30% (MALLOY, 1981; NUGENT, 1983; RASHKE, 1976). Es ist somit ein Mißverhältnis zwischen der zu vermutenden Häufigkeit von Lesben, Schwulen und Bisexuellen in kirchlichen Ämtern und dem offensichtlich geringen Interesse der Kirchen an einer intensiven, öffentlich geführten Diskussion über die Lebenssituation dieser Menschen. Aufgrund dieser schwierigen Situation in der Kirche haben sich vielerorts Gruppen schwuler Priester gebildet, um wenigstens in diesem Kreis einen Erfahrungsaustausch pflegen und sich gegenseitig unterstützen zu können und damit aus der Isolation, in der viele Lesben, Schwule und Bisexuelle im kirchlichen Raum leben, herauszutreten. Soweit sich diese Gruppen in der Öffentlichkeit artikulieren, tragen sie auch zu der wichtigen Aufgabe bei, klar werden zu lassen, daß es hier nicht nur um einige wenige Menschen in kirchlichen Diensten geht, sondern um eine große Zahl kirchlicher Mitarbeiterinnen und Mitarbeiter, die in unseren Kirchen, vor allem im katholischen Bereich, oft nicht mit Akzeptanz rechnen können.

Zum anderen treffen wir in den Kirchen auf eine merkwürdige Diskrepanz zwischen den offiziellen Verlautbarungen und dem konkreten Handeln einzelner Pfarrerinnen und Pfarrer. Im persönlichen Umgang zwischen den Vertretern der Kirche und lesbischen, schwulen und bisexuellen Gemeindegliedern finden wir in vielen Fällen durchaus Toleranz, ja Akzeptanz, und von gegenseitiger Wertschätzung geprägte Formen der Kommunikation. In einem krassen Gegensatz zu diesen persönlichen Begegnungen steht aber die »offizielle« Haltung der Kirche, die sich vor allem im katholischen Bereich durch eine rigorose Ablehnung und Verurteilung lesbischer und schwuler Lebensweisen auszeichnet (wegen der andersartigen hierarchischen Strukturen und der pluralistischeren Auffassung der protestantischen Kirche sind deren Stellungnahmen im allgemeinen nicht ganz so eindeutig, was allerdings keineswegs heißt, daß hier wirklich eine größere Toleranz herrschte).

Zur Veranschaulichung der Situation und zur Schilderung der Positionen werde ich im folgenden zwar einige grundsätzliche Stellungnahmen der Kirchen und beispielhaft Aussagen einiger Autoren zitieren. Ich halte es jedoch für wenig ergiebig, ja sogar für kontraproduktiv, diese Diskriminierungen (denn anders kann man sie beim besten Willen nicht bezeichnen) ausführlichst darzustellen und zu kommentieren. Wollte ich vor allem diese Stimmen zu Wort kommen lassen, so müßte meine Antwort auf die diesem Kapitel vorangestellte Frage, ob Lesben, Schwule und Bisexuelle eine Heimat in unseren Kirchen haben, eindeutig »nein« lauten. Mir geht es hingegen darum zu zeigen, daß es gerade im Raum der Kirche Möglichkeiten für Lesben, Schwule und Bisexuelle gibt, eine ihnen entsprechende Spiritualität zu entwickeln und zu leben. Außerdem könnte die Kirche – beispielhaft – zu einem Ort echter Begegnung zwischen Menschen mit verschiedenen sexuellen Orientierungen werden, und es könnte in unseren Gemeinden etwas vom wahren christlichen Geist der gegenseitigen Akzeptanz gelebt und gefördert werden. Dies ist allerdings noch »Zukunftsmusik«. Die heutige Realität sieht weitgehend anders aus.

So heißt es beispielsweise im Schreiben der Kongregation für die Glaubenslehre an die Bischöfe der Katholischen Kirche über die Seelsorge für homosexuelle Personen vom 30. 10. 1986 unter Nr. 3: »Die spezifische Neigung der homosexuellen Person ist zwar in sich nicht sündhaft, begründet aber eine mehr oder weniger starke Tendenz, die auf ein sittlich betrachtet schlechtes Verhalten ausgerichtet ist. Aus diesem Grunde muß die Neigung selbst als objektiv ungeordnet angesehen werden«. Diesen Aussagen liegt eine Verlautbarung des Apostolischen Stuhles (Nr. 1, hrsg. vom Sekretariat der Dt. Bischofskonferenz Bonn, in der Erklärung »Persona humana« über einige Fragen der Sexualethik 1975) zugrunde, wo es heißt: »Nach der objektiven sittlichen Ordnung sind homosexuelle Beziehungen Handlungen, die ihrer wesentlichen und unerläßlichen Zuordnung beraubt sind. Sie werden in der Hl. Schrift als schwere Verirrungen verurteilt ... Dieses Urteil ... erlaubt zwar nicht den Schluß, daß alle, die an dieser Anomalie leiden, persönlich dafür verantwortlich sind, bezeugt aber, daß die homosexuellen Handlungen in sich nicht in Ordnung sind und keinesfalls in irgendeiner Weise gutgeheißen werden können«.

Ganz ähnlich klingen die jüngsten kirchenamtlichen Äußerungen in dem Ende 1992 herausgegebenen Weltkatechismus. Dort heißt es unter Nr. 2357 und 2359 unter anderem (in einer Übersetzung von JOHANNES GRÜNDEL, 1993, S. 60/61): »... Unter Berufung auf die Heilige Schrift, die homosexuelle Beziehungen als schwere Verirrung (Depravation) ansieht, hat die Tradition der Kirche erklärt, daß ›die Akte der Homosexualität in sich ungeordnet sind‹ (›Persona humana‹, n. 8). Sie stehen im Gegensatz zum Naturgesetz, da sie von vornherein das Geschenk des Lebens aus dem sexuellen Akt ausschließen. Sie sind nicht die Frucht einer wirklich affektiven und sexuellen Begegnung (der Komplementarität von Mann und Frau) und können in keinem Fall gutgeheißen werden« (Nr. 2357).

»Die Homosexuellen sind aufgerufen zur Keuschheit. Mit Hilfe der Tugend der Selbstbeherrschung, die zur inneren Freiheit führt, und gelegentlich mit Hilfe der Unterstützung einer selbstlosen Freundschaft, mit Gebet und sakramentaler Gnade können und müssen sie schrittweise und entschlossen sich der christlichen Vollkommenheit annähern« (Nr. 2359).

Doch nicht genug mit solchen Verurteilungen eines Lebens als Lesbe, Schwuler oder Bisexueller. Das Schreiben der Kongregation für die Glaubenslehre an die US-amerikanischen Bischöfe vom Juli 1992 (›Einige Überlegungen hinsichtlich der Antwort auf Gesetzesvorschläge über die Nichtdiskriminierung Homosexueller‹. L'Osservatore Romano 14. 8. 1992, S. 2) geht sogar so weit, die Einschränkung der Menschenrechte Homosexueller als legitimes Mittel zu bezeichnen: »Die Homosexuellen haben als Menschen dieselben Rechte wie alle anderen Menschen, und ihre Personenwürde darf keinesfalls verletzt werden ... Doch nichtsdestoweniger sind dies keine absoluten Rechte. Sie können aufgrund eines Verhaltens, das objektiv als ungeordnet zu bezeichnen ist, zu Recht eingeschränkt werden. Dies ist zuweilen nicht nur rechtmäßig, sondern verpflichtend, und zwar nicht nur im Falle schuldigen Verhaltens, sondern auch im Falle von Handlungen geistig und körperlich kranker Menschen. So wird es ja auch akzeptiert, daß der Staat z.B. im Falle von Menschen, die ansteckende Krankheiten haben oder geistig krank sind, die Ausübung von Rechten einschränken kann, um das Allgemeinwohl zu schützen«.

Ähnliche Stellungnahmen finden wir in Lexika und in Zeitschriftenartikeln katholischer Autoren, so bei dem Moraltheologen KARL-HEINZ PESCHKE (1990), der ausdrücklich betont, »daß homosexuelle Verhältnisse nie die Sinnfülle einer zweigeschlechtlichen Beziehung erreichen können«. Unter der Rubrik »Praktische Erwägungen« führt er dann weiter aus – und dies versteht der Autor offensichtlich bereits als großes Zugeständnis –: »Wo homosexuelle Betätigung zwanghafte Züge trägt (gemeint ist hiermit: wo die Fähigkeit zur bewußten Steuerung mehr oder weniger eingeschränkt ist, d. Verf.) oder wo eine Person aus anderen Gründen aufrichtig davon überzeugt ist, daß ihre homosexuellen Akte nicht (schwer) sündhaft sind, könnte sie grundsätzlich die Sakramente empfangen. Es kann aber auch der Verzicht auf eine häufige Kommunion gültiger Ausdruck eines demütigen Gebetes um Gottes Gnade sein. Öffentlicher Anstoß muß auf jeden Fall vermieden werden« (S. 347).

Noch schärfer formuliert der Philosoph JOSEF SEIFERT (1992) in einer katholischen Zeitschrift seine Ablehnung lesbischer und schwuler Orientierungen und Lebensweisen, wenn er ausführt: »Verständnis für den Homosexuellen heißt also auch nicht Billigung der Homosexualität. Im Gegenteil, das einzige Verständnis, das dem Homosexuellen, der im Innersten um das Unrecht homosexueller Handlungen weiß, wirklich hilft, ist das Verständnis für ihn und für das Unrecht seiner Betätigung, aus der man ihm heraushelfen und die man nicht noch durch falsche Theorien bestärken soll ... Auch die Anerkennung der Perversität der Homosexualität in der Gesetzgebung sollte unterstützt und nicht bekämpft werden« (S. 288) – der Autor plädiert hier für eine Wiedereinführung strafrechtlicher Sanktionen gegen Lesben und Schwulen! Sein Fazit lautet: »Die gegenwärtige Diskussion der Homosexualität zeichnet sich durch einen ausgesprochenen Hedonismus und eine unchristliche Schau aus, die es für unhaltbar erklärt, Homosexuelle prinzipiell entweder ›umzupolen‹ oder ihnen alle sexuelle Betätigung untersagen zu wollen. Die selbstverständliche sittliche und christliche Pflicht, auch unter größten Opfern bis zum Martyrium eine unsittliche Handlung zu unterlassen, wird überhaupt nicht mehr erörtert ... Soll es ein prinzipielles Recht auf Sexualität geben, das es einem in jedem Lebensstand und mit jeden Anlagen erlaubt, sexuelle Beziehungen zu haben? Was, wenn einen Päderasten oder Unzüchtigen nur Kinder des eigenen oder des anderen Geschlechts oder sogar Babies anziehen? Soll man solche Menschen dann auch nicht ›umpolen‹ oder sich nicht dagegen aussprechen, wenn sie Kinder verführen? Oder ihnen nur gut zureden, aber sie nicht durch Gesetze diskriminieren?« (S. 289).

Ist es verwunderlich, so müssen wir uns fragen, wenn Lesben, Schwule und Bisexuelle, die sich in der Katholischen Kirche heimisch fühlen möchten, auf derartige Stellungnahmen mit enormen Scham- und Schuldgefühlen reagieren und sich selbst zutiefst verachten oder aus der Kirche austreten? Es mutet deshalb wie Hohn an, wenn diese von außen induzierten Schuldgefühle dann wiederum als Zeichen ihrer angeblichen Persönlichkeitsstörungen und als Beweis für die »Sündhaftigkeit« ihrer Lebensform interpretiert werden. Stellungnahmen wie die zitierten befinden sich in großer Nähe zu Äußerungen von Vertretern kirchlicher und angeblich »therapeutischer« Richtungen mit fundamentalistischer Orientierung. Ganz ähnlich klingt es bei JAY E. ADAMS, einem Vertreter der evangelikalen amerikanischen Seelsorge, der so weit geht, psychische Erkrankungen generell als Ausdruck der Sünde zu betrachten: Die Schwierigkeiten von seelisch kranken Menschen liegen nach ADAMS »in ihnen selbst, sind selbstverursacht. Der gefallene

Mensch entfernt sich von Gott ... Den Problemen des Lebens gegenüber nimmt er verschiedene Haltungen ein, die ihn in Sünde und Schuld verstricken, und ändert diese, je nachdem, ob sie zu Erfolg oder Mißerfolg führen ... ›Seelisch Kranke‹ (sind) in Wahrheit Menschen, die ihre Probleme nicht bewältigt haben«. Ihnen diene »viel abwegiges Verhalten als Maske ..., die die Aufmerksamkeit von anderem abwegigem Verhalten ablenken soll« (1988, S. 26).

Für ADAMS und viele andere Autoren evangelikaler Richtungen ist auch die Homosexualität eine »sündhafte Tat, die zum Lebensstil werden kann« (S. 119). Sie hat, so ADAMS, eine »grob entstellte Sicht der Geschlechtlichkeit und anderer zwischenmenschlicher Beziehungen« zur Folge, und zu ihr »gehört die Lüge«. Ein Mensch mit lesbischer oder schwuler Orientierung werde »mit der Zeit ein gerissener Lügner. Es ist schwierig, ihm zu glauben, weil er Versprechungen macht, die er nicht hält. Dies kann für den Berater, der ihm zeigen muß, welche Rolle die Lüge in seinem Leben spielt, zu häufigen Enttäuschungen führen« (S. 32). Die Bibel liefere »nur *eine* von Gott gegebene Antwort auf den Wunsch nach Erfüllung des geschlechtlichen Verlangens: ›Es ist besser zu heiraten, als sich in Begierde zu verzehren‹ (1 Kor 7,9). Die Ehe ist (unter vielem anderen) Gottes Alternative zur Unzucht: ›Um der Vermeidung von Unzuchtssünden willen soll jeder Mann seine eigene Frau, und jede Frau ihren eigenen Mann haben‹ (1 Kor 7,2). Die alte sündhafte Gewohnheit (damit meint ADAMS die lesbische und schwule Lebensweise, d. Verf.) muß gebrochen und durch eine neue, gottgewollte ersetzt werden« (S. 32).

Die Auflistung solcher verurteilender Äußerungen ließe sich leicht fortsetzen. Im deutschen Sprachbereich sind es vor allem Autoren wie GERHARD NAUJOKAT, ROLAND WERNER und CHRISTIAN ROLAND. Der größte Teil der evangelikalen Stellungnahmen stammt aber, wie ADAMS, aus den USA: JOHN STOTT, DON BAKER, LEANNE PAYNE, KEVIN LINEHAN, DAVID FIELD und das in jüngster Zeit in deutscher Übersetzung erschienene Buch von ANDREW COMISKEY (1993) (s. auch die Äußerungen des »Sexualethischen Fachverbandes ›Weißes Kreuz‹« und der Gruppe »Exodus International«). Weite Verbreitung haben in evangelikalen Kreisen außer dem Buch von VAN DEN AARDWEG (1985) die Schriften von Nicolosi (1991) gefunden, der eine vor allem die Eltern stark kulpabilisierende Theorie zur Entwicklung der Homosexualität vertritt und eine »reparative Therapie« propagiert, mit der homosexuelle Menschen »Heilung« finden sollen (auf seine Schriften stützt sich beispielsweise auch die »Living-Waters«-Bewegung mit ihren »Therapie«-Angeboten). Trotz gegenteiliger Behauptungen der Verfechter solcher Betreuungsansätze bleiben die durch diese Methoden bewirkten Änderungen der Geschlechtsidentität sehr zweifelhaft. Bekannt ist hingegen, daß etliche Lesben und Schwule, die sich eine Zeitlang solchen Gruppen angeschlossen haben, schwersten Schaden leiden und in große Konflikte gestürzt werden. Aus diesem Grunde hat sich etwa in Frankfurt im Rahmen der HuK eine Selbsthilfegruppe »Arbeitskreis Fundamentalismus« für die Opfer solcher »Therapien« gebildet (die Adresse dieses Arbeitskreises ist dem Buch »Homosexuell« von Hans-Georg Wiedemann, 1995b, zu entnehmen).

Im Vergleich mit solchen militanten, erheblich diskriminierenden Darstellungen sind die offiziellen Erklärungen der evangelischen Kirche vorsichtiger. Insbesondere vermeiden sie im Zusammenhang mit homosexuellen Handlungen das Wort »Sünde« (1970 »Stellungnahme des Öffentlichkeitsausschusses der Rheinischen Kirche zur Homosexualität«; 1971 »Denkschrift zu Fragen der Sexualethik der EKD«; 1975 »Erwachsenenkatechismus der VELKD«; 1980 Erklärung der VELKD »Gedanken und Maßstäbe zum Dienst von Homophilen in der Kirche«; sowie die Stellungnahme der Evangelischen Kirche im Rheinland, Landessynode 1992 zum Thema »Homosexuelle Liebe«). Diese Texte verstehen sich als Orientierungshilfen oder Gesprächsbeiträge und verfügen im Gegensatz zu den Verlautbarungen der katholischen Kirche über keine institutionell gesicherte Verbindlichkeit. Aus den Formulierungen geht hervor, daß sie in der Regel Kompromisse unter den Kommissionsmitgliedern darstellen. Auch wenn man im Laufe der Zeit eine gewisse »Wende zum Besseren« feststellen kann (da Homosexualität nicht mehr explizit als »Perversion«, als »Schuld« und »Sünde« bezeichnet wird), ist in diesen Papieren doch nach wie vor eine Unsicherheit in der Beurteilung lesbischer und schwuler Orientierungen und Lebensweisen spürbar. Es ist allerdings enttäuschend, daß nach den recht offenen, zukunftsweisenden Formulierungen der Evangelischen Kirche im Rheinland (Landessynode 1992) der Beschluß der rheinischen Landessynode »Homosexualität – Homosexuelle Liebe« vom 11. Januar 1995 zögernd und wenig eindeutig formuliert ist. Dieser Beschluß stellt lediglich fest, daß »die Frage nach der Deutung der Heiligen Schrift unter uns neu aufgebrochen« sei (dies nach fast zweihundert Jahren historisch-kritischer Bibelwissenschaft und entsprechend ausgebildeter Pfarrer!) und daß eine »generelle Regelung« für die Anstellung homosexueller Mitarbeiterinnen und Mitarbeiter und für gleichgeschlechtliche Lebensgemeinschaften in Pfarrhäusern abgelehnt werde (vgl. WIEDEMANN, 1995a).

WIEDEMANN (1982) sieht diese Verunsicherung und die trotz aller Liberalisierung spürbaren Vorbehalte wohl mit Recht durch die beiden folgenden Ursachen bedingt: »Zum einen wirkt die lange sexualängstliche Tradition nach, zum anderen die spezielle Diskriminierung der Homosexualität, die sogar die aufgeschlossene Erklärung der Rheinischen Kirche zu dem Satz veranlaßte, ›daß solche Menschen keineswegs moralisch minderwertig zu sein brauchen‹«! (S. 98).

Es fehlt jedoch auch in der Geschichte der evangelischen Kirche nicht an dezidierten negativen Stellungnahmen. Um nur zwei prominente Vertreter zu nennen, sei auf KARL BARTH und HELMUT THIELICKE hingewiesen. Für BARTH »gibt es kein in sich abgeschlossenes, sich selbst genügsames Männerleben und so auch kein in sich abgeschlossenes, sich selber genügendes Frauenleben. Im Gehorsam gegenüber Gottes Gebot lebt der Mann in der Zuordnung, der Zugehörigkeit, der Zuwendung zur Frau und so die Frau in der Zuordnung, Zugehörigkeit und Zuwendung zum Mann«. Die Menschlichkeit von Mann und Frau kann »nur darin bestehen, daß sie mitmenschlich existieren: der Mann mit der Frau, die Frau mit dem Mann« (1957, S. 181, 183). Homosexualität stellt für BARTH eine Perversion und Dekadenz dar, weil hier der Mensch den Menschen des anderen Geschlechtes, der Urgestalt des Mitmenschen, »nicht mehr sehen, sich nicht mehr durch ihn gefragt wissen, sich ihm gegenüber nicht mehr verantworten, sondern für sich selbst ... Mensch sein, seiner selbst froh sein, sich selbst genießen und genügen will« (S. 185). BARTH spricht hier ein eindeutiges »Nein« zur lesbischen und schwulen Orientierung und zum daraus resultierenden Verhalten.

Indes ist zu berücksichtigen, daß diese die Homosexualität eindeutig verurteilenden Stellungnahmen BARTHS von ihm selbst am Ende seines Lebens ein stückweit in Frage gestellt worden sind: 1968 veröffentlichte ROLF ITAALIANDER ein Buch mit dem Titel »Weder Krankheit noch Verbrechen«, in dem Aufsätze verschiedener Fachleute enthalten sind. Auch KARL BARTH war von ITAALIANDER um einen Beitrag gebeten worden. Der damals über 82jährige fand aber nicht mehr die Zeit und die Energie, um selber auf diese Anfrage zu antworten oder gar in Form eines Beitrags eine Stellungnahme abzugeben. Er ließ jedoch durch seinen damaligen Assistenten EBERHARD BUSCH eine Erklärung abgeben, die seine Äußerungen in der »Kirchlichen Dogmaitk« in wesentlichen Teilen relativiert. Er wies insbesondere darauf hin, daß mit seinen Ausführungen in der »Kirchlichen Dogmatik« »keine Erlaubnis zur Diffamierung, geschweige zur (ja unsinnigen) juristischen Bestrafung der Homosexuellen« gegeben sei. Ferner heißt es in der Stellungnahme: »Prof. BARTH ist mit seinen damaligen beiläufigen Äußerungen heute – angesichts der seit ihrer Niederschrift eingetretenen Wandlungen und neuen Erkenntnissen nicht mehr ganz zufrieden und würde sie heute sicher etwas anders abfassen. Man darf also denken, daß er gerade auf dem Hintergrund des Zusammenhangs, daß Gottes Gebot grundsätzlich auch als ›Freiheit zur Gemeinschaft‹ wahrgenommen und befolgt sein will – im Gespräch mit Medizinern und Psychologen – zu einer neuen Beurteilung und Darstellung des Phänomens kommen könnte«.

Demgegenüber zeichnet sich die Position THIELICKES durch ein »Ja« zur sexuellen *Orientierung* und ein »Nein« zum lesbischen und schwulen *Verhalten* aus (eine Einstellung, die mitunter auch in den oben erwähnten Erklärungen der Evangelischen Kirche spürbar wird). Ähnlich wie BARTH geht THIELICKE (1968) davon aus, daß die Grundordnung und die schöpfungsgemäße Bestimmung der beiden Geschlechter es berechtigt erscheinen lassen, von Homosexualität als einer »Perversion« zu sprechen, denn Homosexualität sei der Schöpfungsordnung nicht gemäß. Die Schöpfungsordnung differenziere zwischen dem männlichen und weiblichen Geschlecht und fordere deren Vereinigung in einer heterosexuellen Ehe. Die Mann-Frau-Beziehung sei von so fundamentaler Struktur, daß sie von essentieller Bedeutung für die Mitmenschlichkeit sei. Aufgrund der Unterscheidung zwischen »homosexueller Veranlagung« (die eine Schöpfungsstörung darstelle) und »homosexuellen Handlungen« hält THIELICKE es für unumgänglich, »die Last dieser Veranlagung als Schicksal zu bejahen« (1968, S. 802). Doch Bejahung der Veranlagung heißt für ihn keineswegs Ausleben des »verhängnisvollen habitus« (S. 803). Falls Lesben und Schwule ihre Empfindungen ändern können, sind sie, so THIELICKE, dazu aufgerufen. Ist dies nicht möglich (und THIELICKE gesteht zu, daß es bei den meisten so ist), dann sollen sie versuchen, ihre sexuellen Bedürfnisse zu sublimieren und sie nicht auszuleben. Ist auch dies nicht möglich, soll die sexuelle Beziehung in einer ethisch verbindlichen Weise, einer erwachsenen, voll verpflichteten Beziehung gestaltet werden. Lesben und Schwule werden von THIELICKE in diesem Zusammenhang ausdrücklich dazu aufgefordert, »Ausstrahlung« und »Ärgernis« zu vermeiden und ihre Beziehungen geheimzuhalten.

Im Zentrum praktisch aller theologischen Erörterungen über die lesbische und schwule Orientierung und Lebensweise steht die Frage, was die Bibel über die Homosexualität sage. Es sind im Grunde nur wenige Passagen des Alten und des Neuen Testaments, welche mehr oder weniger direkt Aussagen über gleichgeschlechtliche Beziehungen machen. Neben dem Schöpfungsbericht von der Erschaffung und vom gottgewollten Zusammensein von Mann und Frau (Gen 1,27.28; Gen 2,18.22-24) wird vor allem auf die Erzählung vom Untergang der Städte Sodom und Gomorra hingewiesen (Gen 19). Aus dem Neuen Testament sind es die Aussagen des Paulus in Röm 1,26-27 (vom »widernatürlichen Verkehr« als Beispiel für die Disharmonie zwischen Schöpfer und Geschöpfen) sowie in 1 Kor 6,9 und 1 Tim. 1,10 (Verweis auf »Lustknaben« und »Knabenschänder«). Neben diesen Passagen des Alten und Neuen Testaments werden in Diskussionen um lesbische und schwule Orientierungen und Lebensweisen mitunter auch weitere Bibelstellen genannt: Gen 9,20.27; 1 Kön 14,24; 19,12;

22,46; 2 Kön 23,7; Hiob 36,14; Hos 4,14. Der Bezug dieser Texte zur Homosexualität ist jedoch umstritten.

Die zentrale Frage, die sich in der ganzen Diskussion um biblische Aussagen stellt, ist die, ob es möglich ist, aus diesen Texten verbindliche Richtlinien für heute lebende Lesben, Schwule und Bisexuelle abzuleiten. Liefert uns die Bibel wirklich eine Antwort, wie es fundamentalistische Autoren postulieren? Läßt sich aufgrund der genannten Textstellen im Hinblick auf die ethische Bewertung lesbischer und schwuler Orientierungen und Lebensweisen tatsächlich die Schlußfolgerung ziehen, die FIELD (1982) uns nahelegt?: »Das biblische (hier gemeint: das alttestamentliche, d. Verf.) Verbot erstreckt sich ... auf alle vier genannten Formen, trotz des ungeheuren seelischen Leidens all jener, die sich deswegen der uneingeschränkten körperlichen Bekundung ihrer Gefühle enthalten müssen«, und: »In allen drei neutestamentlichen Textstellen wird homosexuelles Verhalten für falsch, das heißt schöpfungswidrig und somit sündhaft erklärt« (S. 48).

Oder müssen wir WIEDEMANN (1982) recht geben, dessen Antwort auf die Frage »Was sagt die Bibel über homosexuelle Liebe?« lautet: »In einem vom Niederländischen Rat der Kirchen herausgegebenen Buch zum Thema heißt es lapidar: ›Nichts!‹ Ich kann dem nur beipflichten. Es besteht überhaupt der Verdacht, daß die ganze Diskussion ›Homosexualität und Bibel‹ eine aufgeredete Diskussion ist. Der Bibel sind homosexuelle Liebesbeziehungen unbekannt. Ein biblisches Verbot homosexueller Liebe ist nirgends zu sehen. Ich möchte positiver formulieren: Für den christlichen Glauben ist nicht die jeweilige Orientierung und Ausdrucksform menschlicher Sexualität von Interesse, sondern nur die Gestaltung der Beziehung zwischen Menschen nach dem Maßstab von Liebe und Freiheit« (S. 89). WIEDEMANN weist auf ein in der Diskussion zentrales Problem hin, nämlich auf die Tatsache, daß die genannten Textstellen des Alten und Neuen Testaments ausnahmslos Situationen schildern, in denen es um gewaltsames Verhalten, Vergehen gegen das Gastrecht, heidnische Relikte und ähnliches geht. *Lesbische, schwule und bisexuelle Partnerbeziehungen hingegen kennt die Bibel nicht.*

Auf diesen Sachverhalt hat auch VAN DE SPIJKER (1968) in

seinem nun schon klassischen Werk »Die gleichgeschlechtliche Zuneigung« hingewiesen. In seiner Analyse der entsprechenden Textstellen und der katholischen Tradition kommt er zu einem dreifachen Resultat: »Weder die Heilige Schrift noch die Tradition sprechen nachweislich über die gleichgeschlechtliche Zuneigung als reale Hinordnung auf einen Partner des gleichen Geschlechts im Sinne eines Grundverhaltens. Es handelt sich fast immer um homosexuelle Akte sich pervertierender Menschen, so daß man sagen darf, es gehe hauptsächlich um homosexuelle Akte nicht-homotroper Menschen ... Zweitens, im Lichte des biblischen Menschenbildes werden alle homosexuellen Akte abgewiesen, aber sie werden zunächst nicht schärfer verurteilt als die ungeordneten, die nicht der Schöpfungsordnung entsprechenden heterosexuellen Akte. Drittens, diese Diskriminierung tritt erst in der Nachscholastik ein. Als die wichtigsten Ursachen sind anzugeben: der ulpianische Naturrechtsbegriff, die thomistische Unterscheidung in natürliche und naturwidrige Sünden und besonders die populären Katechismen des Petrus Canisius« (S. 224/225).

Wie die Darlegungen von Wiedemann und van de Spijker zeigen, läßt sich aus den biblischen Texten nicht darauf schließen, daß lesbische, schwule und bisexuelle Orientierungen und Lebensweisen, wie wir sie heute kennen, irgendetwas mit »Sünde« zu tun hätten. Die Bibel kennt derartige Beziehungs- und Lebensformen überhaupt nicht. Bei den Autoren – vor allem denen fundamentalistischer Prägung –, die aus den genannten Bibelpassagen ein striktes Verbot lesbischer und schwuler Beziehungen ableiten, zeigt sich, daß sie die Heilige Schrift ausgesprochen einseitig und selektiv handhaben. Die Aussagen der Bibel werden in undifferenzierter Weise wortwörtlich genommen und als konkrete Handlungsanweisungen verstanden, ohne Berücksichtigung der historischen Gegebenheiten und des Kontextes, in dem die Äußerungen über Homosexualität stehen. So haben verschiedene Autoren (zum Beispiel Wiedemann, 1982; Müller, 1986; van de Spijker, 1968; Wink, 1979) beispielsweise darauf hingewiesen, daß es bei der von fundamentalistischen Kreisen immer wieder als angeblicher »Beweis« für die Sündhaftigkeit der Homosexualität angeführtten Geschichte der Zerstörung von Sodom und Gomorra nicht um homosexuelle Handlungen an sich geht, sondern um die Verletzung des Gastrechts und um homosexuelle Vergewaltigung.

Außerdem werden von kirchlichen Autoren, die aus den biblischen Texten die Sündhaftigkeit lesbischer und schwuler Beziehungen meinen ableiten zu können, unsere heutigen Kenntnisse aus den verschiedenen humanwissenschaftlichen Fächern völlig außer acht gelassen. Es mutet geradezu naiv an, aus 1 Kor 6,11 zu folgern, Paulus halte die Homosexualität für korrigierbar, und deshalb müsse es Lesben und Schwulen möglich sein, ihre sexuelle Orientierung zu ändern.

MÜLLER (1986) hält den Fundamentalisten entgegen (und gleiches muß man nach meiner Ansicht auch vielen anderen Vertretern einer dezidierten, sich auf die Bibel berufenden Ablehnung lesbischer, schwuler und bisexueller Lebensweisen erwidern), »daß ihr selektives Vorgehen Folge eines Vorurteils sein kann, das so mächtig ist, daß es alles Denken und Tun beeinflußt und bestimmt. Mit der Berufung darauf, die Bibel sei dem Buchstaben getreu zu verstehen, nehmen sich die Fundamentalisten aber die Möglichkeit, für das offen zu sein, was an Zeitlosem in der Bibel steht. Sie pochen darauf, für das, was sie sagen, göttliche Autorität beanspruchen zu können, da es dem Buchstaben der Bibel entspricht, ohne zu merken, wie absurd ein solcher Anspruch ist ... Was als Autorität der Bibel propagiert wird, erweist sich in Wirklichkeit als die Autorität der eigenen Interpretation der Schrift« (S. 71). Das hier von MÜLLER vermutete »selektive Vorgehen« aufgrund irrationaler Vorurteile und die »Autorität der *eigenen* Interpretation« scheinen mir letztlich bei allen die Homo- und Bisexualität verdammenden Stellungnahmen aus kirchlichen Kreisen eine zentrale Rolle zu spielen.

Es ist eine nicht zu leugnende Tatsache, daß die Kirche ein Ort ist, an dem Lesben, Schwulen und Bisexuellen tiefste Verletzungen und sie in ihrem Selbstwertgefühl und in ihrer Spiritualität erschütternde Beschämungen zugefügt werden. Doch sind gerade im Raum der Kirche umgekehrt auch Tröstung und Selbstfindung in einer ganz besonderen Weise möglich.

Wenn ich hier von Verletzung und Beschämung einerseits und von Tröstung und Selbstfindung andererseits spreche, tue ich dies nicht nur im Hinblick auf die Lesben, Schwulen und Bisexuellen, sondern meine *alle* Gemeindeglieder. Denn Intoleranz, Verfolgung und Demütigung von Menschen ist nie nur für die Opfer, sondern stets auch für die Täter eine die Menschenwürde verletzende und sie beschämende Erfahrung – nur daß die Täter diesen Aspekt im allgemeinen erfolgreich auszublenden vermögen.

Wenn wir die Situation in unseren Kirchen unter diesem Aspekt betrachten, wird ersichtlich, daß alle Gemeindeglieder, gleich welcher sexuellen Orientierung und unabhängig von ihrem Status in der Kirche, der Tröstung und Selbstfindung bedürfen. Während es für Lesben, Schwule und Bisexuelle darauf ankommt, die ihnen entsprechende Form der Spiritualität zu finden und ihre spezifischen Gaben zu pflegen, ist es für die Heterosexuellen wichtig, die Möglichkeiten, die ihnen die Begegnung mit lesbischen, schwulen und bisexuellen Mitchristen bietet, zu nutzen und daran zu reifen. Es ist ein zwar hohes, aber wahrem christlichen Glauben entsprechendes Ziel, wenn das *gemeinsame* Gebet homo- und heterosexueller Menschen lauten kann:

»Danke für das Leben – mit all seinem Schmerz, seinem Leid und seiner Tragik. Danke für meine/ihre/seine Homosexualität – mit all ihrer Entfremdung und allem Leiden, und doch auch mit all der Kraft zu spirituellem Wachsen, Reichtum und Segen« (leicht abgeänderte Fassung des von McNeill seinem Buch vorangestellten Gebets, 1993).

Worum geht es in diesem Prozeß, den ich nicht nur als Entwicklungsschritt der Lesben, Schwulen und Bisexuelle betrachte, sondern als Weg, den die Kirche als Ganze zu gehen hat? Die Beantwortung dieser Frage möchte ich anhand der folgenden sieben Aspekte vornehmen, die sich, auch wenn ich sie aus darstellungstechnischen Gründen gesondert behandle, gegenseitig ergänzen und in enger Wechselwirkung miteinander stehen: 1) Anerkennung des Reichtums und der Vielfalt der Schöpfung, 2) Befreiung durch die Neubewertung der biblischen Botschaft und der kirchlichen Tradition, 3) Auflösung von Scham- und Schuldgefühlen, 4) Bewältigung der Trauerarbeit,

5) Auseinandersetzung mit der Endlichkeit des Menschen,
6) Entwicklung einer eigenen Spiritualität und Besinnung auf
die eigenen Werte, 7) Finden einer Gemeinsamkeit, welche den
anderen Menschen in seinem Anderssein wahrnimmt und akzeptiert.

Anerkennung des Reichtums und der Vielfalt der Schöpfung

JOHN J. MCNEILL hat in seiner kritischen Auseinandersetzung
mit dem Thema Kirche und Homosexualität (1988) und in
seinem 1993 in deutscher Übersetzung erschienen engagierten
Werk zur spezifischen Spiritualität von Lesben und Schwulen
darauf verwiesen, von welcher zentralen Bedeutung es ist, die
verschiedenen sexuellen Orientierungen als einander gleichwertige Lebensformen zu akzeptieren und damit den Reichtum
und die Vielfalt der göttlichen Schöpfung anzuerkennen. Für
Lesben und Schwule kommt es darauf an, nicht nur zaghaft zu
ihrer sexuellen Orientierung zu stehen und ängstlich darauf zu
hoffen, von der Umgebung nicht abgelehnt zu werden. Ziel
eines echten Befreiungsprozesses ist es vielmehr, die lesbische,
schwule und bisexuelle Orientierung als Gabe Gottes anzunehmen und dankbar zu leben. Es ist ein Leben in der Gewißheit,
daß Gott nicht verachtet, was er geschaffen hat. Dies führt zu
einer selbstbewußten Haltung von Lesben, Schwulen und Bisexuellen in der Kirche, einer Haltung die ihren Niederschlag
in dem oben zitierten Gebet von MCNEILL findet. Das Befreiende daran ist die Tatsache, daß hier nicht nur von Leid und
Schmerzen, von Entfremdung und Ausgrenzung die Rede ist,
sondern daß im Zentrum der *Dank* für die eigene sexuelle Orientierung mit ihrer Kraft zu spirituellem Wachsen, Reichtum
und Segen steht.

Der Schritt zu einer solchen befreienden Haltung ist aber
nicht nur von Lesben, Schwulen und Bisexuellen zu tun. Sie
wissen durch ihre von der Majorität abweichende sexuelle
Orientierung ja längst, daß es nicht nur eine einzige »richtige«
Lebensform gibt, und sie erleben damit an sich selbst die

Vielfalt der Schöpfung. Diejenigen, die die Fülle von Existenz-
möglichkeiten häufig nicht als gottgewollte Vielfalt akzeptieren wollen, sind hingegen die Heterosexuellen. Deshalb ist es
vor allem ihre Aufgabe, in der Begegnung mit Lesben, Schwulen
und Bisexuellen zu erfahren, daß die Akzeptanz nur einer
einzigen sexuellen Orientierung einem selbstherrlichen »Nein«
zur göttlichen Schöpfung gleichkommt. Gerade die heterosexuellen Christen müssen lernen, die Vielfalt von Liebes- und
Lebensformen als einander gleichwertig zu akzeptieren. Aus
diesem Grund habe ich das oben zitierte Gebet von McNeill
dahingehend erweitert, daß nicht nur Lesben und Schwule für
ihre eigene Homosexualität und Bisexuelle für ihre sexuelle
Orientierung danken, sondern daß auch Heterosexuelle in dieses Gebet einstimmen können im Dank für die spezifische
sexuelle Orientierung der lesbischen, schwulen und bisexuellen Mitchristen.

Befreiung durch die Neubewertung der biblischen Botschaft und der kirchlichen Tradition

Der Kampf gegen Diskriminierung und Ausgrenzung, welche
Lesben, Schwule und Bisexuelle durch die Kirche erfahren,
gleicht in vielerlei Hinsicht der feministischen und der Befreiungstheologie. Geht es der feministischen Theologie vor
allem darum, die patriarchalen Strukturen der Kirche und das
in einseitiger Weise vom männlichen Standpunkt bestimmte
Bibelverständnis kritisch zu hinterfragen, und ist es Anliegen
der Befreiungstheologie, den Armen und den Mitgliedern anderer Randgruppen in Lateinamerika dazu zu verhelfen, sich
gegen die ihnen permanent zugefügte Unterdrückung und
Ausgrenzung zur Wehr zu setzen und selbstbewußte Christen
zu werden, so kommt es für Lesben, Schwule und Bisexuelle in
analoger Weise darauf an, die Manipulationen und Feindselig-
keiten, denen sie ausgesetzt sind, aufzudecken, die starren
kirchlichen Strukturen, die sich in unmenschlicher – und
unchristlicher – Weise auf Moralität und Gottes angeblichen
Willen berufen, als Mittel rücksichtsloser Machtausübung zu

entlarven und ein neues positives Selbstbewußtsein zu entwik-
keln. Die Befreiung liegt für sie darin zu erkennen, daß ihr
Leiden als Opfer von Verfolgung und Beschämung und ihr
Leben im sozialen und kirchlichen Ghetto nicht gottgewollt
sind, sondern eine durch nichts zu rechtfertigende Verletzung
ihrer Menschenwürde darstellt. Ihr Befreiungskampf ist deshalb nicht nur ein Kampf für die Erringung eines persönlichen
Raumes von Akzeptanz. Es ist zugleich ein Kampf für die
Rettung des Humanen in unserer Welt, für die Respektierung
des Grundsatzes, daß der Mensch als »Ikone« Gottes und Stätte
der Inkarnation Christi unantastbar ist (nach einer Formulierung
der orthodoxen Kirche; LONGCHAMP, 1990).

Nehmen wir diese Aussage wirklich ernst, so folgt daraus,
daß Lesben, Schwule und Bisexuelle nicht nur das Recht, sondern geradezu die Pflicht haben, im Namen des Evangeliums
für die Befreiung aus Unterdrückung zu kämpfen. Es ist eine
Haltung, die McNEILL (1993) mit den Worten umschreibt: »Wir
sollten erkennen, daß christliche Freiheit von innen kommt
und durch den Geist Christi. Und wir sollten erkennen, daß
wir diese Freiheit einfordern müssen und sie nicht durch irgendeine Autorität außerhalb unserer selbst eingeräumt wird.
Wir müssen auf unsere innere Stimme hören, auf die Stimme
der Unterdrückten um uns herum und dann für Menschenrechte
und Gleichbestimmung einstehen. Wir sollten endlich nicht
mehr die Entfremdung akzeptieren, die uns aufgezwungen
wurde. Gott will uns als von Angst und zum bunten Leben
Befreite, die sich in positiver sexueller Gemeinschaft ausdrük-
ken« (S. 190/191). Unterdrücken Lesben, Schwule und Bisexuelle ihre Gefühle, so hat dies verhängnisvolle Folgen für ihre
psychische und spirituelle Gesundheit, denn ein solcher Mensch
»verstümmelt ... sein eigenes emotionales Leben« (NOUWEN,
1971, S. 210).

Soll die von McNEILL geschilderte Freiheit erlangt werden, so
bedarf es einer Neubewertung der biblischen Botschaft und
einer kritischen Auseinandersetzung mit der kirchlichen Tradition. Denn vieles im Raum der Kirche ist geradezu verseucht
vom Geist der Homophobie. Dies betrifft die Auslegungen der
Heiligen Schrift ebenso wie die offiziellen Verlautbarungen der
Kirchen und die Formen des persönlichen Umgangs in den

Gemeinden. Es gilt zu prüfen, welche der kirchlichen Werte in der bisherigen Form beibehalten und welche weiterhin zu respektieren und zu fördern sind, und die Elemente in Exegese und kirchlicher Tradition, die sich destruktiv auswirken und nicht mit der Würde des Menschen vereinbar sind, als unchristliche, menschenverachtende Aussagen zu identifizieren und zu eliminieren.

Gewiß liegt eine solche Klärung in erster Linie im Interesse von Lesben, Schwulen und Bisexuellen selbst. Doch ist es eine Aufgabe, die alle Mitglieder der Kirche angeht. Jeglicher Form von Unmenschlichkeit entgegenzutreten und sich auf die wahren Gehalte der »guten« Botschaft, des Eu-Angelions, zu besinnen, ist für alle Christen, gleich welcher sexuellen Orientierung, unabhängig von den verschiedenen Glaubensgemeinschaften und über alle Rassen und Nationen hinweg, ein zentrales Ziel. Die kritische Infragestellung der religiösen Inhalte und der kirchlichen Strukturen und Traditionen, wie sie über die Jahrhunderte hin gewachsen sind, braucht Mut und mag oft schmerzhaft sein. Doch ist es letztlich, wie die Resultate der feministischen und der Befreiungstheologie ebenso wie die der kirchlichen Lesben- und Schwulenbewegungen zeigen, ein für alle heilsamer, die Kirche lebendig erhaltender Prozeß.

Deshalb sollte die Initiative zur Befreiung von Lesben, Schwulen und Bisexuellen nicht auf sie beschränkt bleiben, sondern von allen Christen mitgetragen werden. In diesem Sinne gilt nach meiner Auffassung das folgende von McNEILL formulierte Gebet für Menschen jedweder sexueller Orientierung:

»Gott, sende Deinen Geist der Liebe, damit wir als Lesben und Schwule unterscheiden lernen, was gesund und was zerstörerisch wirkt in unserem persönlichen Glaubenssystem. Hilf uns, unsere Kirche mutig zur Rede zu stellen, wann immer sie in einer Weise handelt, die unserem Wohlbefinden und unserer psychischen Gesundheit schadet. Amen« (1993, S. 36).

Auflösung von Scham- und Schuldgefühlen

Ich habe am Beginn dieses Kapitels an etlichen Beispielen aufgezeigt, wie Lesben, Schwulen und Bisexuellen gerade im Raum der Kirche Scham- und Schuldgefühle eingepflanzt und zu einer unheilvollen Blüte gebracht werden. Dazu gehört, daß die verinnerlichten homophoben Tendenzen, die ich in Kapitel VII besprochen habe, auf fatale Art auch das Gottesbild beeinflussen. Wenn – wie uns die zitierten Autoren, zumeist unter Berufung auf Lev 18,22 und 20,13, glauben machen wollen – Homosexualität Gott tatsächlich ein »Greuel« ist, so heißt dies für lesbische, schwule und bisexuelle Christen, denen es ernst ist mit ihrer Kirche, daß sie durch die aus dem Kern ihrer Persönlichkeit aufsteigenden Wünsche und durch die ihrem Wesen entsprechenden gleichgeschlechtlichen Liebesbeziehungen furchtbare Schuld auf sich laden. Gerade gläubige Menschen werden dadurch häufig in schwere Selbstwertkrisen gestürzt, und es mutet geradezu wie Hohn an, dann von angeblich wohlmeinenden, sich auf die »Liebe Christi« berufenden »Seelsorgern« (die man, so hart es auch klingt, eigentlich als »Seel-Verletzer« bezeichnen müßte) zu erfahren, daß es Aufgabe der Lesben und Schwulen sei, »nach einem Ausweg (zu) suchen, um dem Dilemma zu entgehen, in das sie durch die Uneinigkeit mit der Schöpfung geraten sind ... Seelsorge wird die Verantwortlichkeit für den Mißbrauch des Sexualverhaltens einsichtig machen ... Das heile Gewissen wird weder durch Verharmlosung noch durch entschuldigende Beschönigung erreicht, sondern durch aufrichtige Schulderkenntnis, die zur göttlichen Vergebung führt« (NAUJOKAT, 1988, S. 69).

Solchen und ähnlichen Stimmen, die Lesben, Schwulen und Bisexuellen zunächst Schuldgefühle einpflanzen und sich dann huldvoll zu den »Sündern« hinabbeugen, muß mit aller Entschiedenheit entgegengetreten werden. Ihre Wirkung ist deshalb so verhängnisvoll, weil sie, aufbauend auf die vielfältigen homophoben Tendenzen in unserer Gesellschaft, durch die Berufung auf die Heilige Schrift gerade gläubigen Lesben und Schwulen jegliche Möglichkeit nehmen, sich gegen die Diskriminierungen und die induzierten Schuldgefühle zur Wehr zu setzen.

239

Um so wichtiger ist es, daß im Befreiungsprozeß von Lesben, Schwulen und Bisexuellen in der Kirche der Auflösung der Scham- und Schuldgefühle ein zentraler Platz zugewiesen wird. Sie müssen es im Interesse ihrer seelischen und spirituellen Gesundheit lernen, die von Homophobie geprägten Aussagen der Kirche zu erkennen und sich vom Einfluß solcher mit den Mitteln von Scham- und Schuldgefühlen operierender Machtansprüche zu befreien.

Weil es jedoch im allgemeinen tief in der Persönlichkeit verankerte Schuldgefühle sind, ist es wichtig, nicht nur in der weiteren Gesellschaft, sondern auch und gerade im kirchlichen Bereich Unterstützung und Bestätigung in der eigenen sexuellen Orientierung und Lebensweise zu finden. Hier liegt eine wesentliche Funktion schwuler und lesbischer religiöser Gruppen, wie der HuK und anderer Organisationen, die ein positives Gegengewicht bieten zu der aus Schuldgefühlen entstandenen Selbstverachtung und dem Selbsthaß. Diesen zerstörerischen Kräften gilt es entgegenzutreten und zu erkennen, daß durch Aussagen wie die oben zitierten von NAUJOKAT (1988) nicht »Wandlung des Seins« (S. 70) und nicht »neues Leben« (S. 71) erreicht werden, sondern daß die eingepflanzten Schuldgefühle gerade den Weg zu Gott verstellen und spirituelle Reifung verunmöglichen.

Zwischen tatsächlicher menschlicher Schuld, die aber nichts mit der sexuellen Orientierung zu tun hat, und induzierten – falschen – Schuldgefühlen zu differenzieren, ist wiederum eine Aufgabe, die zwar für Lesben, Schwule und Bisexuelle selbst von größter Bedeutung ist, aber alle Mitglieder der Kirche angeht. Für jede Christin und jeden Christen kommt es darauf an, sich nicht blind von Autoritäten (oder solchen, die sich selbstherrlich diesen Status beimessen) leiten zu lassen und nicht unkritisch alles zu akzeptieren, was diese Instanzen unter Berufung auf die Bibel, die Tradition oder andere christliche Werte als »unumstößliche Wahrheit« verkünden. Es ist ein zentraler Aspekt christlicher Mündigkeit, sich auch in der Kirche Kritikfähigkeit zu bewahren und bereit zu sein, sich gegen menschenentwürdigende Formen der Bevormundung und Diskriminierung zur Wehr zu setzen. Dies kommt nicht nur den verfolgten Minderheiten zugute, sondern es ist ein

Kampf für die Erhaltung der Menschlichkeit in unseren Kirchen. Es ist die Hoffnung auf eine solche Befreiung, die aus dem folgenden von McNEILL formulierten Gebet spricht:

»Herr, nimm weg die Blindheit, die Dich nicht zu erkennen vermag; nimm weg Furcht, Gefühle von Scham und Schuld, die uns Deine Gegenwart verdunkeln. Amen« (S. 91).

Bewältigung der Trauerarbeit

In seinem Versuch, die spezifischen Chancen lesbischer und schwuler Spiritualität herauszuarbeiten, hat McNEILL unter anderem auf die Bedeutung der »Trauerarbeit« hingewiesen. Hiermit ist nicht nur das schmerzliche Abschiednehmen von dem mitunter über Jahre hin aufrechterhaltenen Wunsch gemeint, wie die Majorität heterosexuell sein zu wollen. Es ist auch nicht nur die Trauer über die vielfältigen Verletzungen und die lebenslang – auch in der Kirche! – erlittenen Kränkungen. Der zentrale Aspekt, der von McNEILL gemeinten Trauerarbeit ist vielmehr die Bereitschaft, »die Hoffnung fahren zu lassen, daß wir dazu gehören oder von der heterosexuellen Welt akzeptiert werden könnten« (S. 89). Es ist die Anerkennung der schmerzlichen Tatsache »unseres Status als Verbannte in dieser Welt« (S. 57).

Wir würden McNEILL indes falsch verstehen, wenn wir solche Worte als Ausdruck der Resignation verstünden und als Aufforderung, sich in stiller Ergebenheit der Ausgrenzung zu beugen und Diskriminierungen widerspruchslos zu akzeptieren. Mit der Anerkennung des »Status als Verbannte« ist vielmehr gemeint, daß Abschied zu nehmen ist von dem ruhelosen Suchen nach der Übereinstimmung mit Heterosexuellen – was doch nur bedeuten würde, daß Lesben, Schwule und Bisexuelle selbst den Reichtum der göttlichen Schöpfung, der sich auch in der Vielfalt sexueller Orientierungen zeigt, leugneten. Die Sehnsucht nach der Zugehörigkeit zur (heterosexuellen) Majorität ist zwar aus Gründen der Sicherheit und Geborgenheit verständlich. Sie lenkt aber ab von der Entwicklung einer spezifischen Identität und Spiritualität, zu der die Bereitschaft gehört, die eigene lesbische, schwule und bisexuelle – und damit eben nicht heterosexuelle – Orientierung und Lebensweise als gottgewollte Existenzform anzunehmen und zu gestalten, im bewußten, wenn auch schmerzlichen Verzicht auf die Bestätigung durch andere Menschen. Unversehens erweist sich diese Situation der Einschränkung dann jedoch als die große Chance zur Entwicklung einer spezifischen Spiritualität, indem der Verzicht auf menschliche Bestätigung zu einer besonderen göttlichen Nähe führt.

Es sind Erfahrungen, die eigentlich jeder Mensch in Grenzsituationen des Lebens macht, in denen er spürt, daß eine Orientierung allein an den diesseitigen Bezügen letztlich nicht trägt. In solchen Zeiten kommt es für jeden Menschen darauf an, in einem Trauerprozeß Abschied zu nehmen von der Illusion, wahre menschliche Freiheit und echte Geborgenheit ließen sich in den irdischen Bezügen finden. Es sind solche Augenblicke größter Verlassenheit, in denen Menschen das Mysterium des Glaubens erfahren, wie es DAG HAMMERSKJÖLD (1965, S. 56) in seinen Tagebuchaufzeichnungen mit den Worten beschrieben hat:

»›Glaube ist Gottes Vereinigung mit der Seele‹ – Glaube *ist* – kann daher nicht erfaßt werden, noch viel weniger identifiziert werden mit Formeln, in denen wir das umschreiben, was ist. – en una noche oscura. Des Glaubens Nacht – so dunkel, daß wir nicht einmal den Glauben suchen dürfen. Es geschieht in der Gethsemane-Nacht, wenn die letzten Freunde schlafen, alle anderen deinen Untergang suchen *und Gott schweigt,* daß die Vereinigung sich vollzieht«.

Auseinandersetzung mit der Endlichkeit des Menschen

Es ist vielleicht eine der größten Grausamkeiten, die Schwulen im Namen des Christentums angetan worden ist und immer noch angetan wird, die Aids-Erkrankung als »Gericht Gottes« und »gerechte Strafe« für sie zu bezeichnen. Wie MÜLLER (1986) treffend ausführt, ist San Francisco, das sogenannte »Mekka der Homosexuellen« in den USA, für die Vertreter solcher

Ansichten »das moderne Sodom und Gomorra«. Viele dieser fanatischen Moralapostel scheinen neue große Erdbeben als Bestrafung für die Sittenverderbnis in San Francisco kaum erwarten zu können, und unter ihnen finden sich auch viele, »die heute Aids als Strafe und damit als ein deutliches Signal Gottes verstehen wollen. Kann es, so fragen sie, einen stärkeren Beweis für die Verwerflichkeit der Homosexualität geben?« (S. 13).

Auch in Europa treffen wir auf solche Stimmen, etwas wenn NAUJOKAT (1988) beim »Phänomen Aids mit all seinen Folgerungen und Bedrohungen« auf zwei Verhaltensweisen hinweist, die er als »grobe Irrwege menschlicher Sexualität« sieht, »ohne die es keine Ansteckungsgefahr gäbe: die Aggressivität und die Promiskuität, die sich mit der menschlichen Sexualität verbünden können und sie dabei zutiefst verändern, verfälschen und verderben« (S. 85). NAUJOKAT hält – wie andere Vertreter fundamentalistischer Ansätze – die sexuellen Beziehungen zwischen Schwulen für eine der Hauptgefahren und führt aus, daß er hierin den Grund für »mindestens den explosiven Anteil an der Verbreitung« (S. 85) von Aids sieht. NAUJOKATS Fazit: »Wer die Liebe aus dieser Schöpfungseinheit (»der Paarbeziehung der Ehe von Mann und Frau«, S. 85) herausreißt, reduziert ihr Wesen, paralysiert und pervertiert ihre eigentliche Bestimmung und geht das Risiko seelischer und körperlicher Bedrohung ein ... Solche Erkrankungen (wie Aids, d. Verf.) sind die sichtbaren Geißeln, die an den Grenzen des Weges warten, der der menschlichen Liebesbeziehung bereitet ist. Wer sie überschreitet, muß wenigstens wissen, welches Risiko er eingeht« (S. 86).

Unter dem massiven Druck solcher vor allem auch in kirchlichen Kreisen immer wieder zu hörender Argumente fällt es Schwulen verständlicherweise schwer, die Beschuldigungen eindeutig und dezidiert zurückzuweisen. Und dennoch ist es nicht nur für die Schwulen, sondern für die Kirche als Ganze von zentraler Bedeutung, derartige Äußerungen als das zu entlarven, was sie tatsächlich sind, nämlich, wie MCNEILL es formuliert, »gotteslästerliche« Aussagen, die das Bild eines sadistischen Gottes beschwören, »der schwule Menschen schafft, sie dann mit einer tödlichen Krankheit bestraft für etwas, wofür sie geschaffen wurden« (S. 57). Einer solchen Pervertierung des Gottesbildes kann man nicht entschieden genug mit McNeill entgegenhalten: »*Es ist nicht Gottes Wille, das irgend jemand Aids hat*« (S. 160).

Die Aids-Erkrankung konfrontiert uns Menschen allgemein mit der von uns allen immer wieder verdrängten Realität unserer Sterblichkeit. All das Wüten gegen die Schwulen und »ihre« angeblich selbstverschuldete, als »Geißel an den Grenzen der menschlichen Liebesbeziehungen« (eine fürchterliche Pervertierung des Liebesbegriffes!) bezeichnete Krankheit kann nicht darüber hinwegtäuschen, daß sich hinter dieser Wut massive Angst verbirgt. Die Diskriminierungen stellen den verzweifelten Versuch dar, die Ewigkeitsillusion und die Allmachtsansprüche des Menschen, ungeachtet der Realität, doch noch zu retten – denn wenn »die Schuld« an einer lebensbedrohenden Krankheit einer bestimmten Gruppe von Menschen zugewiesen werden kann, heißt dies ja für den »Rest« der Menschen, sie selbst seien in keiner Weise betroffen. Auf diese Weise soll, so die allerdings irrige Hoffnung, die Realität des Todes und die Konfrontation mit der menschlichen Ohnmacht ausgeblendet werden.

So paradox es angesichts solcher Versuche auch klingen mag, ergeben sich aus der Bedrohung durch die HIV-Infizierung und die Aids-Erkrankung jedoch auch positive Möglichkeiten einer neuen Spiritualität. Wieder sind es in erster Linie die Schwulen selbst, die die Erfahrung machen, daß Aids »den Tod mitten in (ihr) Leben ... gebracht« hat (Dannecker, 1991). Sie müssen sich deshalb in besonderem Maße mit der Frage der eigenen Sterblichkeit auseinandersetzen. Doch wäre es nach meiner Auffassung auch in dieser Hinsicht eine unzulässige Einengung unserer Sicht, wenn wir diese Auseinandersetzung nur den Schwulen zuschreiben wollten. Wir müssen die Bedrohung durch die Aids-Erkrankung vielmehr als eine jeden Menschen angehende Frage betrachten, nicht im Sinne der zitierten Autoren, die sie als »Geißel« betrachten, sondern als Zeichen unserer menschlichen Begrenzungen. Gewiß reagieren wir auf derartige Einsichten mit Trauer, Enttäuschung, ja sogar mit Wut. Doch kann die Anerkennung dieser unsere Allmachtsvorstellungen kränkenden Realität heilsam sein, kann den Weg öffnen für tiefe Glaubenserfahrungen und zu einer Transzendierung des persönlichen Leidens in größere Bedeutungszusammenhänge führen. Es ist eine Haltung, die DAG HAMMERSKJÖLD mit den Worten beschrieben hat:

»Jetzt. Da ich die Furcht überwunden – vor den anderen, vor mir, vor dem Dunkel darunter:

an der Grenze des Unerhörten:

Hier endet das Bekannte. Aber vom Jenseits her erfüllt etwas mein Wesen mit seines Ursprungs Möglichkeit« (S. 46).

Aus einer solchen Haltung der Demut und Offenheit heraus ist dann der Weg gebahnt für neue spirituelle Erfahrungen: Dazu gehören etwa die Bereitschaft, die *eigene Sterblichkeit ernst zu nehmen*, die Fähigkeit, *den Augenblick als kostbares Geschenk dankbar annehmen* zu können, und in *Solidarität* mit anderen Menschen zu leben, die ebenso wie wir mit der Gefahr des Todes konfrontiert sind. Gelingt dies, so können lesbische, schwule und bisexuelle ebenso wie heterosexuelle Christen die Erfahrung machen, daß »spirituelle Entwicklung und Reife ... auch in der Konfrontation mit unserer Furcht vor dem Tode (besteht). Wir müssen uns dieser Furcht völlig bewußt werden und – mit Gottes Gnade – deren Kontrolle über unser Leben verringern« (MCNEILL, S. 149). Die Chance, die uns eine Krankheit wie Aids – aber letztlich auch jede andere Grenzerfahrung unseres Lebens – bietet, ist die Erkenntnis, daß der Gott des Alten und des Neuen Bundes ein Gott der Liebe ist. Der Gott der Strafe und der Furcht hingegen, wie die oben zitierten fundamentalistischen Autoren ihn uns zu schildern versuchen, ist ein »reiner Götze« (MCNEILL, S. 162).

Diesem von Vorurteilen und Haß verzerrten Gottesbild sollten wir die Worte des Paulus aus dem 1. Johannesbrief 4,17-18 entgegenhalten: »Darin ist unter uns die Liebe vollendet, daß wir am Tag des Gerichts Zuversicht haben. Denn wie er ist, so sind auch wir in dieser Welt. Furcht gibt es in der Liebe nicht, sondern die vollkommene Liebe vertreibt die Furcht. Denn die Furcht rechnet mit Strafe, und wer sich fürchtet, ist in der Liebe nicht vollendet«.

Entwicklung einer eigenen Spiritualität
und Besinnung auf die eigenen Werte

Sind es im theologischen Bereich ebenso wie in vielen psychologischen Theorien häufig vor allem Aufzählungen der angeblichen »Makel« lesbischer, schwuler und bisexueller Menschen, so kommt es bei der Entwicklung einer tragenden Spiritualität demgegenüber darauf an, daß Lesben und Schwule sich auf ihre besonderen eigenen Werte besinnen und auf die Möglichkeiten, die gerade ihnen gegeben sind. Dies ist eine für manche Leser vielleicht ungewöhnliche Sicht – aber gerade deshalb ist es von großer Bedeutung, sich zu fragen, ob nicht Lesben, Schwule und Bisexuelle aufgrund ihrer spezifischen Persönlichkeit und ihrer Lebensumstände zu ganz besonderen Formen der Spiritualität befähigt sind.

Schon C. G. Jung hat darauf hingewiesen, daß Menschen mit einem »Mutterkomplex«, das heißt einer unbewußten Bindung an den Mutterarchetyp (und diese Konstellation sieht Jung auch an der Wurzel der Homosexualität; vgl. S. 58ff.) religiös außerordentlich ansprechbar seien. Man finde bei ihnen immer wieder einen »Reichtum religiösen Gefühls, welcher eine ecclesia spiritualis zur Wahrheit macht, und endlich eine geistige Rezeptivität, die der Offenbarung williges Gefäß ist« (Jung 1989, S. 101). Auch McNeill und Thompson (1987) bestätigen diese große Offenheit für sprituelle Werte. Es ist angesichts dieser Situation tragisch, daß gerade von kirchlicher Seite durch Diskriminierungen und Verurteilungen von Lesben und Schwulen viel dazu getan wird, die Entwicklung dieser Spiritualität zu behindern, wenn nicht sogar völlig zu verunmöglichen.

Um so wichtiger ist es deshalb, daß Lesben, Schwule und Bisexuelle sich selber einen Raum schaffen, in dem sie ihren Glauben entwickeln und leben können. Auch wenn es schmerzlich für sie ist, in den Kirchen oft keine Heimat zu finden, ist es für sie selber – und letztlich auch für die Kirche als Ganze – von großer Bedeutung, daß sie ihre spirituellen Gaben nutzen und gleichsam stellvertretend, beispielhaft für viele andere Menschen, zeigen, daß religiöser Glaube sich nicht durch kirchliche Machtstrukturen und voreingenommene Bibelauslegungen verhindern läßt. Sie können auf diese Weise zu einem wichtigen Element in der Erneuerung unserer Kirchen, zu einer fruchtbaren Herausforderung für alle Christinnen und Christen werden und können durch ihre spezifische Spiritualität einen wichtigen Beitrag dabei leisten, in unseren Kirchen Zeichen des Lebens und der Liebe zu setzen und dadurch den Tendenzen zur Erstarrung in Dogmatismus, Buchstaben-Frömmigkeit und andere Formen der Unmenschlichkeit entgegenzuwirken. Das, was lesbische, schwule und bisexuelle Christinnen und Christen dieser Erstarrung entgegensetzen können, ist ihr eigenes »*Charisma*«, die sie auszeichnende »Begabung zur gleichgeschlechtlichen Liebe«, jener »Gnaden-Gabe Gottes, auf die etwa WEIZER (1995) hinweist und die auch in der Huk-Broschüre (1994) genannt wird: »Homosexuelle ChristInnen wollen ihre Gaben und Begabungen in ihre Gemeinden einbringen und offen zu ihrer Gabe der Homosexualität stehen können. Sie berufen sich dabei auf die Lehre des Paulus, der allen Gaben gleiche Würde und gleichen Wert einräumt. Gerade in ihrer Vielfalt und Unterschiedlichkeit ergänzen sich die Charismen untereinander. Sie sind eins, weil sie aus dem vereinenden Geist Gottes kommen. Die Gaben unterschiedlicher Menschen können in den Kirchen, im Dienst vor Gott, zur Entfaltung kommen – auch die Gaben der Menschen mit unterschiedlicher Ausprägung von Sexualität. Im Sinne des Gleichnisses von den anvertrauten Talenten (Mt 25,14-30 par) wollen homosexuelle ChristInnen ihre › Talente ‹ nicht weiter vergraben, sondern im Dienst Gottes und der Gemeinde mit ihnen wuchern« (HuK, 1994).

MCNEILL nennt als eine weitere Gabe, die lesbische und schwule Christen besitzen, die Fähigkeit, eine neue »Beziehungsethik« zu entwickeln. Die Beziehungsethik stellt eine Erweiterung gegenüber der traditionellerweise in der (katholischen) Kirche vertretenen Fortpflanzungsethik dar. Die von Lesben und Schwulen gelebte und in die Kirche getragene Alternative lautet, daß Beziehungen sich nicht mehr allein darauf gründen und sich nicht nur dadurch legitimieren, daß in der liebenden Vereinigung die Zeugung neuen Lebens angestrebt wird. Eine beide Partner erfüllende, ganzheitliche und verantwortungsbewußte Beziehung ist vielmehr auch, so lehren uns die lesbischen und schwulen Partnerschaften, ohne diese Fortpflanzungsabsicht möglich.

Im Grunde sollte eine solche Überlegung auch traditionellen kirchlichen Kreisen nicht fremd sein, wird doch im moraltheologischen Diskurs immer wieder auf die Bedeutung der »personalen« Liebe verwiesen, auf die Integration der Sexualität in eine die Partnerin oder den Partner als Individuum ernstnehmende, verantwortungsbewußte, von Wahrhaftigkeit bestimmte Form der Beziehung. Ich stimme in dieser Hinsicht Autoren wie BÖCKLE (1977, 1981), HEINRICH BECK (1982) und GRÜNDEL (1992) ohne Einschränkung zu, wenn sie eine »ganzheitlich integrierte Sexualität« (BÖCKLE, 1981, S. 149) und eine Einbettung des leiblichen Vollzugs in eine personale Bindung (BÖCKLE, 1977, S. 136) fordern, oder, wie BECK, davon ausgehen, daß der Mensch als Geist-Seele-Leib-Einheit direkt und primär auf den Mitmenschen bezogen ist und die Sexualität deshalb »Ausdruck der wesenhaften Hinordnung auf das Du« ist (1982, S. 287).

Dies sind anerkannte Positionen der katholischen Kirche, Auffassungen, die sich ohne weiteres auch auf den protestantischen Bereich übertragen lassen. Es ist die Einsicht, daß eine »geglückte Sexualität, ... unter den Primat und Anspruch der Liebe« gestellt, »jede Sexualität (ist), die wahrhaft befreit, die die Person des Partners und die eigene in ihrer Gesamtheit achtet und wertschätzt, die Vertrauen schenkt und empfängt, die gegenseitige Lust und Befriedigung sucht, die – mit einem Wort – ein Ausdruck von personaler Liebe ist« (SCHMID, 1989, S. 76). Die neue – wenn auch im Grunde selbstverständliche – Botschaft, die Lesben, Schwule und Bisexuelle vermitteln, ist die, daß das Kriterium der personalen Beziehung nichts mit der sexuellen Orientierung zu tun hat. Die Befreiung der Beziehung von der Verpflichtung zur Zeugung neuen Lebens stellt insofern eine Bereicherung dar, als dadurch die *Beziehung an sich* in ihrer geistig-seelisch-leiblichen Ganzheit *aufgewertet* wird. Sie ist frei von jedem Funktionalismus und von jeglicher Finalität, und man könnte deshalb so weit gehen zu sagen, lesbische und schwule Beziehungen dieser Art seien ein positives Beispiel für alle Christen, gleich welcher sexuellen Orientierung, seien Ausdruck der »reinen Liebe«.

Bei einer solchen Sicht ist es allerdings befremdlich, daß in kirchlichen Verlautbarungen (von katholischer ebenso wie von protestantischer Seite) die Frage der Segnung lesbischer und schwuler Paare mit spürbarer Zwiespältigkeit, ja Ablehnung behandelt wird, und immer, wenn solche Segnungen vorgenommen wurden, heftige Kontroversen entbrannten (vgl. Kittelberger et al., 1993; Wagner, 1993; von theologischer Seite ist eine ausführliche Diskussion von Segenshandlungen in Paarbeziehungen, auch solchen in gleichgeschlechtlichen Lebensgemeinschaften, von Barben, 1995, geführt worden, von der zu hoffen ist, daß sie die Diskussion in kirchlichen Kreisen in fruchtbarer Weise beeinflußt). Selbst in einer vergleichsweise toleranten Stellungnahme wie dem »Arbeitspapier für rheinische Gemeinden und Kirchenkreise« (Evangelische Kirche im Rheinland, Landessynode 1992) wird die Segnung homosexueller Paare als nach wie vor »offene Frage« bezeichnet, zu der »die Ausschüsse ... noch keine abschließende Antwort ... geben« konnten (S. 16). Insbesondere herrscht in beiden Konfessionen die Angst, die Segnung könne unter Umständen nicht mehr von einer Trauung unterscheidbar sein. Es mutet wie Hohn an, daß gerade von kirchlichen Kreisen immer wieder auf die angebliche »Bindungslosigkeit« von Lesben und Schwulen und ihr »promiskes« Verhalten hingewiesen wird, ihnen aber von eben derselben Kirche das verweigert wird, was ihre Beziehung stärken und ihr auch in spritueller Hinsicht Verbindlichkeit geben könnte.

Derartige Segnungen wären nicht einmal etwas, was es in dieser Form noch niemals im Rahmen der christliche Kirche gegeben hätte, es wäre somit keine an den Grundfesten der Kirche rüttelnde »Revolution«, sondern man könnte an ein altes Ritual aus der Griechisch-Orthodoxen Kirche anknüpfen: Adolf Brand, der frühere Herausgeber des »Eigenen«, einer deutschen Zeitschrift für »Homoeroten«, berichtete in den 20er Jahren von einem Ritus der Griechisch-Orthodoxen Kirche: »Die Griechische Kirche hat sich durch ihre Einstellung zu den Dingen, die weder dem Leib noch der Seele ihr Recht verwehrt, die Freiheit des Geistes und den gesunden Menschenverstand bewahrt. Das zeigt sich auch heute noch in der christlichen Freundschaftsweihe. Leben zwei Freunde zusammen und haben sie den ernsthaften Wunsch, für immer zusammen zu bleiben, so treten sie während einer Abendmahlshandlung vor den Altar. Ihre nebeneinanderliegenden Handgelenke sind mit einem weißen Seidenband verknotet. Der Priester und die Altardiener wissen, daß diese beiden Freunde, seien es nun Gleichaltrige oder Mann und Jüngling, einen Bund fürs Leben schließen wollen. Der Altardiener ritzt die beiden Handgelenke und ein paar Tropfen Blut rinnen von jedem in den geweihten Kelch, der noch nicht konsekrierten (geweihten) Wein enthält. Die beiden Freunde trinken Wein und Blut des Freundes, empfangen die Hostie und sind damit unlöslich verbunden für ihr ganzes Leben, gleichgültig, ob der eine sich später verheiratet. Sie sind nicht nur für ihr gemeinsames Leben verpflichtet. Stirbt nämlich später einer der beiden Freunde, die durch den Segen des Priesters verbunden worden sind, so fällt dem Überlebenden auf Grund des Gelübdes die Pflicht zu, für die Familie des Toten zu sorgen, seine Frau und seine Kinder zu betreuen. Aber auch während sie beide noch Schulter an Schulter im Kampf ums Dasein stehen, muß einer dem andern helfen und beistehen in allen Lebenslagen. – Die Freundschaftsweihe der Griechischen Kirche ist offenbar eine altehrwürdige Sitte, die noch aus Urväterzeiten stammt. Eine Tradition, die vielleicht aus den immer noch lebendigen Erinnerungen an die große Freundschaft zwischen Christus und Johannes stammt, vielleicht sogar ein letzter, herrlicher Nachklang aus des Eros schöner Blütezeit im alten Griechenland« (ROLF K. MEIER, 1960; s. auch den Hinweis von R. BRAIN, 1978, S. 7, auf das Ritual der Segnung eines Freundespaares: »Sie gelobten sich ewige Freundschaft und tauschten sogar ihr Blut im geheiligten Bezirk einer Kirche und unter Mitwirkung eines Priesters«).

Eine weitere Bereicherung, welche Lesben, Schwule und Bisexuelle durch ihre spezifische Spiritualität für die Kirche darstellen, liegt in der *Herausforderung, »sich allen zu öffnen, insbesondere denen, die sexuell anders sind«* (MCNEILL, S. 188). Ich möchte diese Aussage MCNEILLS erweitern und sehe die Chance, die sie der Kirche bieten, darin, daß sie lebendige Zeichen dafür sind, daß *alle Menschen,* auch die, die sich nicht in die engen Kategorien angeblicher »Normalität« hineinpressen lassen, *eine Heimat in der Kirche haben.* »Heimat« meine ich hier nicht im Sinne eines notgedrungenen Existieren-Lassens, einer gnädig-herablassenden Aufnahme von »Hilfsbedürftigen«, »Armen«, »Sündern« oder wie immer die vom Hauptstrom Abweichenden in kirchlichen Diskussionen oft genannt werden. Ich verstehe »Heimat« als Ort, an dem man als mündiger Mensch mit all den Rechten und Pflichten lebt, die andere Bewohner auch haben. Das bedeutet, auf Lesben, Schwule und Bisexuelle bezogen, daß die Mitglieder der Kirchen lernen, in den verschiedenen sexuellen Orientierungen die Vielfalt und den Reichtum der göttlichen Schöpfung dankbar zu erkennen und als einander gleichwertige Formen des menschlichen Lebens zu akzeptieren.

Finden einer Gemeinsamkeit, welche den anderen Menschen in seinem Anderssein wahrnimmt und akzeptiert

Das Heimatrecht aller Menschen, gleich welcher Hautfarbe, Rasse und Nationalität, unabhängig vom Geschlecht, von der sexuellen Orientierung oder anderen Merkmalen, heißt nicht, daß alle Unterschiede, die ja tatsächlich zwischen uns Menschen bestehen, verwischt werden sollen. Es geht nicht darum, das Denken in voneinander scharf getrennten Kategorien auszutauschen gegen eine Einstellung, die alle Unterschiede einebnet und die Vielfalt menschlicher Existenzformen auf einen »Einheitsmenschen« reduziert. Dies wäre nicht weniger unmenschlich als die Ausgrenzung all derer, die sich nicht in den Strom der Majorität einfügen lassen.

Der Theologe HENNING LUTHER hat in seinen Arbeiten »Wahrnehmen und Ausgrenzen oder die doppelte Verdrängung« (1988) und »Leben als Fragment« (1991) deutlich gemacht, daß wir in der Seelsorge (aber auch in vielen anderen Bereichen unseres Lebens, in und außerhalb der Kirchen) häufig von einem Defizitmodell ausgehen, das »vom Zentrum auf den Rand hin (denkt), vom System her auf das, was aus ihm herausfällt« (1988, S. 263). Die Andersartigkeit des anderen Menschen wird bei einer solchen Sicht immer nur »negativ als aufzuhebende, nicht aber als in ihrer Eigenart positiv ernstzunehmende wahrgenommen« (S. 262). So sehr wir uns auch bemühen mögen, eine solche Sicht kann immer nur zur Ausgrenzung des anderen Menschen führen. Deshalb fordert HENNING LUTHER uns auf, einen *Perspektivenwechsel, eine von der Liebe bestimmte Umkehr der Blickrichtung* vorzunehmen, indem wir uns bemühen, *vom anderen Menschen her zu denken.* Theologisch leitet der Autor sein Liebesverständnis von der Menschwerdung Gottes ab, welche die »Liebe als Selbstentäußerung (offenbart) ... Gott bleibt nicht bei sich, sondern versetzt sich in den anderen hinein. Gott ist Gott nicht im Modus der Selbstdurchsetzung gegenüber dem anderen (Mensch), sondern in der radikalen Selbstaufgabe, im Sich-Aufgeben, im Sich-Hingeben. Die Erlösung besteht nicht darin, daß sich ein Starker herabbeugt und dem Schwachen heraufhilft, sondern daß der Starke sich entäußert, sich an den anderen verliert, sich verausgabt. Das Prinzip der Selbstdurchsetzung, das Prinzip der Macht wird also abgelöst vom Prinzip der Liebe« (1988, S. 264).

Diesen Perspektivenwechsel, das Vom-anderen-her-Denken, sieht HENNING LUTHER in einer besonderen Radikalität im Werk des jüdischen Religionsphilosophen EMMANUEL LÉVINAS verwirklicht. Die Berührung mit dem anderen und die daraus entspringende Verantwortung stellen für LÉVINAS das grundlegende Geschehen dar: »Die Erfahrung, die Idee des Unendlichen, bewährt sich im Rahmen der Beziehung zum Anderen. Die Idee des Unendlichen ist die soziale Beziehung« (1983, S. 200). Daraus folgt für LÉVINAS: »Die Infragestellung meiner selbst durch den Anderen ... macht mich dem Anderen in unvergleichlicher und einziger Weise solidarisch« (S. 224).

Eine wesentliche Voraussetzung für den Perspektivenwechsel, der den anderen Menschen in seiner Andersartigkeit wahrnimmt und akzeptiert, ohne ihn auszugrenzen, und für die aus dieser Haltung resultierende Solidarität mit dem anderen Menschen ist für HENNING LUTHER der Verzicht auf den »Mythos von der Ganzheit«, der unser aller Denken mehr oder weniger beherrscht. Demgegenüber kommt es darauf an, unser *Leben als Fragment* zu verstehen, was zu einer »Befreiung ... von falschen

Idealen« (1991, S. 263) und von »Gleichgültigkeit und Selbstabschließung gegenüber den Anderen« (S. 268) führt.

Mir scheinen die Ausführungen HENNING LUTHERS in ganz besonderer Weise dafür geeignet zu sein, eine Antwort auf die Frage zu finden, wie es gelingen kann, in der Kirche Gemeinsamkeit und Gemeinschaft zu erlangen: Es kommt darauf an, daß ein Mensch den anderen, gleich welcher sexuellen Orientierung, in seinem Anderssein wahrnimmt, indem er von ihr oder ihm her denkt, und sich im Angesicht der eigenen Fragmentarität mit dem anderen solidarisch fühlt. Wenn es gelingt, im Raum der Kirche einen Perspektivenwechsel vorzunehmen und die dafür zentrale Liebe im Sinne der Selbstentäußerung, wie HENNING LUTHER sie beschreibt, in den Beziehungen zwischen lesbischen, schwulen, bisexuellen und heterosexuellen Christinnen und Christen zum Leben zu erwecken, so kann dies das Ende von Ausgrenzung und Diskriminierung und das Erleben echter Solidarität bedeuten. Dann wird es auch möglich sein, daß Lesben, Schwule und Bisexuelle sich selbst und andere sie »als Menschen mit göttlicher Würde und Verantwortung sehen und ... (das) Schwul- und Lesbischsein eher als Segen denn als Fluch erkennen«, als eine Existenzform, der kein Makel anhaftet, sondern die es »zu feiern und zu bejahen« gilt (MCNEILL, S. 192). Je weiter wir uns diesem – zugegebenermaßen: noch in weiter Ferne liegenden – Ziel nähern, desto mehr Menschen homo-, hetero- und bisexueller Orientierung werden in der Kirche ihre Heimat finden.

Literatur

ADAMS, J. E.: Befreiende Seelsorge. Brunnen-Verlag, Gießen 1988

ADORNO, TH. W., FRENKEL-BRUNSWIK, E., LEVINSON, D. J., SANFORD, R. N.: The Authoritarian Personality. Harper and Row, New York 1950 (Dtsch: Der autoritäre Charakter. De Munter, Amsterdam 1968)

AGUERO, J. E., BLOCH, L., BYRNE, D.: The relationships among sexual beliefs, attitudes, experience, and homophobia. Special Issue: Homophobia: An overview. J. Homosex. 10, 95-107, 1984

ARLOW, J. A.: III. Perversion: Theoretical and therapeutic aspects. J. Amer. Psychoanal. Ass. 2, 336-345, 1954

AUSTIN, C. R.: Bisexuality and the problems of its social acceptance. J. Med. Ethics 4, 132-137, 1978

BAILEY, J. M., PILLARD, R. C.: A genetic study of male sexual orientation. Arch. Gen. Psychiat. 48, 1089-1096, 1991

BAILEY, J. M., PILLARD, R. C., NEALE, M. C., AGYEI, Y.: Heritable factors influence sexual orientation in women. Arch. Gen. Psychiat. 50, 217-223, 1993

BARTH, K.: Kirchliche Dogmatik. Bd. III, 4. Theol. Verlag, Zürich 1957

BAUM, G.: Towards a gay christian ethic. Insight 3, 8-9, 1979

BECK, H.: Ethik der Ehe und der nicht-ehelichen Sexualität. In: H. BECK, A. RIEBER (Hg.): Anthropologie und Ethik der Sexualität. 267-302. A. Pustet, München 1982

BECKER, SOPHINETTE: Vier Thesen zur Psychotherapie, Beratung und Begleitung von HIV-Positiven. In: U. GOOSS, H. GSCHWIND (Hg.): Homosexualität und Gesundheit. 131-132. Verlag rosa Winkel, Berlin 1989

BECKER, S., CLEMENT, U.: HIV-Infektion und AIDS. In: TH. V. UEXKULL (Hg.): Psychosomatische Medizin. 889-902. 4. Aufl., Urban und Schwarzenberg, München 1990

BELL, A. P., WEINBERG, M. S.: Homosexualities: A Study of Diversity Among Men and Women. Simon and Schuster, New York 1978

BELL, A. P., WEINBERG, M. S., HAMMERSMITH, S. K.: Sexual Preference: Its Development in Men and Women. Indiana Univ. Press, Bloomington 1981

BENNETT, K. C., THOMPSON, N. C.: Social and psychological functioning of aging male homosexuals. Brit. J. Psychiat. 137, 361-370, 1980

BERGLER, E.: Homosexuality: Disease or Way of Life? Hill and Wang, New York 1956

BERRILL, K.: Die Auseinandersetzung mit der Gewalt gegen Lesben und Schwule in den USA. In: Referat für gleichgeschlechtliche Lebensweisen (Hg.): Gewalt gegen Schwule – Gewalt gegen Lesben. Dokumente lesbisch-schwuler Emanzipation. Nr. 6, 11-29, Berlin, o.J.

BIEBER, I., DAINE, H., DINCE, P., DREHLICH, M., GRAND, H., GUNDLACH, R., KRAMER, M., RIFKIN, A., WILBUR, C., BIEBER, T.: Homosexuality: A Psychoanalytic Study of Male Homosexuals. Basic Books, New York 1962

BIEMANN, G., KRISCHKA, J.: Nazis, Skins und alte Kameraden. Weltkreis, Dortmund 1986

BLAIR, R.: Counseling and homosexuality. The Homosex. Counsel J. 2, 94-106, 1975

BLEIBTREU-EHRENBERG, G.: Angst und Vorurteil – AIDS-Ängste als Gegenstand der Vorurteilsforschung. Rowohlt, Reinbek 1989

BLUMSTEIN, P. W., SCHWARTZ, P.: Lesbianism and Bisexuality. In: E. GOODE, R. TROIDEN (Hg.): Sexual Deviance and Sexual Deviants. William Morrow, New York 1974

BLUMSTEIN, P. W., SCHWARTZ, P.: Bisexuality in men. Urban Life 5, 339-358, 1976

BLUMSTEIN, P. W., SCHWARTZ, P.: Bisexuality: Some social psychological issues. J. Soc. Iss. 33, 30-45, 1977

BOCHOW, M.: AIDS: Wie leben schwule Männer heute? Bericht über die Befragung im Auftrag der Deutschen AIDS-Hilfe. AIDS-Forum D.A.H., Bd. 2, Berlin 1988

BODE, J.: View from another Closet: Exploring Bisexuality in Women. Hawthorn Books, New York 1976

BÖCKLE, F.: Möglichkeiten einer dynamischen Sexualmoral. In: F. BÖCKLE (Hg.): Menschliche Sexualität und kirchliche Sexualmoral. Ein Dauerkonflikt? 123-138, Patmos, Düsseldorf 1977

BÖCKLE, F.: Geschlechterbeziehung und Liebesfähigkeit. In: M. BOSS, G. CONDRAU, F. BÖCKLE (Hg.): Christlicher Glaube in moderner Gesellschaft. 109-153 Enzyklop. Biblioth., Teilband 6, Herder, Freiburg/Br. 1981

BOSSE, E.: »Wehret den Anfängen«. Ängste und Aggressionen – Vorurteile und Feindbilder von Schülern. Ein Situationsbericht. In: S. BÄUERLE (Hg.): Kriminalität bei Schülern. Band 1 Ursachen und Umfeld von Schülerkriminalität. 181-196. Verlag f. Angew. Psychologie, Stuttgart 1989

BOZETT, F. W.: Gay fathers: Identity conflict resolution through integrative sanctioning. Alternative Lifestyles 4, 90-107, 1981

Brain, R.: Freunde und Liebende. Zwischenmenschliche Beziehungen im Kulturvergleich. Goverts im S. Fischer Verlag, Frankfurt/M. 1978

Brauckmann, J.: Weiblichkeit, Männlichkeit und Antihomosexualität. Zur Situation der lesbischen Frau. Sozialwissensch. Studie zur Homosexualität. rosa Winkel, Berlin 1981

Brauckmann, J.: Die vergessene Wirklichkeit. Eigenverlag, Münster 1984

Briefwechsel 1921/22: Briefwechsel der Kommiteemitglieder der Internationalen Psychoanalytischen Vereinigung. Columbia Univ. Libraries. Special Coll. Rank Rundbriefe

Briegel, M., Frühwald, W. (Hg.): Die Erfahrung der Fremde. Acta humaniora VCH Verlagsgesellschaft, Weinheim 1988

Brinton-Perera, S.: The Scapegoat Complex: Toward a Mythology of Shadow and Guilt. Inner City Books, Toronto 1986

Bruns, M.: Selbstbewußt schwul in der Kirche? In: U. Rauchfleisch (Hg.): Homosexuelle Männer in Kirche und Gesellschaft. 109-132, Patmos, Düsseldorf 1993

Buber, M.: Ich und Du. 1936. Wissenschaftl. Buchgesellschaft, Darmstadt 1983

Bundesarbeitsgemeinschaft Schwule im Gesundheitswesen (BASG): Kritische Glosse: Psychoanalyse in Schwulitäten. Psyche 39, 553-560, 1985

Byne, W., Parsons, B.: Human sexual orientation. Arch. Gen. Psychiat. 50, 228-239, 1993

Cass, V. C.: Homosexual identity formation: A theoretical model. J. Homosex. 4, 219-235, 1979

Chaussy, U.: Speerspitze der neuen Bewegung. In: W. Benz (Hg): Rechtsextremismus in der Bundesrepublik. 108-129, Fischer, Frankfurt/M. 1989

Chodorow, N.: Das Erbe der Mütter. Psychoanalyse und Soziologie der Geschlechter. Verlag Frauenoffensive, München 1985

Clement, U.: HIV-positiv. Psychische Verarbeitung, subjektive Infektionstheorien und psychosexuelle Konflikte HIV-Infizierter. Enke, Stuttgart 1992

Coleman, E.: Developmental stages of the coming out process. J. Homosex. 7, 31-43, 1982

Colgan, Ph.: Treatment of identity and intimacy issues in gay males. J. Homosex. 14, 101-123, 1987

Comiskey, A.: Unterwegs zur Ganzheitlichkeit. Projektion J. Verlag, Wiesbaden 1993

Cornett, C. W., Hudson, R. A.: Psychoanalytic theory and affirmation of the gay lifestyle: Are they necessarily antithetical? J. Homosex. 12, 97-108, 1985

CREMERIUS, J.: Die Auswirkungen der Verflüchtigung des Sexuellen in der Psychoanalyse auf die Beurteilung von Homosexualität. In: Institut f. Psychotherapie und Psychoanalyse Heidelberg – Mannheim (Hg.): Psychoanalyse im Widerspruch 2. Jahrg., 7-20, 1992

DAHMER, H.: Psychoanalyse als Gesellschaftstheorie. Psyche 29, 991-1010, 1975

DANK, B.: Coming out in the gay world. Psychiat. 34, 180-197, 1971

DANNECKER, M.: Homosexuelle Männer und AIDS. Eine sexualwissenschaftliche Studie zu Sexualverhalten und Lebensstil. Schriftenreihe d. Bundesministers f. Jugend, Familie, Frauen und Gesundheit, Bd. 252, Stuttgart 1990

DANNECKER, M.: Der homosexuelle Mann im Zeichen von Aids. Klein Verlag, Hamburg 1991

D'AUGELLI, A. R.: Homophobia in an university community. Views of prospective resident assistants. J. College Stud. Developm. 30, 546-552, 1989

D'AUGELLI, A. R., ROSE, M. L.: Homophobia in an university community. Attitudes and experiences of heterosexual freshmen. J. College Stud. Developm. 31, 484-491, 1990

DE CRESCENZO, T. A.: Homophobia. A study of the attitudes of mental health professionals toward homosexuality. J. Soc. Work Human Sex. 2, 115-136, 1983/84

DEUTSCH, H.: Über weibliche Homosexualität. Intern. Z. Psychoanal. 18, 219-241, 1932

DONATE, C.: Schwul sein – die alltägliche Diskriminierung. In: U. RAUCHFLEISCH (Hg.): Homosexuelle Männer in Kirche und Gesellschaft, 14-39. Patmos, Düsseldorf 1993

DUNDE, S. R. (Hg.): Wenn ich nicht lieben darf, dürfen's andere auch nicht. Vom Umgang der Männer mit sich und anderen. Rowohlt, Reinbek 1987

DUNDE, S. R.: Was verändert die Krankheit Aids? In: S. R. DUNDE (Hg.): Wenn ich nicht lieben darf, dürfen's andere auch nicht. 211-219, Rowohlt, Reinbek 1987

DYER, A. R.: The concept of character: Moral and therapeutic considerations. Brit J. Med. Psychol. 59, 35-41, 1986

ECKERT, R., KAASE, M., NEIDHARDT, F., WILLEMS, H.: Ursachen, Prävention und Kontrolle von Gewalt aus soziologischer Sicht. Gutachten der Unterkommission III. In: H.-D. SCHWIND et al. (Hg.): Ursachen, Prävention und Kontrolle von Gewalt. Bd. II Erstgutachten der Unterkommissionen. 293-414, Duncker und Humblot, Berlin 1990

Eco, U.: Die erzählerischen Strukturen in Flemings Werk. In: O. Del Buono, U. Eco (Hg.): Der Fall James Bond. 007 – ein Phänomen unserer Zeit. 68-119. Dtsch. Taschenbuch Verlag, München 1966

Ehrenzweig, A.: Ordnung im Chaos. Das Unbewußte in der Kunst. 1967. Kindler, München 1974

Ekstrand, M. L., Coates, Th. J.: Maintenance of safer sexual behavior and predictors of risky sex: The San Francisco Men's Health Study. Amer. J. Publ. Health 80, 973-977, 1990

Erdheim, M.: Die gesellschaftliche Produktion von Unbewußtheit. Suhrkamp, Frankfurt/M. 1982

Erikson, E. H.: Identität und Lebenszyklus. Suhrkamp, Frankfurt/ M. 1966

Ernulf, K. E., Innala, S. M., Whitam, F. L.: Biological explanation, psychological explanation, and tolerance of homosexuals. A cross-national analysis of beliefs and attitudes. Psychol. Rep. 65, 1003-1010, 1989

Fairchild, B.: Parents of Gays. Washington 1979 (zit. nach W. Müller, 1988)

Fast, I.: Gender Identity. A Differentiation Model. The Analytic Press, Hillsdale N.Y. 1984 (Dtsch.: Von der Einheit zur Differenz. Psychoanalyse der Geschlechtsidentität. Springer, Berlin 1991)

Field, D.: Homosexualität – Was sagt die Bibel wirklich? Edit. Torbisch, Pratteln 1982

Franke, G. H.: Die psychosoziale Situation von HIV-Positiven. 5. Aufl. Sigma, Berlin 1990

Freud, S.: Drei Abhandlungen zur Sexualtheorie. G.W. V, 1905

Freud, S.: Totem und Tabu. G.W. IX, 1913

Freud, S.: Triebe und Triebschicksale. G.W. X, 1915

Freud, S.: Wege der psychoanalytischen Therapie. G.W. XII, 1919

Freud, S.: Über die Psychogenese eines Falles von weiblicher Homosexualität. G.W. XIII, 1920

Freud, S.: Massenpsychologie und Ich-Analyse. G.W. XIII, 1921

Freud, S.: Das Unbehagen in der Kultur, G.W. XIV, 1930

Freud, S.: Letter to an Amercian Mother. 9. April 1935. Amer. J. Psychiat. 107, 786-787, 1951

Friedman, R. C.: Male Homosexuality. A Contemporary Psychoanalytic Perspective. Yale Univ. Press, New Haven 1988 (Dtsch: Männliche Homosexualität. Springer, Berlin 1993)

Gareis, B.: Umgang mit Randgruppen. In: J. Blattner, B. Gareis, A. Plewa (Hg.): Handbuch der Psychologie für die Seelsorge, Band 2 Angewandte Psychologie, 427-450, Patmos, Düsseldorf 1993

Gissrau, B.: Wurzelsuche. Psychoanalytische Überlegungen zur lesbischen und heterosexuellen Identitätsbildung. Beiträge z. feminist. Theorie und Praxis, Bd. 25/26, Lesben 12, 133-146, 1989

GISSRAU, B.: Weibliche Homosexualität – Thesen zur Entwicklung. In: U. STREECK (Hg.): Das Fremde in der Psychoanalyse. 309-323, J. Pfeiffer Verlag, München 1993a

GISSRAU, B.: Die Sehnsucht der Frau nach der Frau. Kreuz-Verlag, Zürich 1993b

GLEITZ, W.: Liebe im Niemandsland – Schwule Väter zwischen den Grenzen. In: S. R. DUNDE (Hg.): Wenn ich nicht lieben darf, dürfen's andere auch nicht. 242-266, Rowohlt, Reinbek 1987

GOOSS, U., GSCHWIND, H. (Hg.): Homosexualität und Gesundheit. Verlag rosa Winkel, Berlin 1989

GRÜNDEL, J.: Haben Homosexuelle Heimat in der Kirche? In: U. RAUCHFLEISCH (Hg.): Homosexuelle Männer in Kirche und Gesellschaft. 40-64, Patmos, Düsseldorf 1993

GUTTIERES-GREEN, L.: Evolution of the transference in a case of homosexuality declined. Int. J. Psycho-Anal. 72, 445-461, 1991

HAMMARSKJÖLD, D.: Zeichen am Weg. Droemer/Knaur, München/Zürich 1965

HANLEY-HACKENBRUCK, P.: »Coming out« and psychotherapy. Psychiat. Annal. 18, 29-32, 1988

HANSEN, G. L.: Androgyny, sex-role orientation, and homosexism. J. Psychol. 112, 39-45, 1982

HART, J., RICHARDSON, D.: The Theory and Practice of Homosexuality. London 1981

HEGNAUER, C., BREITSCHMID, P.: Grundriß des Eherechts. 3. Aufl. Stämpfli & Cie., Bern 1993

HENCKEN, J. D., O'DOWD, W. T.: Coming out as an aspect of identity formation. Gai Saber 1, 18-22, 1977

HILLMAN, J.: Senex and Puer. Puer Papers. Spring Publ., Dallas 1979

HEREK, G. M.: On heterosexual masculinity. Some psychical consequences of the social construction of gender and sexuality. Amer. Behav. Scient. 29, 563-577, 1986

HOCHSTEIN, L. M.: Pastoral counselors. Their attitudes toward gay and lesbian clients. J. Pastoral Care 40, 158-165, 1986

HOOKER, E.: Male Homosexuals and Their Worlds. In: J. MARMOR (Hg.): Sexual Inversion: The Multiple Roots of Homosexuality. Basic Books, New York 1965

HOOKER, E.: The adjustment of the male overt homosexual. J. Psychol. 31, 18-30, 1967

HOPCKE, R. H.: Jung, Jungians, and Homosexuality. Shambhala, Boston 1991 (Deutsch: Jung, Jungianer und Homosexualität. Walter, Olten 1993)

HORNUNG, R.: Diskriminierungstendenzen gegenüber Menschen mit Aids. Uni Zürich Nr. 3, 6-8, 1993

HUMPHREY, L.: Tearoom Trade. Impersonal Sex in Public Places. In: P. GOLDEN (Hg.): The Research Experience, 85-114. Itasca 1978

ISAY, R. A.: Schwul sein. Die Entwicklung des Homosexuellen. Piper, München 1990

ISAY, R. A.: The homosexual analyst. Clinical Considerations. Psychoanal. Stud. Child 46, 199-216, 1991

JONES, C. R.: Understanding Gay Relatives and Friends. New York 1978

JUNG, C. G.: Die Frau in Europa. G.W. Band 10, 135-156. 3. Aufl. Walter, Olten 1986

JUNG, C. G.: Analytische Psychologie und Erziehung. G.W. Band 17, 77-153. 6. Aufl. Walter, Olten 1988a

JUNG, C. G.: Die Bedeutung des Unbewußten für die individuelle Erziehung. G.W. Band 17, 169-187. 6. Aufl. Walter, Olten 1988b

JUNG, C. G.: Über die Psychologie des Unbewußten. G.W. Band 7, 11-125. 4. Aufl. Walter, Olten 1989

KANUHA, V.: Compounding the triple jeopardy. Battering in lesbian of color relationships. Special Issue: Diversity and complexity in feminist therapy: I. Women and Therapy 9, 169-184, 1990

KERNBERG, O. F.: Ein konzeptuelles Modell zur männlichen Perversion. Forum Psychoanal. 1, 167-188, 1985

KINSEY, A. C., POMEROY, W. B., MARTIN, C. E.: Sexual Behavior in the Human Male. W.B. Saunders Corp., Philadelphia 1948 (Dtsch.: Das sexuelle Verhalten des Mannes. Fischer, Berlin/Frankfurt/M. 1964)

KINSEY, A. C., POMEROY, W. B., MARTIN, C. E., GEBHARD, P. H.: Sexual Behavior in the Human Female. W.B. Saunders Corp., Philadelphia 1953 (Dtsch.: Das sexuelle Verhalten der Frau. Fischer, Berlin/Frankfurt/M. 1963)

KITTELBERGER, B., SCHÜRGER, W. (Hg.): Was auf dem Spiel steht. Diskussionsbeiträge zu Homosexualität und Kirche. Claudius Verlag, München 1993

KLEIN, F.: The Bisexual Option. Berkley Books, New York 1978

KLEIN, F., SEPEKOFF, B., WOLF, T. J.: Sexual orientation: A multi-variable dynamic process. J. Homosex. 11, 35-49, 1985

KLIGERMAN, CH.: Panel on »creativity«. Panel discussion at the 27th International Psycho-Analytic Congress, Vienne 29 July 1971. Intern. J. Psycho-Anal. 53, 21-30, 1972

KOLB, L., JOHNSON, A.: Etiology and therapy of overt homosexuality. Psychoanal. Quart. 24, 506-516, 1955

KOTIN, J.: The patient ideal. J. Amer. Acad. Psychoanal. 14, 57-68, 1986

Kris, E.: Psychoanalytic Explorations in Art. Intern. Univ. Press, New York 1952

Künzler, E.: Der homosexuelle Mann in der Psychoanalyse. Forum Psychoanal. 8, 202-216, 1992a

Künzler, E.: Kann ein Homosexueller Psychoanalytiker werden/ sein? In: Institut f. Psychotherapie und Psychoanalyse Heidelberg-Mannheim (Hg.): Psychoanalyse im Widerspruch, 3. Jahrg., 21-38, 1992b

Kohut, H.: The Restoration of the Self, 1977 (Dtsch: Die Heilung des Selbst. Suhrkamp, Frankfurt/M. 1979)

Lathan, J. D., White, G. D.: Coping with homosexual expression within heterosexual marriages: Five case studies. J. Sex Marital Ther. 4, 198-212, 1978

Laubscher, E.: Die Problematik der Verantwortung in Sigmund Freuds Psychoanalyse. Theol. Diss., Basel 1984

Lee, J. A.: Going public. A study in the sociology of homosexual liberation. J. Homosex. 3, 49-78, 1977

Lehr, U.: Psychologie des Alterns. 6. Aufl. Quelle & Meyer, Heidelberg. UTB 55, 1987

Lévinas, E.: Die Spur des Anderen. K. Alber, Freiburg/München 1983

Lewes, K.: The Psychoanalytic Theory of Male Homosexuality. Penguin Books, New York American Library, New York 1988

Linnhoff, U.: Weibliche Homosexualität zwischen Anpassung und Emanzipation. Kiepenheuer und Witsch, Köln 1976

Longchamp, A.: Die katholische Kirche und die Folter – Widerstände und Versäumnisse. In: U. Rauchfleisch (Hg.): Folter. Gewalt gegen Menschen. 119-132. Paulusverlag, Freiburg Schweiz 1990

Lourea, D. N.: Psycho-social issues related to counseling bisexuals. J. Homosex. 11, 51-62, 1985

Luther, H.: Wahrnehmen und Ausgrenzen oder die doppelte Verdrängung. – Zur Tradition des seelsorgerlich-diakonischen Blicks. Theol. pract. 23, 250-266, 1988

Luther, H.: Leben als Fragment. Wege zum Menschen 43, 262-273, 1991

MacDonald, A. P.: Homophobia. Its roots and meanings. Homosex. Counsel. J. 3, 23-33, 1976

Mahler, M. S.: Symbiose und Individuation. Bd. 1 Psychosen im frühen Kindesalter. Klett, Stuttgart 1972

Malloy, E.: Homosexuality and the Christian Way of Life. Washington 1981

Malyon, A. K.: The homosexual adolescent: Developmental issues and social bias. Child Welfare 60, 321-330, 1981

261

MARMOR, J.: Homosexual Behavior. Basic Books, New York 1980

MARTIN, D., LYON, P.: The Older Lesbian. In: B. BERZON, R. LEIGHTON (Hg.): Positively Gay. 134-145. Millbrae 1979

MASTERS, W., JOHNSON, V.: Homosexuality in Perspective. Little and Brown, Boston 1979 (Dtsch.: Homosexualität. München 1981)

McDONALD, G. J.: Individual differences in the coming out process for gay men: Implications for theoretical models. J. Homosex. 8, 47-60, 1982

McDOUGALL, J.: Über weibliche Homosexualität. 1964. In: J. CHASSE-GUET-SMIRGEL (Hg.): Psychoanalyse der weiblichen Sexualität. 233-292. Suhrkamp, Frankfurt/M. 1974

McNEILL, J. J.: The Church and the Homosexual. Boston 1988

McNEILL, J. J.: »Sie küßten sich und weinten ...«. Homosexuelle Frauen und Männer gehen ihren spirituellen Weg. Kösel, München 1993

MEIER, ROLF K.: Geweihtes Leben. Der Kreis 4, 8, 1960

MEILOF-OONK, S., T'HART, S., VAN RAVESTEIJN, T. L. W., SMOLENAARS, A. J.: Homosexualiteit: Een onderzoek naar beeldvorming en attitude bij de meerderjarige Nederlandse bevolking. Stichting tot Bevordering Sociaal Onderzoek Minderheden, Amsterdam 1969

MENDOLA, M.: A New Look at Gay Couples. New York 1980

MERTENS, W.: Entwicklung der Psychosexualität und der Geschlechtsidentität. Bd. 1 Geburt bis 4. Lebensjahr. Kohlhammer, Stuttgart 1992

MINTON, H. L., McDONALD, G. J.: Homosexual identity formation as a developmental process. J. Homosex. 8, 91-104, 1984

MITSCHERLICH-NIELSEN, M.: Antisemitismus – eine Männerkrankheit? Psyche 37, 41-54, 1983

MONEY, J. (Hg.): Sex Research: New Developments. Rinehart & Winston, New York 1965

MONEY, J., ERHARDT, A. A.: Man and Woman – Boy and Girl. John Hopkins Univ. Press, Baltimore 1972 (Dtsch.: Männlich, weiblich. Die Entstehung der Geschlechtsunterschiede. Rowohlt, Reinbek 1975)

MONEY, J., HAMPSON, J. G., HAMPSON, J. L.: An examination of some basic sexual concepts: The evidence of human hermaphroditism. Bull. John Hopkins Hosp. 97, 301-310, 1955

MONICK, E.: Phallos: Sacred Image of the Masculine. Inner City Books, Toronto 1987

MONTEFLORES, C. DE, SCHULTZ, ST. J.: Coming out: Similarities and differences for lesbians and gay men. J. Soc. Iss. 34, 59-72, 1978

MOOR, P.: Kritische Glosse: Homosexualität und Psychoanalyse. Psyche 39, 750-759, 1985

MOOR, P.: Homosexualität und psychoanalytische Heuchelei. Psyche 44, 545-558, 1990

MORGENTHALER, F.: Homosexualität. Heterosexualität. Perversion. Fischer Taschenbuch Verlag, Frankfurt/M. 1987

MOSES, E., HAWKINS, R.: Counseling Lesbian Women and Gay Men. St. Louis 1982

MÜLLER, W.: Homosexualität – eine Herausforderung für Theologie und Seelsorge. Matthias-Grünewald-Verlag, Mainz 1986

MÜLLER, W.: Homosexuelle Menschen. Topos Taschenbücher, Matthias-Grünewald-Verlag, Mainz 1988

NAUJOKAT, G.: Die Liebe Christi erfahren – eine Hoffnung für Homosexuelle. In: H.-J. HEIL, G. NAUJOKAT (Hg.): Der sexte Sinn, 61-71, Hänssler, Neuhausen-Stuttgart 1988

NOUWEN, H.: The Self-Availability of the Homosexual. In: W. D. OVERHOLSER (Hg.): Is Gay Good? Philadelphia 1971

NUGENT, R.: Homosexality, Celibacy, Religious Life and Ordination. In: J. GRAMICK (Hg.): Homosexuality and the Catholic Church, 89-120. Chicago 1983

OVESEY, L.: Homosexuality and Pseudohomosexualty. Science House, New York 1969

PACZENSKY, S. v.: Verschwiegene Liebe. Lesbische Frauen in unserer Gesellschaft. Rowohlt, Reinbek 1973

PAUL, J. P.: The bisexual identity. An idea without social recognition. J. Homosex. 8, 45-63, 1984

PAUL, J. R.: Bisexuality: Reassessing our paradigms of sexuality. J. Homosex. 11, 21-34, 1985

PESCHKE, K.-H.: Homosexualität. In: H. ROTTER, G. VIRT (Hg.): Neues Lexikon der christlichen Moral. 340-348. Tyrolia-Verlag, Innsbruck 1990

PETERS, U. H.: Emigration psychiatrischer Gruppen am Beispiel der Psychoanalyse. In: M. BRIEGEL, W. FRÜHWALD (Hg.): Die Erfahrung der Fremde, 177-187. Acta humaniora, VCH Verlagsgesellschaft, Weinheim 1988

PLUMMER, K.: Sexual Stigma: An Interactionist Account. Routledge & Kegan Paul, London 1975

QUINODOZ, J.-M.: Female homosexual patients in psychoanalysis. Int. J. Psycho-Anal. 70, 55-63, 1989

RADO, S.: A critical examination of the theory of bisexuality. Psychosom. Med. 2, 459-467, 1940

RAPHAEL, S. M.: Coming Out: The Emergence of the Movement Lesbian. Doctor Diss, Case Western Univ. 1974

RAPHAEL, S. M., ROBINSON, M. K.: The older lesbian, love relationships and friendship patterns. Alternat. Lifestyles 3, 207-229, 1980

Rashke, R.: Should ordination exclude gays? National Catholic Reporter 12, 4, 1976

Rauchfleisch, U.: Mensch und Musik. Versuch eines Brückenschlags zwischen Psychologie und Musik. Amadeus Verlag, Winterthur 1986a

Rauchfleisch, U.: Psychoanalyse und theologische Ethik. Universitätsverlag Freiburg i.Ue./Herder Freiburg/Br. 1986b

Rauchfleisch, U.: Beziehungen in Seelsorge und Diakonie. Matthias-Grünewald-Verlag, Mainz 1990

Rauchfleisch, U.: Allgegenwart von Gewalt. Vandenhoeck & Ruprecht, Göttingen 1992

Rauchfleisch, U. (Hg.): Homosexuelle Männer in Kirche und Gesellschaft. Patmos, Düsseldorf 1993a

Rauchfleisch, U.: Die Angst vor der Homosexualität. In: U. Rauchfleisch (Hg.): Homosexuelle Männer in Kirche und Gesellschaft. 87-108. Patmos, Düsseldorf 1993b

Rauchfleisch, U.: Homosexualität und psychoanalytische Ausbildung. Forum Psychoanal. 9, 339-347, 1993c

Rauchfleisch, U.: Psychoanalyse und Homosexualität. In: H. Puff (Hg.): Lust, Angst und Provokation. 159-182. Vandenhoeck & Ruprecht, Göttingen 1993d

Rauchfleisch, U.: Die stille und die schrille Szene. Interviews mit Schwulen. Herder-Verlag, Freiburg/Br. 1995 (in Vorbereitung)

Richter, H.-E.: Selbstkritik und Versöhnungsfähigkeit. Psyche 47, 397-405, 1993

Riddle, D. I., Morin, S. F.: Removing the stigma: Data from individuals. APA Monitor, 16, 28, Nov. 1977

Riess, B.: Psychological Tests in Homosexuality. In: J. Marmor (Hg.): Homosexual Behavior. 296-311, Basic Books, New York 1980

Riess, B. F.: Transference and countertransference in therapy with homosexuals. Dynamic Psychother. 5, 117-129,1 1987

Rühmann, F.: AIDS – eine Krankheit und ihre Folgen. Qumran, Frankfurt/M. 1985

Saghir, M. T., Robins, E.: Male and Female Homosexuality: A Comprehensive Investigation. Williams & Wilkins, Baltimore 1973

Salmen, A.: Erfordernisse der AIDS-Prävention bei Schwulen und bisexuellen Männern. Prävention. Z. f. Gesundheitsfördg. 3, 94-97, 1990

Sanford, J.: Invisible Partners. The Paulist Press, New York 1980

Schafer, S.: Sexual and social problems of lesbians. J. Sex. Res. 12, 50-69, 1976

Schellenbaum, P.: Homosexualität des Mannes. Eine tiefenpsychologische Studie. Kindler, München 1980

SCHMID, P. F.: Doppelmoral. Umgang mit Macht und Sexualität in der Kirche. Diakonia 20, 73-77, 1989

SEIFERT, J.: Kirche und Homosexualität. Forum Kathol. Theol. 8, 278-289, 1992

SIEGEL, E. V.: Weibliche Homosexualität. Psychoanalytische und therapeutische Praxis. E. Reinhardt Verlag, München 1992

SIGUSCH, V.: Aids für alle, alle für Aids. In: V. SIGUSCH (Hg.): Aids als Risiko. 39-53. Konkret Literatur Verlag, Hamburg 1987

SILVERSTEIN, C.: Man to Man: Gay Couples in America. William Morrow, New York 1981

SOCARIDES, CH. W.: Der offen Homosexuelle. Suhrkamp, Frankfurt/M. 1971

SOCARIDES, CH. W.: Homosexuality. Jason Aronson, New York 1978

SOCARIDES, C. W., VOLKAN, V. D. (Hg.): The Homosexuality: Reality, Fantasy and the Arts. Int. Univ. Press, Madison 1990

SOULÉ, M.: Das Kind im Kopf – das imaginäre Kind: sein strukturierender Wert im Austausch zwischen Mutter und Kind. In: J. STORK (Hg.): Neue Wege im Verständnis der allerfrühesten Entwicklung des Kindes. frommann-holzboog, Stuttgart-Bad Cannstadt 1990

STERN, D. N.: The Interpersonal World of the Infant. Basic Books, New York 1985 (Dtsch.: Die Lebenserfahrung des Säuglings. Klett-Cotta, Stuttgart 1992)

STOLLER, R. J.: Sex and Gender. Science House, New York 1968

STOLLER, R. J.: Psychoanalytic »Research« on Homosexuality: The Rules of the Game. In: Observing the Erotic Imagination. Yale Univ. Press, New York 1985

STOLLER, R. J.: Discussion: The heterogeneous homosexual. Intern. J. Psychoanal. Psychother. 11, 175-181, 1985/86

STORK, J. (Hg.): Neue Wege im Verständnis der allerfrühesten Entwicklung des Kindes. frommann-holzboog, Stuttgart-Bad Cannstatt 1990

STREECK-FISCHER, A.: »Geil auf Gewalt«. Psychoanalytische Bemerkungen zu Adoleszenz und Rechtsextremismus. Psyche 46, 745-768, 1992

TERSON DE PALEVILLE, M.-E.: Coming out – Wozu? In: S. R. DUNDE (Hg.): Wenn ich nicht lieben darf, dürfen's andere auch nicht. 267-277. Rowohlt, Reinbek 1987

THIELICKE, H.: Theologische Ethik. Bd. III. Mohr, Tübingen 1968

THOMPSON, M.: Gay Spirit: Myth and Meaning. St. Martin's Press, New York 1987

TIEVSKY, D. L.: Homosexual clients and homophobic social workers. J. Independ. Soc. Work 2, 51-62, 1988

TRIPP, C.: The Homosexual Matrix. McGraw Hill, New York 1975

TROIDEN, R. R.: Becoming homosexual: A model for gay identity acquisition. Psychiat. 42, 362-373, 1979

VAN DE SPIJKER, H.: Die gleichgeschlechtliche Zuneigung. Walter, Olten 1968

VAN DE SPIJKER, H.: Homotropie. Menschlichkeit als Rechtfertigung. Manz, München 1972

VAN DE SPIJKER, H.: Homotropie – Homophobie. Menschliche Wirklichkeit – kirchliche Stellungnahme. In: A. GROSS, ST. H. PFÜRTNER (Hg.): Sexualität und Gewissen. 81-104. Matthias-Grünewald-Verlag, Mainz 1973

VAN DE SPIJKER, H.: Ohnmächtige Macht? Pastoraltheologische Überlegungen zur gleichgeschlechtlichen Zuneigung (Homotropie). Diakonia 20, 116-119, 1989

VAN DEN AARDWEG, G. J. M.: Das Drama des gewöhnlichen Homosexuellen. Analyse und Therapie. Hänssler, Neuhausen – Stuttgart 1985

VAN OORT, D.: (Sexuelle) Gewalt gegen Lesben und bisexuelle Frauen aller Altersgruppen. In: Referat für gleichgeschlechtliche Lebensweisen (Hg.): Gewalt gegen Schwule – Gewalt gegen Lesben. Dokumente lesbisch-schwuler Emanzipation. Nr. 6, 31-51, Berlin, o.J.

WAGNER, TH.: Wunsch homosexueller Paare ernst nehmen. Sonntagsgruß 24, 12 1993

WALKER, M.: The Double: An Archetypical Configuration. Spring Publ., Dallas 1976

WALSH, D.: Homosexuality, Rationality and Western Culture. Harvest 24, 74-97, 1978

WEST, D. J.: Parental relationships in male homosexuality. J. Soc. Psychiat. 5, 85-97, 1959

WIEDEMANN, H. G.: Homosexuelle Liebe. Für eine Neuorientierung in der christlichen Ethik. Kreuz Verlag, Stuttgart 1982

WINK, W.: Biblical perspectives on homosexuality. Christian Century 7. Nov. 1979, 1082-1086

WINNICOTT, D. W.: Ego Distortion in Terms of True und False Self. In: The Maturational Process and the Facilitating Environment. Hogarth Press, London 1965 (Dtsch: Reifungsprozesse und fördernde Umwelt. Kindler, München 1974)

WIRTH, H. J.: Sich fühlen wie der letzte Dreck. Zur Sozialpsychologie der Skinheads. In: M. BOCK, M. REIMITZ, H. E. RICHTER, W. THIEL, H. J. WIRTH (Hg.): Zwischen Resignation und Gewalt. 81-93. Budrich und Leske, Opladen 1989a

WIRTH, H. J.: »Voll auf Haß«. Zur Psychoanalyse des Ressentiments am Beispiel der Skinheads. Psychosozial 12, 80-92, 1989b

WIRTH, S.: Coming Out Close to Home. Principles for Psychotherapy with Families of Lesbians and Gay Men. Eigenverlag, San Franzisko 1978

WISNIEWSKI, J. J., TOOMEY, B. G.: Are social workers homophobic? Social Work 32, 454-455, 1987

WOLFF, CH.: Psychologie der lesbischen Liebe. Rowohlt, Reinbek 1972

YOUNG-BRUEHL, E.: Anna Freud. Summit Books, New York 1988

ZEILLINGER, G. F.: Der »innere« und »äußere« Ort des Arbeitskreises zwischen Widerstand und Anpassung. Texte, Theorie Prax. Psychoanal. 7, 16-29, 1987

ZEILLINGER, G. F.: Gesellschaftliche Gegenübertragungen als Wurzel therapeutischer Mesalliancen. In: SÖLLNER et al. (Hg.): Soziopsychosomatik. 166-172. Springer, Berlin 1989

ZEUL, M.: Klinische Anmerkungen zur weiblichen Homosexualität. Psyche 47, 107-129, 1993

ZINIK, G.: Identity conflict or adaptive flexibility? Bisexuality reconsidered. J. Homosex. 11, 7-19, 1985

ZINN, D.: Mein Sohn liebt Männer. Fischer Taschenbuch Verlag, Frankfurt/M. 1992

Literatur (Ergänzung)

BARBEN, CH.: Segenshandlungen in Paarbeziehungen. Voraussetzungen und Perspektiven für Ehe, nichteheliche und homophile Lebensgemeinschaften. Manuskript Antrittsvorlesung an der Univ. Bern, 7. 12. 1995

BOCHOW, M.: Schwuler Sex und die Bedrohung durch AIDS – Reaktionen homosexueller Männer in Ost- und Westdeutschland. Deutsche AIDS-Hilfe Berlin 1994

FREI, E.: Besonderheiten in der psychotherapeutischen Beziehung zu homosexuellen Klienten. Referat an der Fachtagung des Forums schwuler Psychotherapeuten, Zürich 18. 3. 1995

HAEBERLE, E. J., GINDORF, R. (Hg.): Bisexualitäten. Ideologie und Praxis des Sexualkontaktes mit beiden Geschlechtern. G. Fischer, Stuttgart 1994

HAUSER, M.: Im Himmel kein Platz? Lebensgeschichten von homosexuell Liebenden. edition sandkorn, Linz 1993

ITAALIANDER, R.: Weder Krankheit noch Verbrechen, Hamburg 1968

JUNKERT-TRESS, B., REISTER, G.: Gegenübertragung bei homoerotischer Übertragung. Z. psychosom. Med. Psychoanal. 41, 225-240, 1995

KNOLL, CH., BITTNER, M., EDINGER, M., REISBECK, G., SCHMITT, R., KEUPP,

H.: Studie »Lesben und Schwule in der Arbeitswelt«. Ergebnisse zur Diskriminierung von Lesben und Schwulen in der Arbeitssituation. Script Institut für Psychologie, Sozialpsychologie, Universität München 1995 (Buchpublikation in Vorbereitung)

KOHUT, H.: Die Heilung des Selbst. Suhrkamp, Frankfurt/M. 1979

NICOLOSI, J.: Reparative Therapy of Male Homosexuality. Jason Aronson, New Jersey 1994

PATTERSON, CH. J.: Children of Lesbian and Gay Parents. Child Dev. 63, 1025-1042, 1992

PLANT, R.: Rosa Winkel. Der Krieg der Nazis gegen die Homosexuellen. Campus Verlag, Frankfurt/M. 1991

PUFF, H. (Hg.): Lust, Angst und Provokation. Homosexualität in der Gesellschaft. Vandenhoeck & Ruprecht, Göttingen 1993

RAUCHFLEISCH, U.: Die stille und die schrille Szene. Erfahrungen von Schwulen im Alltag. Herder, Freiburg 1995

RAUCHFLEISCH, U.: Zur Beratung männlicher Adoleszenten mit homosexueller Orientierung und ihrer Eltern. Prax. Kinderpsychol. 1996a (im Druck)

RAUCHFLEISCH, U.: Musik schöpfen – Musik hören. Vandenhoeck & Ruprecht, Göttingen 1996b (im Druck)

SCHOPPMANN, C.: Nationalsozialistische Sexualpolitik und weibliche Homosexualität. Centaurus-Verlagsgesellschaft, Pfaffenweiler 1991

SIMON, B.: Individuelles und kollektives Selbst. Sozialpsychologische Grundlagen sozialer Bewegungen am Beispiel schwuler Männer. Forschungsjournal NSB 8, 46-55, 1995

STÜMKE, H.-G., FINKLER, R.: Rosa Winkel, Rosa Listen. Homosexuelle und »Gesundes Volksempfinden« von Auschwitz bis heute. Rowohlt, Reinbek 1981

WEIZER, J.: Vom andern Ufer. Schwule fordern Heimat in der Kirche. Patmos, Düsseldorf 1995

WIEDEMANN, H.-G.: Die homosexuelle Liebe und die Evangelische Kirche. Evang. Theol. 55, 474-479, 1995a

WIEDEMANN, H.-G. (Hg.): Homosexuell. Kreuz Verlag, Stuttgart 1995b

Wenn Sie weiterlesen möchten...

Kurt Wiesendanger
Schwule und Lesben in Psychotherapie, Seelsorge und Beratung
Ein Wegweiser
Mit einem Vorwort von Udo Rauchfleisch.

In unserer gern als aufgeklärt, fortschrittlich, modern bezeichneten Gesellschaft gehören Schwule und Lesben nach wie vor einer stigmatisierten und gesellschaftlich wie juristisch diskriminierten Gruppe an. Tagtäglich müssen sie sich in einer fast ausschließlich auf heterosexuelle Maßstäbe ausgerichteten und ihnen oft feindselig gestimmten Umwelt behaupten. Neben der Kirche haben vor allem die Psychiatrie und die Psychoanalyse auf eine lange Tradition von Schwulen- und Lesbenfeindlichkeit zurückzublicken. Es ist das Anliegen dieses Buches, Verständnis und Einfühlungsvermögen für gleichgeschlechtlich empfindende Menschen mit ihren spezifischen Ängsten, Fragen und Freuden zu schaffen. Es möchte den Professionellen im psychosozialen Bereich einen Zugang zum Leben und Erleben dieser Klientengruppe vermitteln.
Dabei ist ein gewisses Maß an Selbsterfahrung mit eigenen homosexuellen und homophoben Anteilen die Voraussetzung für eine akzeptierende und wertschätzende therapeutische Grundhaltung.

Helmut Puff (Hg.)
Lust, Angst und Provokation
Homosexualität in der Gesellschaft

Die „stumme" oder „namenlose" Sünde, wie im Mittelalter die Homosexualität genannt wurde, ist längst Gegenstand der Betrachtung und der öffentlichen Diskussion geworden. Dieser Band rückt den Beitrag homosexuellen Lebens zur gesellschaftlichen Entwicklung und zu unserer Kultur in den Vordergrund – und die unbedachten Ängste, die dagegenstehen.

Susann Heenen-Wolff (Hg.)
Neues vom Weib
Französische Beiträge

Worin besteht eigentlich das „Rätsel der Weiblichkeit", von dem seit Freud Psychoanalytikerinnen und Psychoanalytiker immer wieder sprechen – dieses Rätsel, an dem Männer und Frauen in ihrem sexuellen Alltag verzweifeln oder sich berauschen?
Die sexuelle Erlebnisfähigkeit der Frau beruht auf wesentlich verschlungeneren und komplizierteren Entwicklungen als beim Mann. Psychoanalytikerinnen und Psychoanalytiker stellen vor allem bei weiblichen Patienten immer wieder einen Zusammenhang fest zwischen sexueller Not und fehlenden psychosexuellen Identifizierungspotenzialen.
Wie die weibliche Entwicklung metapsychologisch zu verstehen ist, wie diese nachträglich in der analytischen Situation einer Neubearbeitung zugeführt werden kann, damit befasst sich dieser Band.

Elfriede Löchel (Hg.)
Aggression, Symbolisierung, Geschlecht
Die Symbolbildung ist ein wichtiger Prozess in der psychosexuellen Entwicklung, über deren Anfänge und frühe Vorläufer noch viel Unklarheit besteht. Im psychoanalytischen Denken gilt die Fähigkeit zur Symbolisierung als entscheidender Faktor für die Umwandlung von Aggression und Destruktivität in ein sowohl subjektiv als auch sozial erträgliches Maß. Ist der Symbolbildungsprozess in der frühen Kindheit gestört oder hat sich die Fähigkeit zur Symbolisierung aus bestimmten Gründen nicht genügend ausbilden können, kommt es zu Wahrnehmungsdefekten und folglich zu gravierenden Störungen in den mitmenschlichen Beziehungen.
Die Herausgeberin schlägt als Untersuchungsrahmen die begriffliche Triade *Aggression – Symbolisierung – Geschlecht* vor. Aus dieser triadischen Perspektive heraus befassen sich die unterschiedlich akzentuierten Aufsätze mit klinischen, entwicklungspsychologischen, kulturtheoretischen und metapsychologischen Gesichtspunkten.

Walter Hollstein
Männerdämmerung
Von Tätern, Opfern, Schurken und Helden

Männlichkeit ist seit Jahrtausenden ein Defizitmodell.
Nachdem schon ein richtiger Junge nicht weint, läßt sich
ein erwachsener Mann möglichst gar keine Gefühle mehr
anmerken; jedenfalls keine unmännlichen.
Immer muß er siegen. Dem Frieden, der Umwelt, seinen
Mitmenschen hat das noch nie gutgetan. Wenn er – was nur
zu wahrscheinlich ist – hin und wieder auch einmal verliert, macht das die Verheerung auch nicht besser.
Bezeichnenderweise waren es Frauen und nicht gerade ma-
chohafte Männer, die uns die Einsicht eröffnet haben, daß
Männer nicht nur die Täter sind, sondern – im Sieg und in
der Niederlage – immer auch Verlierer.
Der Männer-Autor Walter Hollstein macht in diesem Buch
deutlich, wie die überkommenen Bilder von Männlichkeit
in unserer Zeit entleert wurden, und er zeigt, was männliche Identität für sich bewahren, wie sie sich anreichern und
vollständig werden kann. – Männlichkeit mit Zukunft.

Susanne Stemann-Acheampong
Der phantastische Unterschied
Zur psychoanalytischen Theorie der Geschlechtsidentität

Die Autorin verknüpft psychoanalytische Theorien zur
präödipalen Mutter-Kind-Beziehung, zur Dynamik der
Perversionen und des künstlerischen Schaffens, zum Über-
gangsobjekt und zur Symbolbildung zu einer neuen Perspektive. Die behauptete Überlegenheit des Phallus wird
dabei als Fiktion durchschaubar, die gegen das Bild eines
übermächtigen mütterlichen Ursprungs gesetzt worden ist.

Udo Rauchfleisch bei V&R

Außenseiter der Gesellschaft

Psychodynamik und Möglichkeiten zur Psychotherapie Straffälliger
1999. 198 Seiten, kartoniert
ISBN 3-525-45843-6

Alternative Familienformen

Eineltern, gleichgeschlechtliche Paare, Hausmänner
Sammlung Vandenhoeck.
1997. 134 Seiten, Paperback
ISBN 3-525-01434-1

Menschen in psychosozialer Not

Beratung, Betreuung, Psychotherapie
Sammlung Vandenhoeck.
1996. 204 Seiten, Paperback
ISBN 3-525-01431-7

Allgegenwart von Gewalt

Sammlung Vandenhoeck.
2. Auflage 1997. 258 Seiten,
Paperback. ISBN 3-525-01419-8

Nach bestem Wissen und Gewissen

Die ethische Verantworung in Psychologie und Psychotherapie
1982. 114 Seiten, kartoniert
ISBN 3-525-45456-2

Testpsychologie

Einführung in die Psychodiagnostik
UTB 1063 S. 3., völlig neubearbeitete Auflage 1994. 250 Seiten mit 1 Abbildung und 1 Tabelle, kartoniert. ISBN 3-8252-1063-4

Musik schöpfen, Musik hören

Ein psychologischer Zugang
Transparent, Band 33.
1996. 125 Seiten, kartoniert.
ISBN 3-525-01723-5

Raymond Battegay /
Udo Rauchfleisch (Hg.)
Das Kind in seiner Welt

Sammlung Vandenhoeck. 1991.
285 Seiten mit 11 Abbildungen,
Paperback. ISBN 3-525-01416-3

Raymond Battegay /
Udo Rauchfleisch (Hg.)
Menschliche Autonomie

Sammlung Vandenhoeck. 1990.
259 Seiten mit 4 Abbildungen,
Paperback. ISBN 3-525-01412-0

V&R
Vandenhoeck
& Ruprecht